社会治理微观问题研究

王杰秀 总主编

当代中国农村社区治理研究

许亚敏 李增元 著

中国出版集团有限公司
研究出版社

图书在版编目（CIP）数据

当代中国农村社区治理研究／许亚敏，李增元著
．－－北京：研究出版社，2023．12
 ISBN 978－7－5199－1611－4

Ⅰ.①当… Ⅱ.①许… ②李… Ⅲ.①农村社区－社区管理－研究－中国 Ⅳ.①D669.3

中国国家版本馆 CIP 数据核字（2024）第 005071 号

出 品 人：赵卜慧
出版统筹：丁　波
丛书策划：王杰秀　张立明
责任编辑：张立明

当代中国农村社区治理研究

DANGDAI ZHONGGUO NONGCUN SHEQU ZHILI YANJIU

研究出版社出版发行

（100006　北京市东城区灯市口大街 100 号华腾商务楼）
北京中科印刷有限公司印刷　新华书店经销
2024 年 1 月第 1 版　2024 年 1 月第 1 次印刷
开本：710 毫米×1000 毫米　1/16　印张：17
字数：284 千字
ISBN 978－7－5199－1611－4　定价：68.00 元
电话：（010）64217619　64217612（发行部）

版权所有·侵权必究
凡购买本社图书，如有印装质量问题，我社负责调换。

目 录

引言 农村社区治理：新时代中国特色社会主义社会治理新命题 ········ 1

第一章 农村社区治理概述 ·· 5
  一、农村社区 ··· 5
  二、农村社区治理 ··· 9
  三、新时代农村社区治理的重要意义 ······························· 16

第二章 农村社区治理的发展历程 ······································ 22
  一、新中国成立至 20 世纪末的农村社区治理 ····················· 22
  二、21 世纪以来的农村社区治理 ···································· 30

第三章 中国农村社区治理的典型实践模式与主要做法 ············ 51
  一、农村社区治理的典型实践模式及其特征 ······················ 51
  二、当前农村社区治理实践的主要做法 ··························· 96
  三、农村社区治理实践过程中存在的问题 ······················· 117

第四章 中国台湾地区及其他国家农村社区治理的典型经验及其做法 ···
··· 129
  一、合作共建共治：中国台湾地区的农村社区治理 ············ 129
  二、第三方力量主导：美国的农村社区治理 ···················· 138
  三、多元一体：英国的农村社区治理 ···························· 145

四、行政主体：法国的农村社区治理 ………………………… 151
　　五、多元主体共同参与：日本的农村社区治理 ……………… 158
　　六、典型地区的经验做法对中国农村社区治理的启示 ……… 166

第五章　新时代中国农村社区治理面临的新形势 ……………… 173
　　一、新型城镇化 …………………………………………………… 173
　　二、乡村振兴战略 ………………………………………………… 178
　　三、城乡社会开放、流动 ………………………………………… 182
　　四、农村空心化 …………………………………………………… 186

第六章　新时代中国农村社区治理发展趋势及重点 …………… 192
　　一、新时代中国农村社区治理发展趋势 ………………………… 192
　　二、新时代中国农村社区治理应遵循的基本原则 ……………… 197
　　三、新时代中国农村社区治理创新的重要内容 ………………… 210
　　四、创新新时代中国农村社区治理的具体思路和做法 ………… 228

参考文献 ……………………………………………………………… 260

引言
农村社区治理：
新时代中国特色社会主义社会治理新命题

基础不牢，地动山摇。从历史上来看，农村社区治理在国家治理中一直处于关键地位，只不过不同时期农村社区治理的方式有所差别。事实上，自传统社会开始，农村居民就过着有组织的社会生活，社区是广大农民日常生产、生活、交往的重要场域，在不同时期，社区的形态、功能有所差别。中华人民共和国成立后，国家对乡村社会进行了重新建构，在计划经济时期社队是农村社区重要组织形式。改革开放后，村庄取代社队成为农村重要的组织形式，也是国家治理基层社会的重要载体，更是改革开放后农村社区的重要形态。总体上看，我国农村基层治理经历了"宗族治理"、"村庄行政化治理"、"社队制治理"、"村庄集体化治理"不同历史阶段，虽然每一个阶段农村社区形态结构不同，但在维护国家政权稳定、促进社会和谐发展方面发挥了巨大作用。[①] 值得注意的是，改革开放以来，乡村社会经历深刻变革，既有国家力量对乡村社会的塑造，又有市场经济带来的巨大冲击，乡村社会的内在结构和组织形式发生重大转型与变迁。

鉴于乡村社会发展面临的系列问题，同时基于"两个一百年"奋斗目标，21世纪以来，党中央先后出台了新农村建设、美丽乡村建设、农村社区建设、脱贫攻坚战、乡村振兴战略等一系列重大国家战略与政策规划，推动乡村复兴，实施城乡融合发展，为21世纪的农村社区建设及治理改革创新奠定了基础。2005年，党的十六届五中全会正式提出建设社会主义新农村的重大历史

---

① 李增元：《"社区化治理"：我国农村基层治理的现代转型》，载《人文杂志》2014年第8期，第114页。

任务，在新农村建设不断深化推进过程中党中央启动了农村社区建设，将农村社区作为当代乡村现代化建设的重要抓手与载体平台。2006年7月，民政部召开全国民政工作年中分析会，提出"要结合各地现实情况，探索建立符合我国国情的农村社区建设领导体制和工作机制""农村社区建设要构建农村基层工作的平台，实现农村基层社会建设和管理的制度创新。下半年，要选择有条件、有基础的地区，合理整合社区资源，扩大农村社会服务"，为农村社区建设及治理改革提供了方向。实际上，早在21世纪初，地方政府就围绕乡村建设及社区治理创新进行了实践探索，江苏太仓市以"转变政府职能、提升自治能力、创新社会管理"为价值指引，开展了"政社互动"的社区治理体系创新实践，在厘清政府行政管理权与社会自治权边界基础上，强调政府与社会力量的相互配合、合作共治。湖北省秭归县杨林桥镇为解决村庄内部公共事务治理、公共产品供给难题，通过社区微观组织再造创新乡村治理内在运转体系。① 上述地方探索都为国家层面推动农村社区建设及社区治理积累了丰富经验。2006年，党的十六届六中全会审议通过了《中共中央关于构建社会主义和谐社会若干重大问题的决定》，明确提出"全面开展城市社区建设，积极推进农村社区建设，健全新型社区管理和服务体制，把社区建设成为管理有序、服务完善、文明祥和的社会生活共同体"，2007年，国家开始有步骤有措施地推进农村社区实验区建设，农村社区建设及治理探索正式拉开序幕。党的十七大报告指出，"要健全基层党组织领导的充满活力的基层群众自治机制，扩大基层群众自治范围，完善民主管理制度，把城乡社区建设成为管理有序、服务完善、文明祥和的社会生活共同体"。党的十八大报告首次将社区治理写入党的纲领性文献，明确指出，"在城乡社区治理、基层公共事务和公益事业中实行群众自我管理、自我服务、自我教育、自我监督""加强基层社会管理和服务体系建设，增强城乡社区服务功能"，农村社区治理被提升到新高度。在农村社区建设基础上为深入推进农村社区治理创新，从2012年开始，国家启动了三批次的社区治理和服务创新实验区建设，强化社区治理探索。在此基础上，2018年民政部又确认了48个单位为全国农村社区治理实验区，2019年确认31个单位为全国社区治理和服务创新实验区，深度推进社区治理实验，引导农村社区治理走向科学化、规范化。总体上来看，自2007年农村社区实验

---

① 李增元：《民族地区乡村治理体系创新探索及新时代重点内容》，载《湖北民族大学学报（哲学社会科学版）》2020年第6期，第1页。

区建设至今，农村社区建设及深层次治理探索走过了10多年历程，农村社区逐步从早期的基础设施建设、硬件建设向治理结构改革、体制机制创新、管理服务能力提升等方向深度推进。

在这个过程中，各地围绕农村社区治理各方面内容进行了卓有成效的探索。如作为首批农村社区管理和服务创新实验区，山东日照市以新社区党建为核心，以社区自治为导向，以社区管理服务为重点，以村民满意为标准，探索建立职责明晰、多元参与、服务完善的乡村社区治理体系。作为国家社区治理和服务创新实验区的山东省青岛市经济技术开发区，积极探索"三会共治、三园协同、三社联动"的"社团化治理"模式，建立不同层级社会力量联动的乡村治理新机制。另外，还有诸多地区依托治理单元创新治理体系。广东清远的单元重组的路径是"上移、下沉"相结合，在于下沉和缩小自治单元、上移和扩大服务（行政）单元，重组表现为一种均衡型重组，实现"行政—自治"的治理，突出表现为自治落地、服务效率提升，即"均衡性治理有效"。[①] 党的十八大以来，为实现乡村社会有效治理，2013年浙江省桐乡市以高桥镇越丰村为试点，将自治、德治、法治理念有机融入基层治理实践，以"百姓参政团、道德评判团、百事服务团"为载体，以百姓议事会为平台，形成了多元参与、法治保障、文明有序的乡村治理新局面，自治、德治、法治相结合的乡村治理体系得到党和国家的高度认可，在全国得以推广。[②] 党的十八届三中全会提出"全面深化改革的总目标，就是完善和发展中国特色社会主义制度、推进国家治理体系和治理能力现代化""推进乡村协商治理制度化"，这为农村社区治理创新引向治理现代化的新高度。农村社区治理是国家治理的基础工程，国家治理体系和治理能力现代化离不开农村社区治理体系和治理能力现代化的有效实现，这也预示着农村社区治理进入现代化治理时代。2015年，中共中央办公厅、国务院办公厅印发《关于加强城乡社区协商的意见》，着重指出"城乡社区协商是基层群众自治的生动实践，是社会主义协商民主建设的重要组成部分和有效实现形式"。2017年6月，中共中央、国务院颁布《关于加强和完善城乡社区治理的意见》，对社区治理创新提出了更加明确要

---

① 李华胤：《走向治理有效：农村基层建制单元的重组逻辑及取向——基于当前农村"重组浪潮"的比较分析》，载《东南学术》2019年第4期，第95页。

② 李增元：《民族地区乡村治理体系创新探索及新时代重点内容》，载《湖北民族大学学报（哲学社会科学版）》2020年第6期，第1页。

求。党的十九大报告指出："经过长期努力，中国特色社会主义进入了新时代，这是我国发展新的历史方位。""中国特色社会主义进入新时代，我国社会主要矛盾已经转化为人民日益增长的美好生活需要和不平衡不充分的发展之间的矛盾。"农村社区治理作为国家基础工程，更要以解决人民日益增长的美好生活需要和不平衡不充分的发展之间的矛盾为创新改革目标。关于农村社区治理，党的十九大报告进一步提出"加强社区治理体系建设，推动社会治理重心向基层下移，发挥社会组织作用，实现政府治理和社会调节、居民自治良性互动""加强农村基层基础工作，健全自治、法治、德治相结合的乡村治理体系""提高社会治理社会化、法治化、智能化、专业化水平""打造共建共治共享的社会治理格局"，为农村社区治理创新提出了具体方向与要求。党的十九大报告指出"实施乡村振兴战略""建立健全城乡融合发展体制机制和政策体系，加快推进农业农村现代化"，将农村建设与治理提升到了城乡发展新高度，这也预示着新时代的农村社区治理必须置于乡村振兴、城乡融合发展高度进行审视。党的十九届四中全会特别强调，"加强和创新社会治理，完善党委领导、政府负责、民主协商、社会协同、公众参与、法治保障、科技支撑的社会治理体系"，党的二十大报告再次强调指出"建设人人有责、人人尽责、人人享有的社会治理共同体"，赋予新时代农村社区治理更加全新的内涵与目标，也是对中国特色社会主义社会治理体系的理念创新与发展。

总体而言，随着中国特色社会主义进入新时代，农村社区治理在国家治理中的地位日益凸显，它既是国家治理现代化的基础工程，也是新时代实施乡村振兴、推动城乡融合发展的重要抓手，还是中国百年探索乡村现代化建设的延续与深化，更是新时代落实"以人民为中心的发展思想"的实践体现。与此同时，新时代农村社区治理现代化实践也是中国共产党探索新时代中国特色社会主义社会治理模式的根本体现，走中国式现代化道路的根本体现，具有重要的理论意义与现实价值。

第一章　农村社区治理概述

一、农村社区

(一) 社区

"社区"概念最早由德国社会学家滕尼斯提出,他在《社区与社会》一书中指出,"社区是由共同价值观念的同质人口组成的关系密切、守望相助、富于人情味的社会团体"①。社区概念被提出后受到学界广泛关注。学者们对此进行了大量的研究和探讨,当然,也产生了不少分歧和争论。② 在工业化和城市化发展进程中,人们对社区的理解日益丰富,对社区这一概念也作出不尽相同的解释,在早期的研究中,无论何种解释人们都普遍承认社区包括地域、人口、生态、结构和社会心理等要素。在现代社会,社区形式更加多样,结构更加复杂,社区外延与内涵也都得到进一步扩展,作为社会的组成部分,社区由聚居在一定地域的人们基于共同利益和需求通过密切交往而形成,一般而言,社区包含着多种社会关系、社会群体、社会组织和社会活动,是社会的缩影。

20世纪20年代,美国社会学家查尔斯·罗密斯在其发表《社会学的基础概念》一书中,把滕尼斯的德语 Gemeinschaft 翻译为英语的 Community,并逐渐受到美国学界的广泛关注。从20世纪初期开始,随着社会变迁和制度变革,国外学者从不同角度对社区进行了讨论和深入研究,逐渐形成了比较成熟的社区概念体系。以帕克为代表的芝加哥学派通过对芝加哥城市社区发展研究,将社区看做是某种区域内具有一定认同感的人们聚集的空间单位,并逐渐建构了

---

① [德] 滕尼斯:《共同体与社会》,林荣远译,商务印书馆1999年版,第51页。
② 项继权:《论我国农村社区的范围与边界》,载《中共福建省委党校学报》2009年第7期,第4—10页。

一套完备的人文区位理论模式。之后，同心圆理论、郊区化理论、后现代城市理论等理论模式纷纷出现，使人们对社区的研究和理解更具有理论性和法律性。与芝加哥学派对空间因素的重视不同，社会生产力的进步使社区规模不断扩大，社区人口日益多元，部分学者更加注重对社区内部结构功能变迁研究，桑德斯就是这些学者的典型代表之一，他从动态角度考察社区，指出社区是由相互影响的各个部分所组成的一个互动关系场域。之后，国外学者不再局限于对社区进行静态考察，而是转向动态研究，研究方法和理论建构都有重大突破，社区研究更加规范化和专业化。随着对社区实践的深入研究，大多数国外学者更加强调社区成员的共同利益，认为社区是由有共同目标和共同利害关系的人组成的社会团体，即功能社区。[①]虽然国外学者对社区的定义存在很大差异，很难形成统一认识，但是通过比较发现，大家一致认为地域、共同的纽带以及社会交往是社区的重要因素。如今，随着互联网技术的创新发展，突破时空的人际互动得到实现，具有开放性、共享性的虚拟社区得以出现。在现代社会，社区已经逐渐发展成为结构复杂、主体多元、文化多样、功能全面的社会实体或虚拟存在。

在我国，20世纪30年代，社会学家费孝通在对中国乡村社会的研究中首先使用"社区"一词，他在《二十年来之中国社区研究》著作中详细提到"社区"在中国的发展由来。与西方从功能主义角度对"社区"的定义不同，我国学者大多数采取地域主义的观点对"社区"进行定义，社区实际上是由传统的礼治秩序构成熟人共同体。自社区概念被引入中国以来，人们对社区理解进一步加深，吴文藻基于中国现实社会的国情有选择地引介社会人类学的功能学派理论，把社区理解为地域性社会。1991年，郑杭生对社区进行了明确的概念界定，他认为"社区是具有共同公共文化维系的人在彼此交往中，进行社会活动的群体生活区域"[②]。不同学者对社区概念所关注的内容与角度不尽相同，整体来看对社区理解的重要分歧在于地域性这一要素是否得到强调。改革开放后，我国现代化进程加快，社区建设取得很大进步，学界对社区研究的关注度日益高涨，有些学者不再局限于地域性研究，而是更加强调社会互动、认同与归属意识的作用。陈伟东借助"自组织"理论，详细论述了社区自治概念及构成要素，他认为：社区是指不需要外部具体指令的强制，成员通

---

① [英] 杰勒德·德兰迪:《社区》，劳特利奇出版社2003年版，第28—44页。
② 郑杭生:《社会学概论新修》，中国人民大学出版社2003年版，第272页。

过相互的交流协商即可化解冲突，建立信任并共同治理社区各项事务。① 如今，具有"精神共同体"属性的虚拟社区的出现使人们再次重新审视社区概念，个体之间可以突破传统血缘和地缘建立亲密关系获得认同感，为人们重新认识社区概念开阔了视野。

(二) 农村社区

在经济社会快速发展进步中工业革命深入推进给城乡社会发展带来较大差距，不可避免产生许多社会问题，为此诸多学者提出应高度重视乡村建设问题，并把社区概念引入到农村地。美国较早开始农村社区调查研究，1894年罕德逊在芝加哥大学讲授"美国乡村生活的社会环境"课程，1915年美国学者盖尔平发表《一个农业社会的社会解剖》，第一次明确定义和系统划分了农村社区，在书中，他指出，"农村社区"作为一个合成区域，是由一个社会交往中心和周围聚散的农家共同构成"②。若对这种社区进行划定则可以根据此中心进行交易行为的距离来定，所以必须要寻找到交易行为所能达到的最远距离，由此做个标记，然后将全部标记进行连接，形成一个圆圈，圆圈内的全部领域就象征着一个农村社区。③ 之后国外学者对农村社区展开了广泛研究，形成了比较成熟的理论体系，当然不同学派对农村社区的定义及分析仍然存在差异。首先，以滕尼斯为代表的"类型学"理论学派基于血缘、地缘和精神将共同体分为三个层次，在他看来，传统乡村社会中的村庄就是共同体的最初代表，而且他强调共同体中人际关系的相互帮助与信任。"类型学"理论学派指出人类群体活动得以进行的组织类型，对日后学术界关于社区共同体的研究产生摸索性和开创性的影响。其次，地理学家从地理和社会角度对农村社区及其框架展开分析，约翰斯顿（Johnston R. J.）在其主编的《人文地理学词典》中，明确提出乡村社区是指享有一种或多种共同联系并进行互动交流的人口集合体生活在同一乡村地区。④ 再次，伴随着城市化发展，一些学者从不同角度

---

① 陈伟东、李雪萍：《"社区自治"概念的缺陷与修正》，载《广东社会科学》2003年第2期，第127—130页。
② 谢汶兵：《农村社区建设国内外研究综述》，载《西部经济管理论坛》2018年第3期，第82—91页。
③ 参见黎熙元：《现代社区概论》，中山大学出版社2007年版，第113页。
④ 陈晓华、张小林：《国外乡村社区变迁研究概述》，载《皖西学院学报》2007年第5期，第114—118页。

进行深入探讨。1992年,《农村社区:遗产与变迁》出版,作者弗洛拉·科妮莉亚(Flora Cornelia)和弗洛拉·简(Flora Jan)指出,"农村社区实际上是为了有效解决某些疑难问题,生活在农村地区的人自愿聚集而形成的共同体"①。虽然国外学者对农村社区和社区发展有着不同理解,但是这些理解都源于农村社会发展的实践活动,并随着外部条件的变化逐渐得到丰富,不断推动人们深入了解农村社区的范畴和现代化变革。

20世纪20年代末,我国学者开始注重乡村社会建设,梁漱溟先生就一直倡导乡村建设运动。自20世纪30年代费孝通先生把社区概念引入中国以来,对社区概念的深入探讨,促使农村社区的建设与创新愈发受到学者重视。不过,与国外比较成熟的社区理论体系不同,我国学者对农村社区的研究比较零散,对其概念的认识也并未统一。徐勇通过与城市社区的对比,指出农村社区作为社会生活共同体,地域空间广阔,聚积程度低,且居民通常以农业活动为主,在村或镇进行生产生活。② 地域、生产生活方式、聚集程度是学者界定农村社区的主要因素。程又中、李增元注意到,在工业化大背景下经济和社会组织的存在形式渐趋多样化,其成员之间通常具有较强的流动性,且构成十分复杂,尽管社会趋向多元化、复杂化发展,但是共同的生活及公共需求仍是新型共同体的基本特征,因此他们认为可以把农村社区总结概括为具有多主体、多身份、多要求成员的现代社会生活共同体。③ 项继权教授不仅从地域、生产方式、成员需求出发,还充分考虑现代社会及文化发展特点,形成了比较完备的概念认识,他认为,农村社区是一定地域范围内的人们基于共同的利益需求、密切的交往而形成的具有较强认同的社会生活共同体。④ 在传统乡村社会中,地域性是形成村庄社区的主要因素,作为社会生活共同体,传统乡村是指因血缘和地缘关系聚居在一起,以从事农业生产为主,人口密度小且社会关系简单的社区。伴随着经济社会的进步,打破原有村庄界限,把两个或两个以上的自然村或行政村合并起来,组建成新的农民生产生活共同体的新型农村社区逐渐

---

① Flora Cornelia, Flora Jan. *Rural community*: *Legacy and change*. San Francisco: Westview Press, 1992.

② 徐勇:《在社会主义新农村建设中推进农村社区建设》,载《江汉论坛》2007年第4期,第12—15页。

③ 程又中、李增元:《农村社区管理体制:在变迁中重建》,载《江汉论坛》2011年第5期,第14—20页。

④ 项继权:《论我国农村社区建设的范围与边界》,载《中共福建省党校学报》2009年第7期,第4—10页。

发展。不同于传统农村社区，新型农村社区一方面破除传统社会的职能界限，社区管理、服务发生重大转变，不仅以农业产业为基础，还将产业集聚、工业发展、服务业发展与农业农村发展有效衔接起来。另一方面，随着人口流动和发展，城乡边界逐渐模糊，社区人员构成复杂，社区居民之间的利益联系逐渐取代传统的血缘、地缘联系，异质性因此也成为新型农村社区的典型特征，这时的农村社区多是经过统一规划、部署，通过拆迁合并等措施建设住房设施，调整产业布局，使具有异质性的广大居民结成的流动的、开放的社会生活共同体。进入中国特色社会主义新时代以来，由国家建构的农村新社区正被改造为现代公共治理单元，国家逐渐将农村社区发展为能容纳多元主体的开放包容型基层社会，社区居民身份的多样化渐趋成为农村社区的一大表现，农村社区与现代城市社区的发展差距日渐缩小并逐渐达到融合。[①]

就我国而言，随着经济体制改革和社会历史发展，对农村社区的认识也逐步发生转变。农村经济商品化扩大了过去建立在类似细胞组合的社会结构之上的农民和干部交往范围，以利益化、理性化和现代化为特征的地域界限取代了传统村庄的血缘、地缘关系范畴，以市场为基础的"网状"结构取代了人民公社时期的"蜂窝状"结构，以村民自我治理为核心的自治制度逐步取代了过去的"党、政、经"高度合一的治理制度。[②] 总而言之，国内外学者虽然对"农村社区"概念的研究角度不同，但普遍认为农村社区与农村居民日常生产生活紧密联系，利益、精神归属、文化认同是农村共同体的显著特征。

二、农村社区治理

（一）农村社区治理概念

随着西方国家高新技术的发展和社会结构的转变，各式各样的公共管理危机不断出现，20世纪70年代，强调多方参与、合作的治理理论逐渐兴起。此时学界对治理的定义存在很大差异，争议不断，直到1995年，全国治理委员会在其研究报告《我们的全球伙伴关系》中明确了"治理"的概念，"即各种

---

① 李增元、尹延君：《现代化进程中的农村社区风险及其治理》，载《南京农业大学学报（社会科学版）》2020年第2期，第81—92页。
② 李增元：《开放、流动社会中的农村社区治理改革与创新》，载《社会主义研究》2014年第2期，第12—127页。

公共的或私人的机构和个人管理其共同事物的诸多方式的总和"①。治理是一个过程，强调协调政府、社区及市场各方利益，扩大公民参与，以实现公共利益最大化，从而达到善治目标。自此，国际上逐渐流行使用治理来形容社会公共事务的管理，后续治理理念被引入到社区管理机制实践中，形成"社区治理"概念。

西方国家对社区治理的探索远早于中国，早在20世纪七八十年代，在新自由主义和社区主义影响下，国外学者就开始了社区治理研究，基于理论模式限制，这时对社区治理的研究具有明显的局限性；20世纪90年代，"社区复兴"运动兴起，社区治理获得重大突破，社区治理理论逐渐丰富起来。首先，芝加哥学派将社区看做一种空间单位，并形成人文区位理论模式，该学派利用该理论来进一步阐释社区发展动力。其次，伴随着新公共管理运动的推进，强调市场经济重要性的新自由主义治理理念得到众多学者青睐，在西方国家逐渐扩展。福柯在《生命政治的诞生》中指出，不同于18、19世纪的自由主义，新自由主义主张权利下放。在这种理念指引下，出现了一大批社区组织，社区治理的参与空间得到扩大，社区建设的效率逐渐提高，保证了社区建设的正常工作与经济社会的自由运转。之后，随着经济的快速发展，各种社会冲突与矛盾日益凸显，社区主义就此出现。埃齐奥尼（Amitai Etzioni）在《社区精神》一书中，主张以社区为单位，摆脱个人主义的限制，树立社区责任感，在建设社区的同时使个人也能得到进步。②虽然社区主义适应了当时西方政治家的需求，但是并未付诸实施，与此同时，对社区治理持不同观念的新自由主义与社区主义学者争执不下，调和两者的"第三条道路"治理理念就此诞生。"第三条道路"治理理念的支持者认为既要使国家主动承担应有责任，也必须协调好国家、市场与公民等不同社会主体之间的关系，因此，"第三条道路"下的社区治理强调社会参与主体的多元合作，优化社区各种资源，使公民能够充分表达个人意愿，进而实现社区治理的利益最大化，提高公民对社区治理的满意度。

随着社区治理理念的不断更新，西方国家大力发展城市化建设，城市扩张的同时带来了诸如住房紧张、环境恶化、就业困难等一系列社会难题，与此同

---

① 参见全球治理委员会：《我们的全球伙伴关系》，牛津大学出版社1995年版，第23页。

② Amitai Etzioni. *The Spirit of Community: Rights, Responsibilities, and the Communitarian Agenda.* New York: Crown Publishers, 1993, pp. 54, 146—147, 156—160, 217.

时，农村地区发展落后，人口数量迅速减少，土地抛荒严重，这些问题在西方国家城市化逐渐完成后得到关注。20世纪70年代以后，西方国家逐渐重视对农村社区的持续发展和治理模式的研究，丹尼·麦金农（Peter B. Nelson）通过对美国西部乡村重构问题的研究，明确了乡村治理的相关概念并提出影响美国西部乡村社区发生变化的"三力作用模型"，即移民、科技发展和人地关系。① 随后，城市化进程的加快使一些学者注重对乡村城市化的深入思考，戴尔·乔根森（Dale W. Jorgenson）从城乡劳动力关系角度指出，劳动力从农业部门转移到工业部分的必要条件是农业剩余，因此，对农村社区治理的研究也应该关注劳动力的流向问题。② 都市村庄的出现让部分学者把研究重点转移到区域的平衡发展上来，霍华德（Ebenezer Howard）认为在社会发展的新趋势下，可以通过在城市外围建立若干城镇，将中心城市的服务职能等逐渐传输到周围地区，转移中心城市压力的同时也能促进周围乡村社区的发展，③ 这是当代乡村社区治理普遍采用的一种重要模式，为各国城乡统筹发展提供了新思路。由于西方国家城市化发展较快，城乡之间的发展差距逐渐缩小，甚至趋于相同，以至于大多数学者对农村社区治理并未进行专门研究，对这一概念没有进行直接界定。

相较于西方国家，社区建设在我国研究起步较晚，20世纪80年代末，为拓展工作范围，提高工作质量，民政部在借鉴国外"社区发展"概念的基础上，又把"社区建设"的概念引入我国的城市管理，期望扩大公民参与社区服务的热情和范围。与此同时，随着经济体制的改革和创新，计划经济下的控制性社区管理模式已经不再适应我国市场经济发展新要求，必须进行新的模式探索。随后，在全国性社区建设实践中，社区治理作为治理理论在社区层面的应用受到了我国学者强烈关注。虽然对社区治理的定义有着不同解释，但学界普遍认为，社区治理指的是政府、社区组织、居民及辖区单位、营利组织、非营利组织等在一定的地域范围内基于市场原则、公共利益和社区认同，协调合作，共同管理社区的公共事务，从而保证各方利益，满足社区需求，优化社会秩序的过程和机制。

---

① Danny MacKinnon: Rural governance and local involvement: assessing state—community relations in the Scottish High-lands, *Journal of Rural Studies* 2002年第18期，第307324页。
② 参见周天勇：《高级发展经济学》，中国人民大学出版社2006年版，第204—205页。
③ ［英］霍华德：《明日的田园城市》，金经元译，商务印书馆2010年版。

虽然中国的社区治理从城市开始,但是伴随着市场化、工业化的快速发展,农村社区作为国家治理的基层载体,逐渐被纳入治理范畴。我国学者十分关注农村社区治理发展,对农村社区治理有不同的理解,如:罗筱玉认为农村社区治理是指为提高村民生活水平,由村党组织和村委会统一领导,依靠村委会等各组织力量,促进社区和谐发展。① 而胡宗山对这一概念的界定更加丰富、明确,他指出农村社区治理是在各级党委政府的统一领导和民政部门的协调指导下,由村党组织和村委会组织在一定地域范围内,依靠多方面的资源与力量,通过直接民主和自我管理的方式来完善农村基础设施建设,强化公共管理与服务功能,并不断提升农村社区居民生活水平的过程。② 项继权对这一概念的表述则得到了较多学者的普遍认同,他认为,农村社区治理作为政府改革和完善农村基层组织与管理的组成部分,是立足于农民共同利益、需求和认同基础上,提供农村社会所需的组织、管理和服务功能的活动。换句话说,现如今的农村社区治理实际上就是在现有的自然社区基础上的重组和重建。③ 张润泽从治理内容对乡村社区进行分析,认为农村社区治理就是一种包含政治、经济、文化等诸多元素在内的乡村社会的整体治理。④ 与此不同,贺雪峰等学者则从宏观角度出发,指出乡村社会治理是一个较为复杂的持久过程,其中既包含着国家权力在乡村地域中的配置、运作,还密切关联着农村社区的公共权力在乡村社会中的互动及其变化。宋才发通过对民族地区农村社会的着重研究指出,乡村社区治理是一种由利益相关者运用"法治思维"予以支持,最终使社会达到或实现善治状态的集体性活动。⑤ 曹海林认为,在新时代的发展理念下,农村社区逐渐从"统治"行动走向"治理"实践,打破了传统的单一管理局面,实现多主体合作的共同治理。⑥ 随着开放、流动的社会发展,李增元

---

① 罗筱玉:《江西农村村落社区建设的探索和启示》,载《社会工作》2006年第7期,第24—25页。

② 胡宗山:《农村社区建设:内涵、任务与方法》,载《中国民政》2008年第3期,第17—18页。

③ 项继权:《论我国农村社区的范围与边界》,载《中共福建省委党校学报》2009年第7期,第4—10页。

④ 张润泽、杨华:《转型期乡村治理的社会情绪基础:概念、类型及困境》,载《湖南师范大学社会科学学报》2006年第4期。

⑤ 宋才发、黄捷:《运用法治思维推进民族地区农村社会治理》,载《黑龙江民族丛刊(双月刊)》2017年第6期,第5—12页。

⑥ 曹海林:《农村社区治理:何以可能与何以可为》,载《人文杂志》2009年第4期,第159—165页。

认为，农村社区治理必然要随着社会的转型发生改变，其中的一个重要方面就在于在各种类型社区组织发展的基础上，重构新的乡村社区管理和运行机制，使乡村社会承担起促进农村政治经济全面发展的重要职责，真正成为承接政府公共服务的重要平台。① 学者们对农村社区治理的概念表述虽然存在差异，但有其共同之处，从不同视角反映出农村社区治理的实质。在中国特色社会主义新时期，尤其是党的十八届三中全会明确提出建立国家治理体系和治理能力现代化的要求之后，我国的农村社区治理被赋予新的时代内容，如今，在共建共治共享理念指引下，我国农村社区治理仍然处于不断创新与完善中。

（二）农村社区治理内容

对社区内公共事务等各方面的治理是农村社区治理的重要内容，可以说，农村社区治理是一种集体选择过程，是政府、社区、企业、非营利组织、居民等不同主体之间的合作互动。② 在快速推进经济社会的发展初期，随着血缘、地缘限制逐渐被打破，社区成员的多元化特点日益凸显，维护好各方主体利益，保证政府、社会团体、非营利组织及居民在社区中的地位和参与度显得尤为重要。

在日本，农村社区治理大多由社区自治组织、居民、各类民间经济社会组织、公益性社会组织等共同参与完成，各组织之间的职责划分十分明确，例如公益性的社会组织大多负责满足社区居民的护理、服务及公益建设等与日常生活密切相关的需求；而社区自治组织则主要从事公共性管理、服务等符合全体社区成员意志的自治活动，社区治理突出多方主体协作，降低政府管理难度，促进社区和谐有序发展。城市化进程的加快使西方国家的农村地区发展相对迟缓，人口数量大规模骤减，经济发展受到很大限制。20世纪末期，为推动农村农业进步，实现城乡经济整体发展，德国提出"等值化"发展理念，并在巴伐利亚州进行实践，通过对该州农村地区土地、基础设施等各方面的创新发展，农村地区经济得到快速提升，城乡等值化目标基本实现，这也成为德国农村建设普遍采用的发展模式。同时，新加坡作为新型工业化国家的代表，一直

---

① 李增元：《农村社区建设：治理转型和共同体构建》，载《东南学术》2009年第3期，第26—31页。

② 葛云霞、李洪强、李增元：《"理解性吸收"与"理性偏好"行动：当代农村社区建设实践的逻辑机理分析》，载《甘肃行政学院学报》2014年第6期，第84—95页。

采用政府主导型农村社区治理模式，该模式强调政府与社区行为的紧密结合，并企图通过行政力量自上而下对社区进行干预。在这种治理模式下，政府、居民委员会和其他社区组织各司其职、结构缜密、分工明确，充分保证了社区居民生活的正常运转，使邻里更加和睦、社区更加团结。

与其他国家相比，中国的农村社区治理经历了一个历史性变迁过程。传统时期，乡村社会自成体系，血缘关系及亲属连带关系是一个自然村落形成的重要基础。[1] 在血缘、亲缘和地缘关系基础上，小农户结成一个个小社区，并依靠社区力量解决生活难题，同时邻里之间相互信任、彼此帮助，乡绅作为乡村社会的权威主体之一，在乡村社会中拥有很高声望，与政府、非正式官方组织及民间社会共同构成了社区的治理机制，由此形成一个高度自治的体系。[2] 传统乡村社会家族、宗族相对封闭，对外排斥严重，每个宗族对外都在积极维持村落家族的稳定和发展，对外努力保证村落家族与外界环境的交流与变动，以此维持良好的社会秩序，加强与传统文化紧密联系，使村落社区呈现出较强的认同感与归属感，社区治理呈现出高度弹性及自主性。中华人民共和国成立后，我国进入现代国家建设新时期，农村社区被纳入到现代新型政权体系中，成为国家各项目标和任务实现的重要基础。在计划经济时代，农村实行人民公社制度，"在此制度下，乡村治理体制实行的是"三级所有、队为基础"的组织管理体系，生产队既是农村最基层的生产单位，也是党政经基础管理单位，党的领导代替一切"[3]。总之，改革开放前，我国有计划对乡村社会进行政治化改造与整合，积极在乡村社区进行政治意识的形态宣传，组织群众进行参与性建设，积极推动基层社会的持续发展，从而最终实现社区的现代化建设。

改革开放以来，在市场化的持续推动下，社区治理效能低和社区服务专业化的突出问题，使我国意识到需要激发社会力量参与社区治理，因此我国的农村社区治理由单一的以政府行动阶段转向政府引导下的社会行动阶段。[4] 而居民作为社区主体，其意愿逐渐受到重视，党和国家也积极赋予基层民众较大自

---

[1] 李增元：《试论我国农村社区治理的历史演进与现代转向》，载《理论与改革》2016年第4期，第58—66页。

[2] 吴晓燕：《农村土地产权制度变革与基层社会治理转型》，载《华中师范大学学报》2013年第5期，第7—12页。

[3] 王春光：《个体化背景下社会建设的可能性问题研究》，载《人文杂志》2013年第11期，第91—99页。

[4] 陈伟东、吴岚波：《行动科学视域下社区治理的行动逻辑及生成路径研究》，载《吉首大学学报（社会科学版）》2018年第1期，第41—48页。

主权，强调居民参与的治理模式由此出现，全民自治成为这一时期农村社区治理的显著特征。随着乡村社会性质根本性变革，党和国家有计划地重构了我国现代乡村社会秩序，并大力推动社区治理制度化与规范化建设。与此同时，还积极探索与之适应的乡村自治模式，在党组织的统一领导下，以民主选举、民主决策、民主管理和民主监督为核心的治理模式逐渐形成。在这一时期，广大农村居民拥有广泛的民主权利，可以充分参与到涉及生产、生活、经济社会发展等各方面治理活动，农村社区也成为凝聚社会力量、落实国家任务、宣传各项活动的重要基层载体。

随着改革开放的深入推进，在"国家治理体系和治理能力现代化"总目标的大背景下，中国共产党开始探索与我国社会现实发展相适应的新型治理模式。在社区治理建设的早期，国家强化农村社区管理与服务建设，破除传统城乡二元体制，保障城乡居民拥有同等的法律地位、享有同等的政治权利，并积极构建相应的法律制度，在大力推动硬件建设的同时也不断进行软件建设，加强社区公共基础设施，加大农村社区财政投入，配置农村社区人才，提高基层社区服务水平，使城乡居民享有同等的管理服务，从而推动城乡社区成为国家治理现代化的重要抓手。通过大力建设，农村社区建设从硬件建设向软件建设、从管理服务向组织机制创新的深入，在持续推进农村社区建设与治理实践中，一方面始终坚持党在农村社区的领导核心，充分发挥基层组织堡垒作用，不断为基层治理提供基础保障。另一方面，坚持从人民根本利益出发，把管理寓于服务之中，使农村社区朝着正确的方向健康发展。同时，充分利用现代高新技术，创新经济社会发展新动力，提高农民市场组织化发展，保证农村社区经济、政治、科技文化组织的全面进步。

伴随着国家治理现代化目标的深入推进，农村社区治理更加突出多方主体合作共治，创新农村社区治理体制机制，推动农村社区治理体系和治理能力现代化。在开放性与流动性的社会发展中，居民的自由流动成为平常，个体逐渐从传统宗族关系、集体组织关系、经济关系等束缚性机制中脱离出来，成为独立、自由的个体。① 在社会发展进步中，传统农村社区治理逐步式微，转变农村社区治理发展理念、创新治理体系、实现多主体的协作治理成为当代社区治理的重要内容。社区作为社会的微观组织细胞，其治理活动既是治理能力现代

---

① 李增元：《协同治理及其在当代农村社区治理中的应用》，载《学习与实践》2013年第12期，第98—106页。

化的关键内容，又是整个社会系统治理的核心部分。党的十九大报告指出，要加强社区治理体系建设，推动社会治理重心向基层下移，发挥社会组织作用，实现政府治理和社会调节、居民自治良性互动。党的十九届四中全会指出，"必须加强和创新社会治理，完善党委领导、政府负责、民主协商、社会协同、公众参与、法治保障、科技支撑的社会治理体系，建设人人有责、人人尽责、人人享有的社会治理共同体，确保人民安居乐业、社会安定有序，建设更高水平的平安中国。"在中国进入经济发展和社会职能转型创新的新时期，农村社区治理首先需要坚持党的全面领导，建立健全社区资源共享机制，同时，完善条块协同机制，明确社区内各主体的责任职能，逐渐形成权责明确、边界清晰、条块结合、各司其职的工作新机制，积极引导群众参与、发挥群众自治，提高社区公共服务和管理水平。面对社会发展过程中政府职能转变，提升治理效能和工作水平，从过去强调社区管理体制机制逐渐调整为创新社会管理，构建协同共建机制，更好地服务群众、保障民生，强化社区的治理现代化能力。党的二十大报告指出，"健全城乡社区治理体系"，在国家治理体系和治理能力现代化目标指引下，推动系统性治理现代化成为社区治理的核心内容。

三、新时代农村社区治理的重要意义

党的十八届三中全会提出，"全面深化改革的总目标是完善和发展中国特色社会主义制度，推进国家治理体系和治理能力现代化。"进入中国特色社会主义新时代之后，乡村振兴被摆在更高战略位置，习近平总书记指出，必须优先发展农业生产，加快推进农村现代化，并对乡村治理体系提出了新的要求，要求把我国乡村社会构建成为"产业兴旺、生态宜居、乡风文明、治理有效、生活富裕"的社会生活共同体。[①] 在新时代，农村社区已经成为基层治理的重要着力点，大力推进农村社区治理转型升级，快速提升基层治理能力，着力构建以党的基层组织为核心，以村民自治为主体，以乡村法治为准绳，以乡村德治为基础的乡村治理体系，对于实现我国乡村善治和现代化目标至关重要。

第一，加强农村社区治理是新时代创新党建引领，构建自治、法治、德治相结合的乡村治理体系的重要途径。农村社区是国家治理农村的抓手，广大人

[①] 孟雅琼：《"三治合一"视角下的乡村治理体系建设研究——以甘肃省平凉市为例》，载《陇东学院学报》2020年第3期，第106—110页。

民群众的需求满足与幸福追求、国家各项政策的推行实施以及现代化治理体系的建立健全都必须落实到农村社区治理实践活动中。基层治理是国家治理的基石，基层治理的有效性直接决定着整个国家经济社会发展的稳定进程。进入中国特色社会主义新时代，需要构建党委领导、政府负责、社会协同、公众参与、法治保障、科技支撑的多主体协同治理格局和自治、法治、德治相融合的新型乡村治理体系。在大力推进基层治理体制的实施过程中，首先，我国党和政府必须严格践行"权力下放、资金下拨、服务下沉"的要求，① 始终坚守党建在基层治理的龙头地位，发挥党组织的全面领导，不断强化基层党组织在农村社区中的政治引领功能。一方面，加强党的领导有利于严格基层选派人才，加强对农村干部队伍的教育培训，增强基层党员干部的服务意识、责任意识及创新意识，强化党员干部的模范带头作用，从而不断提高基层党组织的人员素质，使基层党组织能够更好地融入现代化的乡村社区治理进程。另一方面，农村基层组织坚持以提升组织力建设为重点，能够不断突出党建的政治引领功能，加强对社会各类组织的领导和管理，上行下达，统一安排，在激活党组织，强化基层治理的同时逐渐形成以党组织为领导核心的多元共商共建共治的治理新局面。其次，强调以自治为基础，提升党建引领基层自治能力，有助于充分认识到人民群众的主体作用，有效发挥广大人民治理活动的参与意识与主人翁意识，通过对村民代表大会等议事载体的优化整合等增强居民参与治理的积极性和热情，促进整个社区各项活动的健康发展。再次，坚持法治的根本保障，优化乡村社会的法律法规制度，有助于增强村民们法律意识，敢于运用法律武器保护合法权益，不断创新乡村法律教育服务，自觉形成知法、守法、学法、用法的良好氛围，也能进一步提高基层干部的法治意识和执法能力，逐渐完善乡村法治队伍建设。最后，加强德治建设，始终以社会主义核心价值观为引领，有助于提高农村居民道德风尚，培育良好村风民风，实现乡村社会德治目标，且能够在充分吸收传统文化精华的同时注重与时俱进，继承优秀文化，实现从单一封闭性传统村落向多元文化融合的现代社区转型，使乡村社会呈现积极健康、崇德向善的良好氛围。与此同时，乡村社区治理体制的重构能够切实顺应我国社会发展现状，有利于提高基层社区治理能力，保障各项政策与措施在基层社会落实，使党的农村基层组织在加强自身建设的同时发挥引领功

---

① 李润国、姜庆志、李国锋：《治理现代化视野下的农村社区治理创新研究》，载《宏观经济研究》2015年第6期，第23—29页。

发展，同时强调健全城乡融合发展体制机制，这标志着中国特色社会主义工农城乡关系进入新的历史阶段。当前我国最大的发展不平衡是城乡发展不平衡，最大的发展不充分是农村发展不充分，制约我国社会发展和长治久安目标的重要问题在于城乡二元结构。习近平总书记多次在会议中强调，在我国发展的任何时期都不能忽视农业、忘记农民、淡漠农村。党的二十大报告指出，"全面建设社会主义现代化国家最艰巨最繁重的任务仍然在农村。在着力推进乡村振兴战略实践中，农村社区作为农民城镇化重要载体，已经逐渐从传统的生产生活共同体转换为社会生活共同体，服务功能逐渐扩大，社区性质发生改变，加强新时代的社区治理创新，有助于从根本上改变乡村长期从属于城市的现状，进一步理顺工农城乡关系，确立城乡社区同等的法律地位，保障城乡社区居民享受同样的福利待遇和公共服务，明确城乡融合发展是实现国家现代化的有效途径。另外，对城乡治理体制进行的重构工作，能够有效促进资源、资本在城乡社区之间的整合与流动，使城乡社区在新时代充分发挥保障作用，真正成为推动国家治理现代化的基础载体与抓手。① 针对多元身份居民共同生活的城乡社区，政府在实践中也充分考虑多方需求，合理运用信息化治理技术，有利于从全方位、多层次的了解、记录民众个性化、多元化、差异化的利益诉求，灵活调动、充分整合各种社会资源，及时应对新出现的社会管理问题。② 实现城乡社区管理服务的统一，从而大力推动城乡的协调发展、平衡发展，推动社区居民认同感和归属感的培养。乡村作为基层社会居民的生产单元，农业是其最核心的产业。对农村社区的有效治理还体现在农业产业结构调整上，能够发挥市场在资源配置中的决定作用，加大三次产业的融合力度，凝聚推动乡村发展合力，以此推进乡村新兴产业的开发管理，打造乡村发展新优势。同时，国家还坚持以农业供给侧结构性改革为出发点，推进农业现代化的转型升级，充分发挥乡村社会特色，提高农业经济的综合效益，以此激发农业产业的生机与活力，保障乡村经济的多元化发展。另外，农村社区的现代化治理一方面能够坚持从实际出发，协调好乡村不同利益群体关系，整合重建乡村社区秩序的载体力量，从根本上改善农村的生产、生活与生态环境，确保乡村社会的安定有

---

① 李增元、李艳营：《论改革开放以来农村社区治理的法治历程与新时代法治需要》，载《社会主义研究》2019年第3期，第108—114页。
② 李增元、刘杂林：《信息化治理：农村社区治理技术创新及其实现途径》，载《社会主义研究》2017年第6期，第98—105页。

序。另一方面，坚持实事求是原则，充分发挥城乡各自优势，统筹城乡设施建设布局，使城市更文明美丽，农村更惬意宜居，成为城乡融合发展的组织保障。

　　总体上来说，在中国特色社会主义新时代，加强农村社区有效治理不仅有利于保障党的统一领导地位，巩固政权基础，满足广大人民群众多样化需求，而且还能够最大程度增加农村居民获得感，充分提升公共事务的居民参与度，努力完善基本公共服务体制，提升农村公共服务能力，加快推进城乡社区转型升级，还有利于有效解决发展进程中面临的新困难、新挑战，促进城乡融合，为实现人民幸福安康、社会和谐稳定、国家长治久安奠定坚实基础。

第二章 农村社区治理的发展历程

一、新中国成立至20世纪末的农村社区治理

中华人民共和国成立后,在中国共产党有力领导下,农村基层治理体系进行了重构,在政党下乡中逐步构建起保障人民当家做主的新型政权组织体系。作为农村基层治理的重要载体,农村社区治理也经历了一个变迁过程,总体来看中华人民共和国成立后到20世纪末,农村社区治理经历了两个发展阶段。

(一) 计划经济时代的人民公社体制及社队治理

1956年,基本完成农业社会主义改造之后,需要探索符合社会主义性质的乡村治理体制,顺应农村经济发展要求,维护基层社会稳定,形成国家工业化发展的基层基础。结合我国现实经济社会发展特征,在借鉴苏联集体农庄制基础上国家有组织地推动农村合作化,全国各地陆续出现了联乡、联社活动。中共八届六中全会发布《关于在农村建立人民公社问题的决议》,人民公社化运动正式开始,人民公社实行政社合一体制,"乡党委就是社党委,乡人民委员会就是社务委员会"①,1958年底,中国农村基本完成体制调整普遍建立了公社体制。1961年通过的《农村人民公社工作条例》(修正草案)规定,"农村人民公社一般地分为公社、生产大队和生产队三级,以生产大队的集体所有制为基础的三级集体所有制,是现阶段人民公社的根本制度。"② 1962年八届

---

① 参见张培田:《新中国法制研究资料通鉴》第5卷,中国政法大学出版社2003年版,第5657页。
② 参见《当代中国农业合作化》编辑室:《建国以来农业合作化史料汇编》,中共党史出版社1992年版,第640页。

十中全会通过《农村人民公社工作条例》修正草案,明确规定将人民公社的基本核算单位进一步下放到生产队。在随后的 20 年时间里,人民公社的规模和结构有所调整,如 1975 年全国农业学大寨会议上提出以生产队为基本核算单位的所有制,在条件成熟的时候,将逐步向以大队乃至公社为基本核算单位的所有制过渡,但是人民公社体制的基本组织原则和运作方式并没有发生根本性变化。

人民公社体制作为计划经济时代的产物,适应这一时期巩固农村政权和社会主义公有制的国家建设要求。首先,人民公社实行党的绝对领导体制。公社层面设立公社党委,生产大队层面设立党支部,生产小队层面设立党小组,通过科层制的组织方式实现党组织权力向上集中,与此同时各级党组织的权力向分管的领导集中,党支部向支部书记集中,党委向党委书记集中,形成了公社党委和党委书记的绝对权力,形成党的一元化领导局面。其次,人民公社管理体制实现三级管理。具体展现为"以生产队为基础,公社为上级,三级权力层层控制"①。在权力配置上,人民公社是国家政权基础组织,拥有国家权力,负责农村一切工作。生产大队是村级组织,执行公社下达的指令,并受公社监督;负责组织和监督生产小队。生产小队进行生产经营、核算分配和社会服务。同时三个层级,既是政权组织体系构成,也是经济组织体系构成。② 再次,治理单元上,人民公社体制是以生产小队为基础治理单元。对于确定哪一层级为基础治理单元进行过反复的争论,毛泽东强调指出,"要承认三级所有,重点在生产队所有制,人、土、财都在生产队",③所谓'队为基础'指的是生产小队,而不是生产大队"。④ 生产小队作为基层治理单元,其基层性表现在三个具体方面,在组织体系上,生产小队是最基本的核算单位,是直接从事生产的单位,生产小队队长主管生产。⑤ 生产小队大部分由原来的自然村转化而来,是距离农民最近的单元,也是最基础的治理单元。在生产生活上,农民以平等的社员身份参与生产小队的生产经营活动以及小队范围内的各项社会

---

① 冯石岗、杨赛:《人民公社时期乡村治理模式透析》,载《沈阳大学学报(社会科学版)》2013 年第 5 期,第 657 页。

② 李华胤:《我国乡村治理的变迁与经验探析》,载《毛泽东邓小平理论研究》2019 年第 5 期,第 60 页。

③ 参见罗平汉:《农村人民公社史》,福建人民出版社 2006 年版,第 129 页。

④ 中共中央文献研究室:《建国以来毛泽东文稿》,中央文献出版社 1993 版,第 111 页。

⑤ 徐勇:《找回自治:对村民自治有效实现形式的探索》,载《华中师范大学学报(人文社会科学版)》2014 年第 4 期,第 1—8 页。

文化活动。人民公社体制的治理方式在现实中也具有显著特征。一是"一大二公",即人口多、地域面积大,"社员转入公社,将私有的土地、房基、牲畜、林木等生产资料转为全社公有";集体经济成为公社的经济基础,集体劳动成为公社基本的生产方式;集体生活也成为农民基本的生活方式。二是"一平二调三收款",即指在公社范围内社员贫富拉平,实行平均分配,公社可以无条件地上调各生产队的财产,银行可以收回农村贷款;三是"政社合一",人民公社实行党政经合一,公社党委和大队支部是各自区域的领导和决策机关,一切重大事务都由党组织决定。由此,形成了"党、政、经"合一、高度集中的农村社区组织管理体制。

人民公社体制是计划经济下的全新治理方式,对刚成立不久的新中国具有重要意义。在经济方面,人民公社体制通过生产资料集体所有,将分散于农民之中的经济权集中于政权组织体系。如果说土地改革只是将乡村的政治统治权集中于国家手中,那么,经过集体化建立的公社体制,则将散落于农民社会之中的经济权力也高度集中在国家之手,高度集中的经济权力为国家的工业体系建设与基础设施建设的快速进行提供了重要的政治条件保障。① 在政治方面,人民公社体制强化了农民对国家的认同。人民公社体制实现农民身份转化,将传统农民身份改造为统一的公社社员身份。一方面这种社员身份没有亲缘、地缘之分,在极大程度上弱化了对家族和地方的认同。另一方面农民作为公社社员,不仅是生产者,同时也是政权组织体系的成员,更是一种国家身份的象征,通过身份的重塑来强化对国家的认同。人民公社体制通过多种治理机制来实现国家权力的延伸与下沉。一是乡村党组织下沉于基层治理单元。每个公社、大队、小队都建立了党组织,实现党对乡村社会的直接领导,这不仅表现在宏观大政方针的宣传与落实,还深入到乡村经济、社会事务等方方面面。二是政府组织深入到乡村。在乡镇政府之下还建立了生产大队、生产小队等准政府性质的农业生产组织,实现政府政治经济一体化。三是建立了一套自上而下的干部任免体制。为了保证国家大政方针在乡村社会能得到贯彻执行,有效引导和规制干部行为,维系公社机制的正常运作,在干部任免上特别强调干部的革命性和忠诚感。四是在乡村社会构建了准军事化的三级生产生活组织体系。公社内按照科层制和标准化加以组织和管理。公社内部分公社、大队、小

---

① 徐勇:《政权下乡:现代国家对乡土社会的整合》,载《贵州社会科学》2007年第11期,第4—9页。

队三级并以数字加以排序，集体组织和农民之间只存在单方面的"指挥—服从关系"，形成"命令—服从"式治理。在社会自我管理上，在"政社合一"高度集中化的公社体制下，农民自主权更多的表现在具体事务上，如生产活动的安排、粪肥的工分定级、男女上工的工分定级等；同时，生产小队也可以自主开展公共设施建设（如灌溉水渠、路、桥等）和公共文化活动。另外，农民自身无法解决的事务可以与其他家户开展互助合作。管理的民主化是人民公社时代制度建设的一项重要内容，1962年印发的《农村人民公社工作条例修正草案》明确规定，贯彻"民主办社""民主办队"的根本方针，在生产大队和生产队中建立社员代表大会制度。生产大队的一切重大事情都由生产大队社员代表大会决定。作为人民公社体制内基本核算单位的生产队，实行独立核算、自负盈亏，直接组织生产、组织收益的分配。生产队对生产的经营管理和收益的分配，有自主权；生产队的生产和分配等一切重大事情，都由生产队社员大会讨论决定，不能由干部决定。①

人民公社体制为实现特定时期国家政权建设与工业现代化做出了重要贡献，然而人民公社体制对农村经济社会发展与农民自由发展带来了较大束缚。在经济上，人民公社体制下生产资料统归集体所有，社员进行统一劳动与平均分配，不允许个体私营经济发展，这种生产方式挫伤了农民生产积极性导致生产效率低下，农民生活长期处于较低水平，阻碍着农民自由的实现。在政治上，依托于"政社合一"组织而存在的人民公社体制，是以权力高度集中、绝对服从为特征的科层制管理体制，以完成国家任务与目标为目的，忽视了农民个体创造性与个体需要，农民与国家的权利义务关系处于不平等的关系结构中。人民公社作为乡村社会的政治、经济与社会组织，全面支配着农民的社会生活，这种体制缚住了农民的手和脚，抑制了农民的自由思想②，如尹业香指出，"公社组织的一体化，在满足国家需要时，并没有很好地满足乡村和农民对自主自治的要求；相反，在很大程度上压抑了农民和乡村的自主性。"③ 同时公社体制也极大限制农村的社会发展空间，它将获得自由的农民重新组织进

---

① 参见中共中央文献研究室：《建国以来重要文献选编》第15册，中央文献出版社2011年版，第527—538页。
② 张乐天：《论人民公社制度及其研究》，载《华东理工大学学报（社会科学版）》1996年第3期，第22—30页。
③ 尹业香：《矛盾、改革、出路：农村人民公社以来体制与制度构建之反思》，载《学术论坛》2005年第10期，第63页。

了有明确地域边界、产权边界、组织边界的封闭性社区中,正如美国学者维维尼·舒(Vivienne Shue)指出,"公社系统是一个"蜂窝状"结构,每一个公社都像一个高度地方化、自给自足的、有独立结构的蜂窝,是一种典型的封闭式社区"①。这种公社体制也是维系城乡二元体制重要的制度安排,公社体制的城乡分治属性严格限制了农民社会流动的可能,使广大农民无法获得与城市居民同等的生存发展机会,造成农民对公社、生产大队和生产队的高度组织性依附,社会自主发展权利不足。另外,公社通过军队化管理机制、共产主义理想教育、对稀缺资源的控制,使民众思想行为与国家权威主体统一起来,使以共产共有为基础实现共产主义成为每个社员必须具备的政治理想,个体必须服从于集体。

总的来说,人民公社体制为巩固新生政权、实现工业现代化发展发挥了重要作用。但它也违背了乡村社会治理的基本逻辑,"以纵向的国家政治整合完全取代了横向的地方社会整合,使乡村社会的自主性、能动性基本丧失,单向度的行政管制和政治运动湮没了乡村原生秩序和先天和谐"②,造成乡村社会发展缓慢,农民各种需求得不到有效满足,一系列问题已经导致严重的乡村社会治理危机,这种源于体制设计上的缺陷导致广大农民受到较大束缚,这为改革开放后乡村治理体制的重新调整埋下了伏笔。

(二) 改革开放以来的乡政村治及村庄治理

改革开放以来,我国开始实行家庭联产承包责任制等在内的一系列经济体制改革,人民公社体制失去了其存在的经济基础。为适应经济体制转换,农村基层治理模式也从人民公社体制走向了乡政村治体制。乡政村治体制时期,"乡政"体现的是乡镇政府作为国家基层政权单位实现国家对乡村社会的管理,它是贯彻执行上级政府政策制度的政权代理人,"以国家强制力为后盾,具有高度的行政性和一定的集权性"③。乡政村治中的"村治"指的是人民公社撤销后基于行政村庄产生的村民自治组织开展的自我治理,村民自治成为具

---

① V. Shue, *The Reach of the State: Sketches of the Chinese Body Politic*, Stanford: Stanford University Press, 1988, pp.130—131.

② 吴业苗:《农村基层社会管理与"社区化"体制建构——基于城乡一体化视角》,载《社会科学》2013 年 8 期,第 81 页。

③ 侯万锋:《新中国成立以来我国乡村治理模式的历史回顾、现实难题与治理机制优化》,载《河南师范大学学报(哲学社会科学版)》2009 年第 5 期,第 46 页。

有中国特色的草根民主治理制度形式。1983年中共中央、国务院颁布《关于实行政社分开，建立乡政府的通知》中明确指出，"政社合一"的国家治理体制已经不能够适应农村经济体制改革和发展的需要，要求撤销人民公社和生产大队，同时建立乡镇一级人民政府和村民委员会。1987年出台的《中华人民共和国村民委员会组织法（试行）》第二条就明确指出，"村民委员会是村民自我管理、自我教育、自我服务的基层群众性自治组织，办理本村的公共事务和公益事业，调解民间纠纷，协助维护社会治安，向人民政府反映村民的意见、要求和提出建议。"从1988年6月1日起开始实施《中华人民共和国村民委员会组织法（试行）》算起，经过基层实践探索，村民自治实现了从"形式"到"实体"的转化。

村民自治制度的确立和实施，是农村经济社会发展到特定历史时期的产物，它标志着我国基层治理进入民主治理时期。不可否认，无论国家层面还是社会层面，村民自治为乡村社会治理所带来的成效和意义都十分巨大，村民自治可以说是中国自改革开放以来继家庭联产承包责任制实施之后农村社会改革的第二次重大突破。在国家治理理念方面，乡政村治赋予了乡村社会高度民主性，村庄成为村民行使自治权的基本单位，是国家为适应经济体制改革对乡村社会治理作出的适时调整，通过分权治理，村民在实现经济自由的同时也获得了更大程度的自由发展空间。通过调整国家与社会关系，赋予乡村一定的自治权，一定程度上能够调动乡村社会治理积极性，推动乡村社会政治民主进程，同时降低了国家和基层政府的管理成本。在制度层面，《中华人民共和国村民委员会组织法》的颁布和实施确立了村民自治的法律地位，国家以法律制度的形式赋予了乡村社会自我管理、自我服务、自我教育的权利，有权按照村集体的意志开展村庄公共治理活动，切实保障了农民群众的自由发展权利。在社会实践中，村民自治制度也赋予了乡村社会自由发展的权力。农村民主实践形式不断丰富，例如四川省眉山市作为我国最早开始开展村民自治示范的重要地区之一，眉山市村民自治实践经过探索起步、扩大试点、全面推行等三个阶段，取得了良好成效。农民群众和村干部严格按照村民自治制度的民主原则和程序办事，完全依法直接、差额、秘密画票、无记名投票选举村委会班子，并实行乡镇政府政务、村居务和组务三级公开，强化了对农村干部的监督制约，并通过建立村民代表会议制度，凡是涉及村民利益的重要事项，都必须提请村民会议讨论决定。① 农民主体地位得以确立,在提高了村务管理水平的同时也使乡村走向了政治民主化道路。自村民自治制度开始实施以后,广东珠江三角洲经济发达地区的很多农村地区抛弃一般农村在村民自治制度实践过程中所采取的单一性民主治理模式,而是"通过能人治理与制度化治理相结合、权威治理与专业化治理相结合"②,形成了一套独具特色的农村社会治理模式,促进了农村社会治理结构的新发展。可见,在村民自治的具体实施过程中,农村可以根据本村的现实特征和发展状况,积极制定自治章程、村务公开制度、村规民约、村民会议制度、村民代表会议议事规则和财务管理制度等民主管理制度,有的村庄还制定了固定资产管理制度、会计档案管理制度、财会人员管理制度、现金管理制度,使得村庄的民主管理有了现实制度依据。③ 在村民委员会的管理下,广大村民增强了民主意识,锻炼了民主能力,参与乡村社会管理的积极性显著增强。

不过,在村民自治制度实践发展初期,很多地方的村民自治流于形式,村民自治理想图景与现实之间存在很大差距,自治并没有真正得以实现。首先,在乡政村治体制下,乡镇政府不仅要承担党和国家下达的各项政策指令,还要应对乡村社会各种利益诉求,但是对于乡镇政府来说,是否完成上级领导的行政任务关系到自身考核和晋升,因此,乡镇政府工作重点往往会放在完成县区政府下达的各项工作任务,贯彻执行各种发展指标,而忽略乡村社会的利益诉求。在很多乡村社会也出现了乡镇政府利用各种手段压制和控制乡村社会的现象,"将发展经济、社会管理、公共服务、基层建设的职能异化为招商引资、维稳、管制"④,利用政治身份谋取私利,掠夺乡村社会资源,通过各种手段干预村民委员会的运作甚至村民选举,干群关系恶化。其次,村民委员会作为乡村社会村民自治的组织形式,承担着大量行政任务,俨然成为一种贯彻执行国家政策、制度的"准行政机构",村干部也成为完成乡镇政府任务的"准行

---

① 四川师范学院、眉山市委宣传部课题组:《全面推行和完善村民自治 促进农村经济和社会发展——眉山市实行村民自治的实践与启示》,载《社会科学研究》2002年第5期,第38—39页。

② 王金红:《村民自治与广东农村治理模式的发展——珠江三角洲若干经济发达村庄治理模式发展的案例分析》,载《华南师范大学学报(社会科学版)》2003年第4期,第53页。

③ 参见李增元:《村民自治到社区自治:农村基层民主治理的现代转型》,山东人民出版社2014年版,第3页。

④ 吴业苗:《农村治理体制改革与社区服务发展》,载《黑龙江社会科学》2015年第5期,第94页。

政干部",村干部往往只对上级负责,难以真正为农民群众发言,还有很多地方的村干部与乡镇政府领导干部沆瀣一气,"不是将精力花费在农村公共服务与社会建设事业上,而是想尽一切办法加强对乡村社会资源的掠夺,各种乱集资、乱收费、乱摊派现象盛行"[①]。另外,为了完成各种经济社会发展指标,乡镇政府把压力转嫁给乡村社会,最终导致农民群众负担不断加重,经济利益受到损害,农民群众不满情绪日益高涨。加之乡村社会出现家族势力、黑恶势力和乡村混混,严重影响村民自治有效实施。在一段时间内,在部分地区村民的自治权利没有得到真正的落实,原本由村民委员会承担的乡村公共事务和公益事业无人管理,以民主选举、民主决策、民主管理、民主监督为实施要求的村民自治制度有名无实。

20世纪末,市场化、城镇化、工业化的迅速发展使村民自治运行的经济社会发展条件不断变化。首先,自改革开放后,随着市场经济体制的运行,农村社会逐步卷入市场化、工业化、城镇化大潮,在内外力量的作用下,农村经济社会开始发生明显的结构性转型,经济社会结构分化,除了集体经济外,个体经济、私营经济、股份制经济如雨后春笋般出现,集体经济的凝聚力不断下降。其次,在社会开放、流动与发展中,传统农村封闭状态被打破,居住生活在农村的居民不再仅仅是传统意义上的本地村民,还包括城市居民、外来居民,这一现象在沿海发达地区更为明显。农村社会日益转变为由不同性质居民共同居住、生活的开放性、异质性社会。另外,村民的职业身份也在发生变化,传统农业种植者、经商者、打工者不同身份并存。农民的思想观念也在不断发生变迁,农民的利益需求也不断发生变化。在现代化发展中,农村经济社会结构的快速变迁都对既有的村民自治制度产生着重要冲击,政经合一的村庄管理体制难以有效适应现代社会发展的要求。与此同时,城乡一体化进程加快也客观上推动乡村治理体制机制变革,并将农村基层民主治理制度再次推向转型的边缘。面对村民自治制度实践中所产生的各种问题,为了进一步提升基层乡村治理能力,党和国家适时提出农村新社区建设,推动村民自治向纵深发展。农村社区建设旨在构建新型农村社会生活共同体,实现农村社区及整个社会的融合,也是我国农村基层组织与管理方式的重大变革和制度创新,是新时期、新阶段我国农村的一项重大的社会建设工程,具有十分重要的现实意义和

---

① 马良灿:《中国乡村社会治理的四次转型》,载《学习与探索》2014年第9期,第49页。

深远的历史意义。①

总体来看，中华人民共和国成立以来，农村社区治理体制经历了人民公社体制下的社队治理和村庄治理两个阶段，有力地推动了基层治理现代化进程，在保障国家政权稳定中也促进了农村经济快速发展，维护了基层社会稳定，具有重要的意义。但同时，现代社会发展也对基层治理提出了更高要求，乡政村治时代的村庄治理也需要持续创新与发展。

二、21世纪以来的农村社区治理

随着21世纪现代化进程加快，农村地区治理基础开始发生质变，以往的传统村落单元受到冲击，农村社区形态也呈现出多样化特征，城乡之间总体趋向一体、融合方向发展。但是，在乡村建设发展中依然暴露出许多现实问题，如城乡之间制度壁垒导致城乡难以实现真正融合；传统思想观念与制度排斥成为阻隔农民真正实现身份转变与价值认同的影响因素，农民市民化进程受到影响。与此同时，广大农村居民利益需求不断扩展，乡村管理与服务能力不足，治理能力有待加强，乡村治理亟待创新。为此，党中央提出了全面建设小康社会重大战略，积极推动城乡统筹协调发展及推进新农村建设，并深入推进农村社区建设，注重提升农村管理服务水平，创新乡村治理体制机制，深度推进城乡融合发展，努力构建"共建共治共享"的社会治理格局，不断将农村社区治理推向新高度。总体来看，21世纪以来的农村社区治理经历了新农村建设中的地方自发探索社区建设，国家推进农村社区建设及强化管理服务，构建新型城乡关系与社区治理体制机制创新，实施乡村振兴战略与推动社区治理现代化等多个阶段。

（一）21世纪初至2006年：新农村建设与地方自发探索社区建设

改革开放以来，在经济快速发展中城乡二元差距仍然明显，农村经济社会发展相对落后，农村管理服务水平不高，广大农民群众日益增长的物质文化需要还没有得到很好满足。基于此，党的十六大在提出全面建设小康社会的奋斗目标下，指出要"统筹城乡经济社会发展，建设现代农业，发展农村经济，增加农民收入"，旨在"促进人与自然的和谐，推动整个社会走上生产发展、

---

① 项继权：《农村社区建设：社会融合与治理转型》，载《社会主义研究》2008年第2期，第61页。

生活富裕、生态良好的文明发展道路"。21世纪以来随着我国经济高速增长，在社会转型发展中农民经济发展逐渐出现一些新问题：大量农民进城务工引发人口流失，农村"空心化"现象开始出现；城镇化发展形势导致广大农民在征地拆迁、宅基地买卖确权中权益和利益受损，农民的利益诉求表达渠道不畅；基层政府管理服务水平和能力不足，乡村社会治理人才不足，社会自组织基础薄弱，农民的利益诉求得不到有效回应。

面对乡村治理中出现的各种问题，诸多地区在实践中进行自发探索，江西省开启了探索农村社区建设的先河。早在2001年，面对政府与基层自治组织角色定位不清、权责不明等问题，江西省太仓市首先尝试从社区党建引领、社区民主自治和社区建设机制保障入手，摸索"12345"工程，即尝试建立一个社区服务中心室外活动场地，建立宣传栏和公示栏两个阵地，培育专业管理队伍、专业服务队伍和志愿者队伍三支队伍，设置老年人、残疾人活动室，警务室、卫生室、多功能教室"四个室"，设置社区农业服务站、社会事业服务站、卫生服务站、社会保障服务站、综合治理服务站"五个服务站"。与此同时，尝试开展"政社互动"的社区治理方式，在厘清政府与社会之间的权力边界和职责基础的前提下，推动二者协同合作，在行政权与自治权的衔接互动下推进农村社区各项事务有效治理。首先，厘清政府和自治组织权责边界。太仓市尝试权责明确的基层社会治理改革，通过部门清理、专家审核、村居讨论、社会公示等环节，明确界定了政府与社会之间的权力，即公权与自治权，明确规定自治组织需履行的职责及明确自治组织需协助政府的事务。① 其次，签定协助协议，实现管理与自治的有效衔接。政府在行使公权时需要自治组织的协助，政府可以进行"支付协助"，而对于那些缺乏法律认可的政府政策和行为事务，自治组织有权拒签和拒办并且有权举报。再次，尝试建立政府与自治组织的互惠共赢，"按照'政府立项——社区申报——绩效评估——费用支付'的方式予以落实"②。除此之外，太仓市政府通过培育各种民间社会组织和志愿群体，如义工联合会、尚善社会工作服务中心等，引导其参与到社区治理和服务事务中，在提高社区治理水平的同时培育自治组织的社会治理能力和服务能力。2003年，江西省开展村落社区建设试点的自然村达到100个，"实

---

① 金世斌：《明确权责边界创新社区治理》，载《时事报告》2014年第10期，第45页。
② 陈明：《政社合作中的基层社会管理创新——政府行政管理与群众自治衔接互动的太仓实践》，载《中共中央党校学报》2012年第6期，第78页。

践证明，开展农村村落社区建设，是落实和完善村民自治的创新性工程，是促进农村社会和谐发展的基础性工作，符合农村实际和农民意愿，具有旺盛的活力和广阔的前景"①。之后为进一步提升乡村管理服务能力，实现基层的有效治理，江西省组织开展了"创建100个精品农村社区"活动，"精品农村社区"模式被确定为全国创建活动品牌。江西省农村社区管理体制实践探索最初以乡镇和行政村为改革重点，随着改革探索的深入，创造性地将改革重心转移到自然村，逐步形成了"党委政府领导、民政部门指导、村级组织牵头、志愿者协会主办、社会力量支持、群众广泛参与"的工作格局，设立以老地下党员、老游击队员、老接头户、老交通员、老苏委人员为主体的志愿者协会，下设协会、社会救助站、卫生环境站、民间纠纷调解站、文体活动联络站和科技信息传递站，构建起"一会五站"的农村社区治理模式。在新农村建设中，江西省依托村庄为载体进行社区建设全方位的探索，为后续国家推进农村社区建设实验奠定了坚实的基础。

2003年伊始，胡锦涛在中央农村工作会议上指出："为了实现十六大提出的全面建设小康社会的宏伟目标，必须统筹城乡经济社会协调发展，更多地关注农村，关心农民，支持农业，把解决好农业、农村和农民问题作为全党工作的重中之重，放在更加突出的位置，努力开创农业和农村工作的新局面。"此后，中共十六届三中全会上国家提出"五个统筹"的发展理念，并把"统筹城乡发展"放在突出位置。缩小城乡差距并逐步消除城乡二元结构，"实现城乡一体化，这是统筹城乡经济社会发展的目标选择"②。从2003年开始，浙江义乌市率先推进城乡一体化建设，破除原来四级管理结构，实行"市—社区"的二级管理结构和"市—乡镇—社区"的三级管理结构，成为推动农村向社区转型的典型尝试。在此基础上，义乌市城乡一体化建设更加注重保护农民参与基层政权和基层事务的权利，扩大县乡人大代表中农民代表的比例，充分落实农民的民主权利，保障农民的政治权益，探索一种实现社区内部组织权益最大化的治理模式。浙江宁波市则尝试通过解决社区外来人口的管理与服务问题来推动农村社区建设，社区内部主动召开党组织会议、村民代表大会，探讨成

---

① 孟建柱：《加强村落社区建设 促进农村和谐发展》，载《求实》2006年第21期，第25页。

② 姜作培：《城乡一体化：统筹城乡发展的目标探索》，载《南方经济》2004年第1期，第5页。

立企业、村民、优秀外来人员共同组成的和谐理事会,协助社区解决各类治理问题。另外,积极引导外省优秀人才进社区,组成计生管理队伍、环保队伍、文明宣传队伍、党员模范先锋队伍等,并实现送法下乡、送知识下乡,培养社区居民的法治观念和道德理念,激发他们参与社区的自我管理、自我决策和自我监督,摸索建立一种适合社区发展的模式,促进社区内部多种群体的融合与认同。在深入推进城乡统筹协调发展之际,湖北省秭归县杨林桥镇积极探索新农村建设新形式。秭归县杨林桥镇面积234平方公里,人口2.8万余人,是一个位于湖北山区的边远乡镇。杨林桥镇在人民公社时期村组较多,人员冗杂,基层治理成效不佳,为改变这一现状,杨林桥镇借税费改革契机,结合党中央新农村建设号召,实行了合村并组、减少干部的措施,但改革之后因村组规模变大,基层管理人员减少,随之出现公共服务不到位、基层治理成效不佳、居民参与村庄事务积极性不高等诸多新的问题和矛盾。为提升基层治理成效,杨林桥镇积极探索,对村民小组进行了大刀阔斧的改革,撤销了以行政方式建立的村民小组组建社区,将全镇14个村划分为306个社区、1034个互助组,社区群众"直选"产生社区理事会,理事会成员由所在社区农户"直选"产生,创新村民自治运行机制,建立社区内自治、社区间联合自治、以村为单位整体自治的三层自治架构。"杨林桥镇率先将社区的理念引入乡村治理中,并以社区体制重新构造农村微观组织体系"[1],重塑了农村社区这一基层治理单位,为新农村建设提供新的组织载体,有效推动了新农村建设向纵深发展。

  2005年,党的十六届五中全会正式提出了建设社会主义新农村的重大历史任务,要按照"生产发展、生活富裕、乡风文明、村容整洁、管理民主"的要求深入推进新农村建设,这也是对十六大提出的统筹城乡经济社会发展的深化与提升。2006年中央一号文件从八个方面对社会主义新农村建设作出明确要求和部署。新农村建设的主要内容,包括农村道路、房屋、幼儿园及小学、水塘等基础设施建设,以及农村金融、农村养老等服务体系建设,国家会在这些方面给予适当政策支持。各地在有序开展新农村建设的同时,"开始推进农村社区建设,健全新型社区管理和服务机制"[2]。国家层面的政策规划为

---

[1] 徐勇:《农村微观组织再造与社区自我整合——湖北省杨林桥镇农村社区建设的经验与启示》,载《河南社会科学》2006年第5期,第11页。

[2] 黄家亮:《基层社会治理转型与新兴乡村共同体的构建——我国农村社区建设的实践与反思》,载《社会建设》2014年第1期;燕继荣:《中国的社会自治》,载《中国治理评论》2012年第1期,第90页。

各地进行农村社区建设自我探索提供了政策先导,也激发了各地探索新农村建设的活力与积极性。除江西、湖北等地之外,江苏、山东、四川等一些地方在城市社区建设的同时积极开展农村社区建设的探索,新农村建设不断向纵深推进。① 总体来看,在国家正式启动农村社区实验建设之前,各地社区建设实践是在贯彻落实党的新农村建设战略基础上,结合本地农村经济社会发展现实情况进行的地方探索,虽然各种探索模式不一,但都突出强调再造社区内部组织,强化自我管理与服务能力,是对现代农村社区治理的前期探索。

(二)2006年至2012年:国家推进农村社区建设及强化农村管理服务

随着新农村建设逐步展开,在前期各地方自发探索社区建设基础上,国家决定在全国范围内开展农村社区建设,将新农村建设向深层次推进。实践中,农村社区建设经历了从早期实验到全面推进多个阶段。2006年7月,全国民政工作年中分析会召开,对"农村社区建设试点"进行了系统讨论,会上指出"要结合各地现实情况,探索建立符合我国国情的农村社区建设领导体制和工作机制","开展农村社区建设试点,构建农村基层工作平台,要先选择有条件、有基础的地区,合理整合社区资源,扩大农村社会服务。"同年9月,为贯彻党的十六大精神,落实科学发展观,统筹城乡发展,探索社会主义新农村建设和农村社区建设试点工作的有效途径,民政部制定了"认真开展农村社区建设试点"的工作部署,要求充分认识到各个地区的优势与不足,对能否作为"农村社区建设试点"认真核实、排查、落实。同年10月,党的十六届六中全会审议通过了《中共中央关于构建社会主义和谐社会若干重大问题的决定》,明确提出"全面开展城市社区建设,积极推进农村社区建设,健全新型社区管理和服务体制,把社区建设成为管理有序、服务完善、文明祥和的社会生活共同体",标志着城乡社区共建正式开启。中共中央政治局委员、国务院副总理回良玉同志在第十二次全国民政会议上指出,2006年至2010年民政工作的总体目标是,"到2010年,完成'十一五'时期全面建设小康社会赋予民政工作的任务,城乡社区建设深入推进,社会事务管理和公共服务能力

---

① 参见民政部基层政权和社区建设司、华中师范大学:《中国农村社区发展报告2009》,西北大学出版社2011年版。

显著增强"①。国务院召开第十二次全国民政会议进一步强调城乡社区发展的资源整合能力提升,"农村社区建设过程中,要整合社会资源,建立与社会主义市场经济体制相适应的农村基层管理体制、运行机制和服务体系"②,农村社区建设不仅涉及基础设施建设,还涉及到治理体制机制改革。党的十七大明确提出"把城乡社区建设成为管理有序、服务完善、文明祥和的社会生活共同体",为全国农村社区建设提供了重要指引。

为将新型农村社区建设成管理有序、服务完善、文明祥和的社会生活共同体,2007年国家开始有步骤有措施地推进农村社区实验区建设。民政部原副部长姜力指出,"农村社区试点工作的推进,要继续扩大基层民主、完善村民自治"③,在试点工作中要注意基层民主的保障、村民自治权利的落实以及社区化管理的治理和水平,真正维护农村社区社会秩序,进而缩小城乡差距。2007年中共中央一号文件指出,"针对农村经济社会发展的新变化,要创新农村社会管理体制机制,切实加强维护农村社会稳定工作。"同年3月,经过层层筛选、审核和上报,最终确立了304个全国农村社区建设实验县(市、区),开展农村社区建设实验。农村社区建设实验是一个系统性工程,全国各地在实践中逐步形成"党政领导亲自挂帅、民政部门牵头、相关部门配合、社会力量参与、层层负责落实"的领导体制和工作机制。④ 从全国范围实验区建设来看,各地重点围绕社区服务中心建设,打造公共服务基础配套设施,强化农村管理服务能力建设。党的十七大报告指出:"人民依法实行自我管理、自我服务、自我教育、自我监督,对干部实行民主监督,是人民当家做主最有效、最广泛的途径。"⑤ 与此同时,还指出政府要与基层群众有效互动,壮大社会群体力量并参与到社区建设中来,激发基层民众的自治积极性和创造性,从而增

---

① 回良玉副总理在第十二次全国民政会议上的讲话,载中国政府网 http://www.gov.cn/govweb/zhibo36/content_ 451421.htm。

② 韩永廷:《我国农村社区建设研究》,载《厦门特区党校学报》2016年第1期,第52—56页。

③ 姜力:《积极推进农村社区建设 构筑和谐社会建设的基础》,载《红旗文稿》2007年第7期,第3页。

④ 许远旺、卢璐:《从政府主导到参与式发展:中国农村社区建设的路径选择》,载《中州学刊》2011年第1期,第121页;葛云霞、李洪强、李增元:《"理解性吸收"政策与"理性偏好"行动:当代农村社区建设实践的逻辑机理分析》,载《甘肃行政学院学报》2014年第6期,第87页。

⑤ 燕继荣:《中国的社会自治》,载《中国治理评论》2012年第1期,第90页。

强社会自治功能,"健全党委领导、政府负责、社会协同、公众参与的社会管理格局,健全基层社会管理体制,"进一步明确充分发挥多元主体参与社会管理的格局。以社区建设创新农村管理,根本目的是实现从行政管制到公共管理、社区服务的转变。① 党的十七届三中全会明确指出,"推进城乡基本公共服务均等化,实现城乡、区域协调发展,使广大农民平等参与现代化进程、共享改革发展成果""坚持服务农民、依靠农民,完善农村社会管理体制机制,加强农村社区建设,保持农村社会和谐稳定。"以农村社区为载体,构造新时期的管理与服务平台,既强化对乡村社会管理与服务能力,同时以此推进城乡基本公共服务均等化,成为这一时期农村社区建设的核心任务。在试点建设中,民政部再次强调,各地可以结合地方实际,因地制宜探索社区治理模式,以此为基础,全国304个农村实验区社区建设均得到有序开展,形成了"一村一社区""一村多社区""多村一社区""一村一社区,社区设小区"等多种类型社区建设模式。

据统计,先期实验区实验工作中大多数地方采取了一村一社区模式,占所有不同类型的农村社区建设比重的85.4%。

表2-1 2010年全国社区建设类型(单位:个)②

类型	一村一社区	多村一社区	中心村和村落模式
类型数量	75300	6496	6352

在深入推进农村社区建设实验基础上,2009年3月,民政部印发《关于开展"全国农村社区建设全覆盖示范单位"创建活动的通知》,提出五条创建标准,即"领导协调机制的全覆盖、社区建设规划的全覆盖、社区综合服务设施的全覆盖、社区各项服务的全覆盖和社区各项管理的全覆盖",更好地巩固农村社区建设实验的阶段性成果,农村社区建设从实验阶段过渡到全覆盖建设阶段。从整个农村社区实验及社区建设全覆盖建设来看,加强基础设施建设,提升管理与服务能力始终是这一阶段农村社区建设的核心任务。

---

① 张国祥:《农村社会管理体制的探索与思考——以社区建设创新农村管理》,载《社会主义研究》2008年第6期,第101页。
② 数据来源:李增元、姚化伟:《"新农村建设中的社区管理体制模式研究"系列报告一:新农村建设中的新型社区管理和服务体制》,2011年11月3日报民政部基层政权和社区建设司、教育部社政司。

表 2-2 农村社区实验区建设中的服务机构设置

机构设置	一站式服务大厅	劳动保障服务站	文体教育服务站	综合治理服务站	卫生服务站	党员志愿者服务站	村民议事室	图书阅览室	爱心慈善超市	社区居民学校	老年活动室
设置数量	237	200	285	241	269	177	166	252	117	231	180
总数量	297	297	297	297	297	297	297	297	297	297	297
比重	79.80%	67.34%	95.96%	81.14%	90.57%	59.60%	55.89%	84.85%	39.39%	77.78%	60.61%

注：数据统计以提交报告的实验县为基础，共297个。（参见项继权、袁方成：《全国农村社区建设实验与发展报告》，2009年报民政部基层政权和社区建设司）

表 2-3 农村社区实验区建设中的功能配置

功能类型		具备功能数量	总数量	比重
社会管理	社区治安	259	297	87.21%
	纠纷调解	226	297	76.09%
	外来人口管理	59	297	19.87%
公共服务	生产服务	233	297	78.45%
	劳动就业	219	297	73.74%
	社区福利	219	297	73.74%
	卫生保健	252	297	84.85%
	孤寡残弱救助	248	297	83.50%
	社区医疗	257	297	86.53%
	社区教育	235	297	79.12%
	文化娱乐	263	297	88.55%
	信息咨询	193	297	64.98%
	环境卫生	234	297	78.79%
	基础设施	251	297	84.51%
组织建设	基层党建	167	297	56.23%
	村民自治	226	297	76.09%

注：数据统计以提交报告的实验县为基础，共297个。（参见项继权、袁方成：《全国农村社区建设实验与发展报告》，2009年报民政部基层政权和社区建设司）

截止到 2010 年初，全国农村社区基础配套设施建设基本完成，取得了阶段性效果，为下一阶段深化农村社区治理奠定了基础。

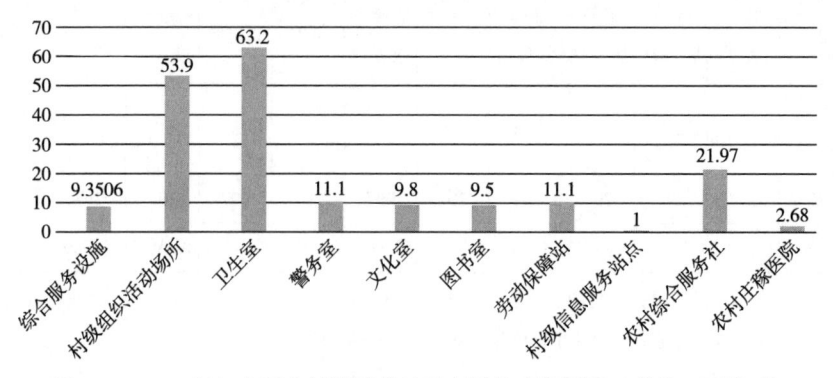

图 2-1　2010 年初全国农村社区基础配套设施建设情况（单位：万处）①

综合服务设施	9.3506
村级组织活动场所	53.9
卫生室	63.2
警务室	11.1
文化室	9.8
图书室	9.5
劳动保障站	11.1
村级信息服务站点	1
农村综合服务社	21.97
农村庄稼医院	2.68

在农村社区建设深入推进过程中，中共十七届五中全会提出"加强农村基础设施建设和公共服务""强化城乡社区自治和服务功能"，进一步为农村社区建设指明了方向。完善的公共服务和社区服务，不仅将农民与社区联系起来，赢得人们对社区积极的、发自内心的支持、信任、认同和归属感，同时也增强人们对于国家和社会的认同感，增强国家政权的合法性并促进整个社会的融合。② 2011 年 12 月，国务院办公厅印发《社区服务体系建设规划（2011-2015 年）》，进一步指出，"在社区管理与服务体制上，要加强创新基层社会管理与服务，保障农村社区建设试点工作的继续推进。"同年 11 月，民政部又总结四点"下功夫"，即"要在扩大实验、深化实验上下功夫，要在完善农村社区管理和服务体系上下功夫，要在探索适合本地实际的农村社区建设路子上下功夫，要在健全农村社区建设工作领导体制和工作运行机制上下功夫"。经过一定阶段的探索实践，全国各地开始加强农村社区管理、社区服务、社区文化建设，实现社区基础设施建设与管理服务体系建设双重并进格局，农村社区基础设施得以大幅度进步，管理与服务能力有了很大提高。

---

① 数据来源：李增元、姚化伟：《"新农村建设中的社区管理体制模式研究"系列报告一：新农村建设中的新型社区管理和服务体制》，2011 年 11 月 3 日报民政部基层政权和社区建设司、教育部社政司。

② 项继权：《中国农村社区及共同体的转型与重建》，载《华中师范大学学报（人文社会科学版）》2009 年第 3 期，第 8 页。

（三）2012年至2017年：构建新型城乡关系与社区治理体制机制创新

在农村社区建设全面推开后，各地积极加强农村社区基础设施建设，提升社会管理、公共服务能力，不仅推动了乡村社会管理与服务水平的提高，也进一步缩小了城乡差距，推动了城乡协调发展。随着各领域深度改革，经济社会发展取得显著进步，"农业现代化和社会主义新农村建设成效显著，区域协调发展机制基本形成"，党的十八大报告明确提出到2020年全面建成小康社会的宏伟目标。报告首次将社区治理写入其中，并进一步强调，解决好农业农村农民问题是全党工作重中之重，城乡发展一体化是解决"三农"问题的根本途径，要"加快完善城乡发展一体化体制机制，着力在城乡规划、基础设施、公共服务等方面推进一体化，促进城乡要素平等交换和公共资源均衡配置，形成以工促农、以城带乡、工农互惠、城乡一体的新型工农关系和城乡关系。"党中央将"三农"问题的处理逐渐提升到构建新型城乡关系的新高度，社区治理逐步受到重视，农村社区建设也从早期的社区软硬件建设逐步过渡到治理体制机制创新上来。与此同时，报告指出，"在城乡社区治理、基层公共事务和公益事业中实行群众自我管理、自我服务、自我教育、自我监督，是人民依法直接行使民主权利的重要方式"，要"发挥基层各类组织协同作用，实现政府管理和基层民主有机结合。"要注重创新社会管理体制，"加快形成科学有效的社会管理体制，完善社会保障体系，健全基层公共服务和社会管理网络，建立确保社会既充满活力又和谐有序的体制机制"。在构建新型城乡关系中创新与时代发展相适应的城乡基层治理体制机制，标志着城乡一体化发展、缩小城乡现实差距进入攻坚阶段。特别是"加快形成党委领导、政府负责、社会协同、公众参与、法治保障的社会管理体制，加快形成政府主导、覆盖城乡、可持续的基本公共服务体系"目标的提出，为社区治理的深层次改革奠定了基础。

早在2011年，民政部就启动了第一批全国社区管理与服务创新实验区，重点进行强化社区居民自治、培育社会力量、强化服务水平及推动信息化建设等实验任务，为期三年；2014年中央一号文件作出"健全城乡发展一体化体制机制""改善乡村治理机制"的重点工作部署。山东日照市成为第一批农村社区管理和服务创新实验区，积极开展以"多村一社区"为主导模式的农村社区管理和服务创新实验工作，并最终探索形成了以社区治理体制为核心，以社区组织、服务、协商、善治四个机制为支撑的"一个核心、四个机制"社区治理服务新模式，构建了新型乡村治理体制机制。

在国家治理体系中，基层治理是整个治理体系的基础，增强基层治理能力是推进国家治理体系和治理能力现代化的关键。① 《社区服务体系建设规划（2011-2015年）》（国办发〔2011〕61号）等文件的出台，要求提升社区治理水平、增强社区自治功能、提升社区服务能力、创新社区党建工作。党的十八届三中全会指出，全面深化改革的总目标是完善和发展中国特色社会主义制度，推进国家治理体系和治理能力现代化。"加强党委领导，发挥政府主导作用，鼓励和支持社会各方面参与，实现政府治理和社会自我调节、居民自治良性互动。"同时指出，开展形式多样的基层民主协商，推进基层协商制度化，建立健全居民、村民监督机制，促进群众在城乡社区治理、基层公共事务和公益事业中依法自我管理、自我服务、自我教育、自我监督。在新时期，基层社会治理与社区自我治理的有序衔接更需要政府主体与社区社会主体之间的协同参与。② 农村社区治理涉及多元治理主体，农村社区管理与服务水平的提升离不开多元主体参与和联动，农村社区治理更离不开党的领导，更加需要在充分发挥基层民主的同时强化协商治理。

2014年，为强化农村社区治理体制创新，民政部将"社区管理与服务创新实验区"正式更名为"社区治理和服务创新实验区"，同年，在第一批实验区基础上，将北京市东城区等31个单位确认为第二批"全国社区治理和服务创新实验区"，为期三年，并提出了进一步探索强化党的领导、社区协商治理、多方联动的管理服务方式多个方面的实验任务。为解决城乡居民群众日常生产生活中的各种实际困难，化解矛盾纠纷，维护社会稳定，有效解决民众多元化利益诉求，强化基层治理中的民主决策、民主管理，推动公共事务治理的多元参与，消除矛盾、分歧，凝聚共识。

2015年，中共中央办公厅、国务院办公厅印发了《关于加强城乡社区协商的意见》，提出"发展基层民主，畅通民主渠道，开展形式多样的基层协商，推进城乡社区协商制度化、规范化和程序化"，到2020年，基本形成协商主体广泛、内容丰富、形式多样、程序科学、制度健全、成效显著的城乡社区协商新局面。农村社区建设的过程是政府公共资源和公共服务覆盖农村社区的过程，村民

---

① 陈荣卓、唐鸣：《农村基层治理能力与农村民主管理》，载《华中师范大学学报（人文社会科学版）》2014年第2期，第11页。

② 李增元：《协同治理及其在当代农村社区治理中的应用》，载《学习与实践》2013年第12期，第105页。

自治组织体系将成为政府公共服务输送网络的终端,换言之,是政府公共服务向农村延伸的平台或基础载体,从而使村民自我管理服务与政府的公共服务实现有效连接和良性互动,村民自治的内容也将更加丰富和充实。① 2015 年,中共中央办公厅、国务院办公厅印发了《关于深入推进农村社区建设试点工作的指导意见》,指出加强农村社区建设,有利于推动户籍居民和非户籍居民和谐相处,有利于促进政府行政管理、公共服务与农村居民自我管理、自我服务更好地衔接互动,有利于增强农村社区自治和服务功能,为农民幸福安康、农业可持续发展、农村和谐稳定奠定坚实基础。其工作目标是,"以全面提高农村居民生活质量和文明素养为根本,完善村民自治与多元主体参与有机结合的农村社区共建共享机制,健全村民自我服务与政府公共服务、社会公益服务有效衔接的农村基层综合服务管理平台,形成乡土文化和现代文明融合发展的文化纽带,构建生态功能与生产生活功能协调发展的人居环境,打造一批管理有序、服务完善、文明祥和的农村社区建设示范点,为全面推进农村社区建设、统筹城乡发展探索路径、积累经验。"工作任务包括:完善在村党组织领导下、以村民自治为基础的农村社区治理机制;促进流动人口有效参与农村社区服务管理;畅通多元主体参与农村社区建设渠道;推进农村社区法治建设;提升农村社区公共服务供给水平;推动农村社区公益性服务、市场化服务创新发展;强化农村社区文化认同;改善农村社区人居环境。不难看出,此次农村社区建设试点工作是早期农村社区建设实验工作的升级版本,更加突出乡村社会的系统性治理,强化乡村综合治理能力,实现乡村治理法治化、规范化、科学化建设。

2015 年,民政部在原来 31 个"全国社区治理和服务创新实验区"基础上,将北京市西城区等 40 个单位确认为第三批"全国社区治理和服务创新实验区",为期三年,推动社区治理联动机制,社区治理法治化、规范化、标准化建设,强化协商治理实践。同时,继续深化社区管理与服务功能,推进基层党组织领导下的服务型管理能力的提升。在这期间,党和国家十分重视社区服务型党组织建设工作,深化网格化管理模式,实现资源下沉、服务下沉、人才下沉、技术下沉,让社区有权、有钱和有物、有人开展各项治理活动。通过引入网格化技术,乡村管理朝着精细化的方向发展。② 网格化管理是创新社会治

---

① 高灵芝:《农村社区建设与村民自治》,载《山东社会科学》2010 年第 6 期,第 52 页。
② 景跃进:《中国农村基层治理的逻辑转换——国家与乡村社会关系的再思考》,载《治理研究》2018 年第 1 期,第 52 页。

理方式、实现基层服务管理精准有效的运行模式，是确保人民安家乐业、社会和谐有序的有效载体，也是基层服务型党组织建设的重要平台，通过探索"单一网络"向"综合网络"发展，建立服务、管理和大党建格局，形成"党建引领、平台支撑、三位一体、开放互动"的网格化服务管理新体系，进而健全农村社区建设发展的多渠道途径，成为新时代推动农村社区实现有效治理的重要途径。

农村社区治理并非仅仅依靠自上而下的政策支撑，还需要给基层减负，2015年7月，民政部、中央组织部印发《关于进一步开展社区减负工作的通知》，提出要依法确定社区工作事项，规范社区考核评比活动，建立以社区居民群众满意度为主要评价标准的社区考核机制。"推动现代社区的信息化治理，已经成为社区治理现代化的必然选择，也是夯实国家治理现代化的重要基础""信息化已经成为社区治理发展的重要方向，信息化治理也成为实现城乡社区一体化治理的重要途径"。① 加强社区信息网络平台建设，通过网络平台提升社区治理效果，实现一站式受理、全人群覆盖，能够将更多的社区居民服务需求延伸到社区居民身边，从而实现社区服务能力的大幅度提升。此外，党和国家也突出强调尊重农民自主意识，发挥自身优势，在保证农民满意的前提下确保共同受益，比如，建立"一委一居一站"的社区治理组织架构，以社区党组织为核心，以居委会的自治功能为重点，以社区服务站为服务纽带，为农民提供社会救助、社区文化、卫生计生、养老服务、居民就业等公共服务，让城乡居民共享社会发展的成果。

表2-4 2012-2017年全国三批社区治理和服务创新实验区汇总情况

实验时间	实验区	实验内容
2011年至2014年	河北承德双桥区，辽宁沈阳沈河区、白塔区，黑龙江哈尔滨道里区，江苏南京、无锡，浙江杭州，安徽铜陵铜官山区，福建厦门海沧区，山东日照等12个实验区	推进社区综合体制改革、创新社区居民自治形式、培育社区社会组织、提高社区服务精细化水平、扩大社区信息化建设覆盖等，为第二、三批实验区提供示范

---

① 李增元、刘泉林：《信息化治理：农村社区治理技术创新及其实现途径》，载《社会主义研究》2017年第6期，第103页。

续表

实验时间	实验区	实验内容
2014年至2016年	北京东城区、朝阳区、天津和平区，河北承德双滦区，辽宁大连沙河口区，黑龙江哈尔滨南岗区，江苏南京玄武区、雨花台区、山东青岛经济技术开发区等31个实验区	北京东城区围绕多元参与、协商共治探索多种主体、多种协商制度和机制之间的关系和关联方式；朝阳区围绕加强共商共治、构建协作式社区保障协商民主；天津和平区围绕提升社区治理服务水平、建设美丽社区探索社区党组织、居委会、物业公司、业委会"四位一体"管理模式；山东青岛围绕社团化治理、项目化运作、构筑社区公共服务新体系探索城乡社区社团化治理和项目化运作模式等
2015年至2018年	北京市西城区、海淀区，天津市河西区，山东省济南市历下区、青岛市市北区、泰安市泰山区等40个实验区	北京海淀区针对不同社区类型构建政府公共服务均等化；陕西阳泉市城区健全三社联动机制、形成社区治理主体多元化、社区居民自治法制化、社区服务标准化和智能化的治理模式；山东济南历下区依法理顺社区治理主体结构、职能、参与方式，形成党政主导、社区居民自治、多元社会力量参与的社区治理服务新机制等

资料来源：搜集中华人民共和国民政部及相关网站整理所得

从全国范围来看，多数地区开展的农村社区治理体制机制创新探索，都围绕破除基层治理体制机制障碍展开，提升基层治理能力，推动新型城乡关系构建，促进城乡融合发展。社区化党建以社区为载体，可以打破原来各自为政的党组织建设、管理机制及服务基层社会的方式，更有利于适应现代社会开放、流动、利益分化多元的现实社会发展新常态。[①] 作为第三批社区治理与服务创新实验区的泰安市泰山区，探索出"党建带社建、村社共建"的社区治理体制机制，突出强化党的引领作用。具体来看，泰安市泰山区在党建引领下建立了不同社会力量的联动机制，发挥社会力量在基层社会治理中的重要作用。首先，在既有农村社区基础上针对经济薄弱村庄和社区，将供销合作社的产业供应与社区治理结合起来，并组建基层党组织，党支部书记由供销社、村两委优秀党员干部相互兼职，共同参与村党建、村务管理与服务。农村社区建立农村

---

① 曹亚雄、柳李华：《社区化党建：当代农村基层党组织建设的现代转换》，载《社会主义研究》2015年第2期，第129页。

社区综合服务中心和为农服务中心，农村社区综合服务中心为农民提供日常生活需要，通过户籍管理、就业保障、医疗卫生、扶贫救助等多个窗口保障农民的各项需求；为农服务中心重点抓农业生产项目，通过村两委引导农民进行委托承包、有序流转、服务合作等形式，实现耕地等资源的集中管理，变资源优势为产业优势。其次，突出党建引领社区治理功能，把社区、企事业单位、新型领域等党组织紧密联系起来，创新党组织形式促进党组织大融合，即将所在辖区的所有党组织联系起来成立共同体成员大会，在共同体成员大会基础上依据辖区特点划分"小网格"，每个网格设一个党支部，再以小区、楼院为单位设立党小组，分别编制党的建设、经济发展、社区建设、为民服务4个专业委员会，由4个专业委员会牵头开展收集社情民意、调解纠纷矛盾、宣传政策法规等服务，专业委员会实行轮班制度，培养每位党员的主人翁意识；建立量化积分反馈制度，每个党支部每半年要向上级汇报每位党员参与网格活动、志愿服务活动等情况，以此作为干部晋升、党员评议的重要依据。与此同时，利用互联网探索党建引领服务新模式，通过壮大社区网格力量的形式，充实党员队伍，融入村民代表、志愿者等主体，开展社区环境整治。总体来看，这种党建引领社区治理的创新模式基本实现了有组织管理、有人员服务、有管理机制、有服务保障，有效提升了社区的治理能力和服务能力。

　　与泰安市泰山区创新农村社区治理方式不同，同样作为全国社区治理服务创新实验区的青岛市西海岸新区，2014年在社区治理现代化方面进行了先行先试，形成了"三会共治""三园协同""三社联动"的城乡社区社团化治理和项目化运作新模式。其主要做法是在街道成立社区促进会，在管区成立社区联合会，在社区成立社区公益协会，并分别由社区促进会建设社会组织创意园、社区联合会建设社会组织孵化园、社区公益协会建设社会组织公益园，推进社会组织创意园、孵化园和公益园的协同发展，以此形成"社区、社会组织、社会工作者"的三社联动机制。基于社区居民需求多元、利益多元，个人生活习惯和行为举止也存在显著差异性，社区通过"项目招标、创意投标和示范评标"的方式，由政府向社会组织购买社会服务项目，根据民众需求分类、分批提供相关服务。城乡社区社团化治理和项目运作的新模式必须创新主体多元参与机制建设、提升社区治理和社区服务能力建设，因此，区政府以社区治理和服务的项目化运作为驱动，通过地方政府的资金支持、社区自治组织的积极主导、社区多元主体的衔接，建立了社区治理主体的多元化运作新机制,实现资源共享、优势互补。从具体来看,地方政府努力打造创新型社区治理发展模式,如青岛市经济技术开发区辛安街道继续在管区基础上深化网格管理,将7个管区划分为43个网格,成立社区促进会、社区联合会和社区公益协会,进一步实现社会职能大融合;开发区珠海街道将7个管区划分了64个网格,琅琊台度假区划分了20个网格,且都在此基础上成立了"三会共治""三园协同"和"三社联动"的发展模式,进一步以推进城乡社区社团化治理和项目化运作为补充。总体来看,在社区治理创新中,青岛市西海岸新区通过建立不同社会力量的联动机制,发挥社会力量在基层社会治理中的重要作用,进行社区社团化治理的实践,建立多主体联合共治的新机制和新体系,即多主体参与的联合共治机制、网格化管理模式、社会组织发展机制、多主体合作平台等,实现多主体的协同治理。社区建设呈现出"多元主体行动模式将取代单一的农村社区管理组织模式,自上而下的单向度的行政权力运作机制将被垂直双向和横向的依赖互动关系所替代"[①]的发展路径。这种治理模式的探索初步形成了多主体参与的农村社区治理体系,多元主体共同致力于共同利益的保障和权利的实现,实现本地区农村社区和谐稳定发展的价值目标。

除此之外,全国其他地区在农村社区治理方面也因地制宜地进行了有益探索,均取得了相应成效。在充分总结全国农村社区建设及治理改革实践探索基础上,国家进一步将农村社区治理创新引向深入。总体来看,党的十八大以来的农村社区治理实践,是在基础设施建设相对完备、管理服务能力逐步提高基础上,在构建新型城乡关系背景下对社区治理进行深层次改革,力图破除旧的体制机制障碍,为构建现代社区治理体系、进一步提升社区治理现代化能力奠定基础。

(四)2017年至今:实施乡村振兴战略与社区治理现代化

中国特色社会主义进入新时代,我国社会主要矛盾已经转化为人民日益增长的美好生活需要和不平衡不充分的发展之间的矛盾。中国经济社会发展的首要任务不再是单纯追求发展速度,而是要着力解决不平衡、不充分发展的问题,注重发展质量的提高,从而满足人民群众日益增长的美好生活向往,推动实现国家治理现代化。党的十九大报告再次强调,要始终把解决好三农问题作为全党工作的重中之重,并提出实施乡村振兴战略,"要按照产业兴旺、生态

---

① 胡文秀、李壮:《治理理论视角下我国农村社区管理体制创新研究》,载《福建行政学院学报》2015年第3期,第88页。

宜居、乡风文明、治理有效、生活富裕的总要求，建立健全城乡融合发展体制机制和政策体系，加快推进农业农村现代化"。2017年12月29日，中央农村工作会议首次提出走中国特色社会主义乡村振兴道路，让农业成为有奔头的产业，让农民成为有吸引力的职业，让农村成为安居乐业的美丽家园。实施中国特色社会主义乡村振兴战略，必须重塑新型城乡关系，构建城乡融合发展之路；必须创新乡村治理体系，实现乡村善治。从本质上来看，乡村振兴战略是继承中国城乡发展经验的必然产物，是在城乡统筹发展、城乡一体化建设与城乡融合发展的演化中日益走向成熟的国家战略，它注重通过"产业振兴、人才振兴、文化振兴、生态振兴、组织振兴"，全面推进农业农村发展升级，实现乡村有效治理，注重"通过优化配置城乡资源，逐渐打破壁垒，推动城乡生产要素自由流动和优化组合，从而缓解城乡矛盾、缩小城乡差距、实现城乡协调发展"①，这些都对新时代的农村社区治理提出了更高的要求。特别是党的十九大报告强调提出，"加强社区治理体系建设，推动社会治理重心向基层下移""提高社会治理社会化、法治化、智能化、专业化水平"，党的二十大报告提出"健全城乡社区治理体系""提高市域社会治理能力"，标志着在实施乡村振兴战略阶段，农村社区治理要以实现乡村善治为目标，通过加强农村社区治理体系建设，强化基层治理能力，实现乡村治理现代化，为推动乡村振兴，实现城乡融合发展奠定基础。

改革开放40多年来，一系列针对农村社会发展的改革政策和发展措施成为农村地区快速发展的重要支撑，然而农村社区治理取得显著成效的同时，也面临诸多新问题。城乡社会流动加快，但是内在的城乡二元制度性束缚没有得到根本消除，城乡居民在开放与流动中权利权益无法得到有效保障，农村社区治理的开放性、包容性不强，农村公共管理与服务能力有待进一步提高，农村社区治理技术及方法有待进一步健全与完善。与此同时，城乡社会要素自由流动与优化配置能力不强，城乡融合发展水平不高。另外，在开放与流动中，大量人员外流，乡村发展活力不足，产业发展滞后，人才匮乏，社会自治组织能力不强，乡村治理急需转型升级，以适应现代社会发展的基本要求。在这一背景下，党的十九大报告明确强调，"要积极推动社会治理变革，打造共建共治共享的社会治理格局"。在新时代，农村社区治理创新是推进乡村振兴的基础

---

① 邹巧飞：《马克思的城乡融合思想及其当代启示》，载《科学社会主义》2014年第4期，第145页。

性工程，是践行"以人民为中心"的发展思想的根本体现。新时代以及未来国家社会治理的发展，"内含着对全体人民意志的遵从，对全体人民参与权利的肯定，对全体人民利益的敬畏"①。农村社区作为广大农村居民生活居住、生产发展的共同体，是广大农民群众共同的家园，要继续推进实现农村社区居民的民生福祉和民生水平，推进在基层社会治理过程中改善民生，让发展成果惠及更多群体。同时结合时代发展的要求，推进农村社区治理走向科学化、法治化、规范化，提升现代化水平。在前期农村社区治理探索基础上，深度推进"全国农村社区治理实验区"和"全国社区治理和服务创新实验区"建设，2018年民政部确认了北京市房山区等48个单位为全国农村社区治理实验区，2019年确认了北京市石景山区等31个单位为全国社区治理和服务创新实验区，深度推进社区治理实验，推动农村社区治理走向科学化、规范化。

表 2-5　2018 年全国农村社区治理实验区和 2019 年全国社区治理和服务创新实验区

	2018 年全国农村社区治理实验区名单及实验任务	
1	北京市房山区、怀柔区，河北省承德市双滦区，吉林省延吉市，上海市奉贤区、秦明区，山东省招远市、邹城市，河南省汝州市、禹州市，湖北省秭归县、大冶市，安徽省铜陵市义安区，重庆市九龙坡区等 48 个实验区	推动农村社区协商制度化，引导农村居民参与社区公共事务和公益事业管理；推进农村社区治理社会化、自治规范化和服务标准化；以农村基层党建为统领，推动多方主体参与农村社区治理；探索加强农村基层党建，引领农村社区治理路径等
	2019 年全国社区治理和服务创新实验区名单及实验任务	
2	北京市石景山区，天津市河北区，辽宁省沈阳市和平区，黑龙江省双鸭山市岭东区，上海市长宁区，江苏省南京市溧水区、徐州市鼓楼区、南通市崇川区，浙江省杭州市江干区、绍兴市越城区、衢州市，安徽省合肥市包河区，江西省南昌市西湖区，山东省烟台市芝罘区、滨州市滨城区等 31 个实验区	健全居民自治工作机制；完善社区服务工作机制，完善社区共建共治共享工作机制，强化社区治理保障工作机制，优化社区分类治理工作机制

资料来源：查阅中华人民共和国民政部网站和相关网站资料整理所得

---

① 马庆钰、单苗苗：《准确理解共建共治共享的内涵》，载《学习时报》2017 年 11 月 8 日；呼连焦、刘彤：《社区协商民主：新时代社会治理的发展路径》，载《哈尔滨工业大学学报（社会科学版）》2018 年第 4 期，第 1 页。

党的十九大报告明确提出,"要加强农村基层基础工作,健全自治、法治、德治相结合的乡村治理体系"。"三治"融合的平衡点就是要在新时代乡村振兴战略下,以乡村治理领域的现实问题为导向,尊重我国乡村差异和多样化发展趋势,在实践、整体、动态中达到最优的深度融合发展。① 三治"结合的乡村治理体系是一个富有弹性的乡村治理空间,既是国家治理现代化的有机组成部分,又回应了乡村振兴的内在要求。② 党的十九届四中全会特别强调,"加强和创新社会治理,完善党委领导、政府负责、民主协商、社会协同、公众参与、法治保障、科技支撑的社会治理体系,构建基层社会治理新格局",这些都为乡村振兴战略下的农村社区治理改革提出了新要求。在前期农村社区治理改革基础上,顺应时代发展趋势进一步推进社区治理体系和治理能力现代化是农村社区治理发展的目标。早在2013年,浙江省桐乡市就开始探索以农村居民为核心,构建以德治为基础、法治为保障、自治为目标的系统的乡村社会治理体系,成立相关组织调动农民积极参与社区治理。桐乡市政府积极推动乡村社会三治合一的具体实践探索,取得了显著成效。一是各种社会组织的成立与发展直接调动了农民参与乡村自治的积极性,释放了社会活力,提高了公共服务能力。二是随着各种社会组织作用日益明显,农民综合素质得以提升,进一步分担了政府压力,消除了诸多不必要的矛盾纠纷,达到事半功倍的效果。在桐乡市"三治合一"的经验基础上,国家进行了总结推广。党的十九大报告中,党中央首次提出构建"自治、法治、德治"相结合的乡村治理体系,这意味着乡村治理体系创新被提升到国家治理新高度,既是对基层社会治理创新模式的一种肯定,也为未来基层社会治理发展指明了新方向。

在党中央提出构建"自治、法治、德治"相结合的乡村治理体系之后,各地积极探索与本地实际情况相适应的具体实践形式。安徽省铜陵市义安区作为全国农村社区治理实验区,努力打造具有义安特色的农村社区治理模式。党的十八大之后,义安区地方政府大力投入农村社区建设资金,积极创新加强党建引领机制,注重强化基层农村社区治理的组织力量,尝试坚持党对一切工作的领导基础上推进农村社区基层党组织标准化建设,规范党的阵地建设、组织

---

① 陈松友:《自治、法治与德治:中国乡村治理体系的内在逻辑与实践指向》,载《行政论坛》2020年第1期,第17—23页。
② 吕德文:《乡村治理70年:国家治理现代化的视角》,载《南京农业大学学报(社会科学版)》2019年7月第4期,第18页。

表 2-6 浙江省桐乡市"三治合一"的具体实践探索措施①

类型	具体内容		
自治	权力清单：厘清村两委的职责，去行政化，建立群众参政平台	微自治：推动百事服务团、法律顾问、政法干警、安全生产监督员等进网络，加大社区网络自治	社会组织：培育"彩虹家庭"等组织的作用，建立社会组织扶持基金和孵化中心
法治	依法行政：加强决策合法性审查机制建设，推进阳光工程建设	公正司法：阳光司法，建立城市、乡镇、社区的三级法律服务队伍	遵纪守法：培育法治驿站、义工法律服务组织，调动社会力量推动社区法治建设
德治	道德评价：建立城市、乡镇、社区三级道德评议组织	道德培育：建立道德讲堂、文化大礼堂等道德教育组织	道德规范：强化村治章程、村规民约，规范约定俗成和职业素养

设置、工作机制等，强化党组织的领导能力。义安区以党的领导为核心，强化政府负责、社会协同、公众参与的治理方式，激发农村社区治理活力，将自治、法治、德治有机融入到治理实践中，社区依法治理建设、社区德治文化建设、探索社区自治有效实现形式，提升多元主体参与农村社区治理的能力。另外，义安区还借助先进科技手段提高农村社区治理水平，探索农村社区"互联网"建设、大数据云计算、物联网等先进技术，打造社区服务与管理为一体的智慧社区管理平台，逐步推动管理服务项目的继续完善，实现扩大成果惠及民生。在此基础上，继续完善农村社区治理实践过程中的惩戒措施，切实加大督促检查力度，推动农村社区治理工作的制度化、规范化和常态化。

与之相比，作为全国农村社区治理与服务创新实验区的长春市双阳区，也展开了三治融合与共建共治共享的社会治理格局的实践探索。随着城镇化进程加快和治理重心逐步下移，特别是农村社区在具体治理事务、化解居民矛盾、凝聚居民向心力、推进城乡融合发展上的作用愈加重要，在实际工作中农村社区治理还存在体制和机制的不通畅、自治服务功能不强等问题。面对这些问题，长春市双阳区在借鉴前期多地社区网格化管理基础上，探索了以居民自治

---

① 张丙宣、苏舟：《乡村社会的总体性治理——以桐乡市的"三治合一"为例》，载《中共杭州市委党校学报》2016 年第 3 期，第 49 页。

为主，法治、德治为补充，通过党建引领、参与互动、共同营造"1+3+X"农村社区治理模式。即构建一个由党支部统一领导的管理架构，由村委会主任、综治协管员、妇女委员三名实职人员组成的核心团队，还有若干热心党员、群众组成的社会志愿队伍，采取分片包户划分责任区的方式，充分发挥领导者和志愿者的作用，实现了村民自我管理与服务。同时，各乡镇（街）也成立相应的组织机构和工作机构，相关部门密切协作、各司其职，建立层层负责、相互协调的推进机制，形成强大工作合力，取得了显著成效。党的十九大以来，在党的有力领导下按照"健全自治、法治、德治相结合的乡村治理体系""加强社区治理体系建设，推动社会治理重心向基层下移，发挥社会组织作用，实现政府治理和社会调节、居民自治良性互动"的要求，各地都深入推进农村社区治理创新，推动农村社区治理现代化发展，将新时代的农村社区治理推向深入。

总之，21世纪初以来，国家提出了新农村建设、农村社区建设、构建新型城乡关系、乡村振兴战略等重大目标，这些新战略成为21世纪以来农村社区建设及社区治理改革的重要政策保障。从国家发展目标来看，农村社区建设对缩小城乡二元差距、实现基本公共服务均等化、促进城乡融合发展具有重要意义。在实践中，改革开放以来，随着工业化、市场化、城镇化的快速推进，为解决基础设施落后、管理服务能力不足、农民需求难以得到满足等现实问题，早期诸多地方政府开始农村社区建设的自发探索，为国家层面推进农村社区建设积累了相关经验。在此基础上，国家出台相应政策开展农村社区建设及社区治理改革，并通过分批实验层层推进，全国各地农村社区治理也从早期的基础设施建设、管理服务体系建设，到后续创新治理体制机制，逐步构建一套适应流动开放社会需求、推动城乡一体化的管理服务体制，切实保障农村居民合法权利权益，促进民生建设。党的十九大报告明确提出，全面深化改革总目标是完善和发展中国特色社会主义制度，推进国家治理体系和治理能力现代化。党的二十大报告提出"以中国式现代化全面推进中华民族伟大复兴"的目标。农村社区是广大居民生活居住和生产发展的基本单元和微观场所，国家治理的基层单元，更要通过深化基层社会治理变革、推进基层治理体系和治理能力现代化，构建"自治、法治、德治"的三治融合和"共建共治共享"的基层社会治理格局，不断推动农村社区治理现代化发展，推动乡村振兴与城乡融合发展，努力实现乡村社会有效治理及善治目标。

第三章 中国农村社区治理的典型实践模式与主要做法

一、农村社区治理的典型实践模式及其特征

党的十六届六中全会通过的《中共中央关于构建社会主义和谐社会若干重大问题的决定》做出"积极推进农村社区建设,健全新型社区管理和服务体制,把社区建设成为管理有序、服务完善、文明祥和的社会生活共同体"的重大战略部署,由此,农村新型社区建设开始由地方试点进入全国实验新阶段。2009 年,民政部印发了《关于开展"全国农村社区建设全覆盖示范单位"创建活动的通知》,农村社区建设实验工作向更深一步推进。2011 年以来,为有效贯彻落实党中央部署,民政部陆续牵头实施了多批次农村社区治理和服务创新实验区建设。

农村社区建设是在乡村经济、社会发展遇到瓶颈,治理体系和治理能力滞后于乡村现代化发展需要的背景下展开的,旨在通过逐步提升社区内部自我治理能力,构建新的农村社会生活共同体[①],实现乡村全面振兴,夯实国家政权的基层社会基础。在现代社会发展中,乡村社会从封闭走向开放,从城乡分割走向城乡融合,从传统的产权不清的集体经济走向现代产权清晰的新型集体经济,从传统的乡村控制走向现代化的乡村治理,同时,也面临着重大挑战,基层党组织能力薄弱、乡村治理方法单一、基层自治能力不强、公共服务供给不足、农村基层组织政经不分等成为制约乡村发展的主要因素。为了适应乡村转型的治理需求,解决乡村发展面临的重大挑战,在国家指导下,各地有针对性

---

① 项继权:《中国农村社区及共同体的转型与重建》,载《华中师范大学学报(人文社会科学版)》2009 年第 3 期,第 2 页。

的进行了积极探索，特别是诸多农村社区治理和服务创新实验区发挥排头兵作用，在社区治理创新方面进行了先行先试。从实践探索来看，逐步形成了党建引领协商治理模式、治理体系再造模式、"互联网+"社区治理模式、政经分离与分类治理模式等典型模式，形成了可推广、可借鉴、可复制的创新经验，为各地破解农村社区治理难题，开展农村社区治理现代化探索，推动乡村全面振兴提供了有益借鉴。

中国特色社会主义的本质特征是中国共产党的领导，作为权力、组织、资源和治理中心的基层党组织，在乡村振兴中具有巨大的组织性优势和制度性优势①。如江苏省张家港市积极探索新型城镇化背景下农村社区治理路径，构建以党建引领为核心，服务、协商、法治协调推进的农村社区治理机制，解决了发生在基层的大量社会矛盾和问题，被民政部确定为首批全国农村社区治理实验区。安徽省天长市则从加强基层党组织建设入手，完善乡村治理结构，建立党建引领、多方参与、协商共治的农村社区治理机制，取得了积极的改革成效，成功入选民政部首批全国农村社区治理实验区，被农业农村部选为全国首批乡村治理典型案例。乡村治理是庞大的系统工程，只有国家组织与乡村组织实现有机整合，构建起党政统合、多元参与、协同治理的乡村治理体制，发挥多元主体的治理优势和潜能，"更重要的是参与过程本身的经历，以及参与过程所导致的复杂结果，不管是对于个人还是对于整个政治体系。这种参与经历使个人与他所在的社会连接起来，使得社会成为一个真正的共同体"②，最终形成共建共治共享的乡村治理现代化体系，提升乡村的治理水平。实际上，早在2013年，浙江省桐乡市便以高桥镇越丰村为试点，将"自治、德治、法治"结合应用到乡村治理体系之中，乡村治理成效得到显著提升，桐乡市成为全国"三治融合"示范地，源于桐乡的"三治融合"基层治理创新模式写入党的十九大报告，被中央农办、农业农村部确定为全国乡村治理典型案例。2010年，山东省日照市就以农村社区建设为抓手探索基层管理体制改革，创新基层社会管理服务体系、强化农村社区自治和服务功能、健全新型农村社区管理服务体制，通过管理、服务、自治体系再造，构建起乡村治理新格局，被民政部确定为全国农村社区管理和服务创新实验区。

---

① 周少来：《准确把握农村基层党组织在乡村振兴中的关键作用》，载《国家治理》2021年第3期。

② [美] 卡罗尔·佩特曼：《参与和民主理论》，上海世纪出版集团2006年版，第26页。

社会治理智能化是新时代社会治理发展的重要方向，农村社区治理是社会治理的重要内容，社区治理信息化水平直接关系到社会治理智能化的实现。信息化背景下的现代农村社区治理在实践中仍然面临诸如需求多样化背景下的信息收集困难，社会风险加剧下的预警防控机制落后，开放流动下的社会管理服务缺位等多重困境。① 山东省泰安市泰山区以互联网、大数据等现代科技为手段，创新打造"互联网+社区"治理新模式，有效提升了社区治理服务效能，被民政部确定为全国社区治理和服务创新实验区，被民政部、发展改革委、工业和信息化部、公安部、财政部联合确定为全国社区公共服务综合信息平台建设试点单位，作为基于信息化的治理案例入选中国社区治理蓝皮书。山东省青岛市西海岸新区不断优化社区服务技术和手段，完善信息化支撑的社区服务体系，拓展社区服务内容和领域，为广大社区居民提供更优质便捷的社区服务，被民政部确定为第二批全国社区治理和服务创新实验区，入选全国创新社会治理最佳案例，获评全国创新社会治理优秀城市，荣获全国基层改革创新优秀案例。

马克思主义经典理论指出，经济基础决定上层建筑，上层建筑要适应经济基础。为了探索农村集体所有制有效实现形式，创新农村集体经济运行机制，保护农民集体资产权益，调动农民发展现代农业的积极性，2016年中共中央、国务院下发了《关于稳步推进农村集体产权制度改革的意见》，随着农村集体产权改革的深入，乡村治理的经济基础发生了重大变化，与之相适应的上层治理机制需要做好相应调整。广东省佛山市南海区于2011年启动以政经分离为核心的农村综合改革，让党组织、自治组织、经济组织等基层组织各司其职，构建起"治以自治、协同共治"的基层治理新格局，被民政部确定为全国社区治理和服务创新实验区，被中央农办、农业农村部、中央组织部、中央宣传部、民政部、司法部联合确定为首批全国乡村治理体系建设首批试点区。自2006年以来，江苏省苏州高新区枫桥街道在全国率先探索农村治理结构"政经分离"改革，将基层自治组织与集体经济组织职能分开，将村各项社会职能划归社区管理，经济职能则放在新组建的股份合作社，提升了乡村治理成效，"政经分离"典型经验被国家发改委编入《深化农村改革综合性实施方案》并在全国推广。

---

① 李增元、刘泉林：《信息化治理：农村社区治理技术创新及其实现途径》，载《社会主义研究》2017年第6期，第98页。

总体来看，在中国共产党有力领导下，在深入推进农村社区治理实践改革中，中国形成了诸多代表性实践模式，为全国农村社区治理的创新发展提供了经验借鉴，为国家治理体系和治理能力现代化的推进夯实了基层基础。

(一) 党建引领协商治理模式

21世纪以来实施的农村社区建设其本质是国家主导下的新一轮乡村建设，在农村社区建设中，必须注重多元主体的作用，既要加强管理，注重利益协调，又要加强服务，满足居民需求，更离不开基层党组织这个强有力的领导核心。党的十八届三中全会作出了国家治理体系和治理能力现代化建设的重大战略部署，对基层党组织建设提出了更高的要求，党的十九大报告进一步指出，要把加强党的基层建设、巩固党的执政基础作为贯穿社会治理和基层建设的一条红线。在国家治理能力整体提升的宏观背景之下，各地纷纷从党组织入手改革创新基层管理体制，探索党组织建设与基层社会治理相结合，通过加强基层党组织建设，提升乡村社会治理能力。

1. 江苏张家港市党建引领多元共建社区治理

农村社区建设是涵盖政治、经济、文化、社会各个领域的综合实践，无论从国家政治目标，还是农村社区建设的社会目标来看，发挥多元主体治理作用，提升社区自我治理水平都是农村社区建设的核心所在。近年来，张家港市城乡一体化统筹发展，大部分地区完成村改居，大量农民进入社区，社区治理呈现出很多新特点。治理主体由单一向多元转变，居住空间由多村分散向社区集中转变，公共服务由原来碎片化服务向全面系统性服务转变，管理方式由强调管理向强调服务转变，这迫切要求改革农村管理体制。张家港市从基层党组织建设入手推进农村管理体制改革创新，充分发挥基层党组织领导核心作用，以应对组织机构重组、治理功能重构、管理制度重建等重大挑战，找到了一条党建引领社区治理的新模式，2017年被确认为"全国农村社区治理实验区"。

第一，党建引领的农村社区治理机制。农村社区是社会生活共同体，社区的建设和治理需要多元主体积极参与，只有各个要素互相协调才能实现社区有效治理。而协调各要素参与就成为社区基层党组织的重要责任。为此，张家港市重新调整设置基层党组织，建立了以社区党组织为核心、其他社区组织协同的治理机制。一是强化党员身份认同，凝聚社区治理组织力量。针对有的党员

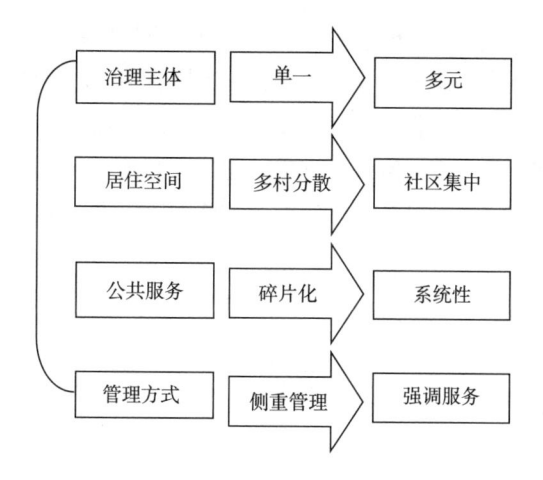

治理主体	单一 → 多元
居住空间	多村分散 → 社区集中
公共服务	碎片化 → 系统性
管理方式	侧重管理 → 强调服务

图 3-1 乡村治理转型发展

居住关系在社区，组织关系在原村庄，社区身份认同不强，社区党组织运转不畅等问题，张家港市统筹考虑党组织设置、党建阵地建设、党员教育管理、党费统一管理、党建活动范围扩大、集中统一学习等措施，引导这些党员主动将组织关系转至社区，凝聚社区治理的组织力量。二是党建引领"三网"融合建设，构建区域化大党建格局。具体来说，将在职党员、辖区工作单位党员、社区党员纳入统一管理系统，按照片区统一分配至"党员特色小组"，以此为依托参与社区管理与公共服务。制定《党建引领社区服务工作清单》《群众自治组织协助政府工作事项》《群众自治组织履行职责事项》三份清单，对"一委一居一站一办"职责进行科学界定，明确功能定位，形成治理合力。张家港市城南街道紧密结合街道实际情况，将党建引领下的社区治理融入网格化治理体制中，形成了"网格红管家"的新的治理模式，即"以党建引领为核心，通过在片区网格中建立和培养基层网格员队伍，实现党建工作全覆盖、机制运行全贯通、服务管理全方位的治理新模式"①。根据治理需求，综合考虑人口、布局等因素，将社区划分为若干网格，网格长由社区干部、党员担任，推进以"党建网格"为主体，"社建网格"、"文化网格"为补充的"三网"建设，党建网格长同时兼任社区、文化网格长，大力推进"三网"融合、联动，提高

---

① 《经开区（杨舍镇）城南街道："网格红管家"编织幸福民生画卷》，载 http://www.zjgdj.gov.cn/zjgdj/JCDJ/NCSQDJ/20191213/40d25981-6a09-4390-b0d8-27ea123765fc.htm，最后访问日期：2019 年 12 月 13 日。

农村社区治理能力。与此同时，张家港市城南街道按照常住人口300至500户原则，对现有网格进行调整优化，依照就近原则将临近网格的市场组织、商业圈纳入到社区治理中，在各个网格建立党支部，设立党员志愿者。在大党建格局下，上至街道党委，下至网格党支部，党的领导核心作用贯彻于农村社区治理的每一环节、每一阶段以及全过程，为社区居民提供了更多便利。

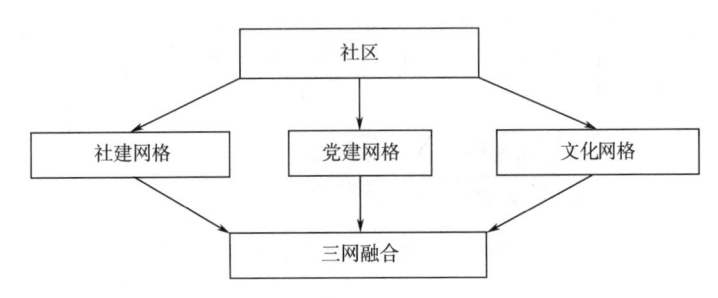

```
                    社区
         ↙           ↓           ↘
    社建网格      党建网格       文化网格
         ↘           ↓           ↙
                  三网融合
```

图 3-2　张家港市农村社区"三网建设"

第二，党建引领的公共服务供给机制。农村社区服务成效关系到社区居民根本利益，是群众积极参与社区建设的重要因素，更是社区建设的出发点和落脚点。传统农村社区服务供给机制下，公共服务主要由政府单一主体提供，仅靠政府根本无法实现公共服务均等、全覆盖、高质量提供，农民需求不能得到及时满足，反过来影响了居民参与社区建设热情，最终制约乡村治理效果。针对社区公共服务能力不足，难以满足居民需求的问题，张家港市构建"网格+网络+网点"党建，整合辖区内党建工作站、社工服务站、自治组织、社会组织、经济组织等各类平台资源，开展"网格化管理、组团式服务"活动。针对居民群众诉求或焦点问题，依托社区自建平台向基层投放党群服务项目，并通过定期招募和自主报名相结合的方式，拓展基层党员参与公共服务的方式；并借助"网格化管理、组团式服务"，以"党员干部为骨干、吸收专业技术人才共同参与"为原则，不断强化基层党群力量社会服务的专业素养"①。与此同时，充分利用互联网运行"模块化"思维，在党建区域、基础网格以及共建小组的层级基础上，"将市级机关、城区单位、非公企业、社会组织等力量

---

① 《江苏张家港：以"互联网+"打造开放式城市基层党建》，载 http://www.szzzb.gov.cn/NewsView/6435.html，最后访问日期：2020年6月20日。

全部嵌入区域,推动全区域统筹、各领域融合,共同开展社区服务"①。针对社区多元主体不同需求,通过整合服务菜单,综合考虑所提供服务内容的属性、方式、覆盖面等因素,将公共服务划分为"公共服务优化类""市场化运用类""社区党员志愿服务类""普惠低偿社会服务类""公益志愿服务类"五大类,每一类又细化为诸多子项目,统一纳入"一站式"民生服务超市,由基层党组织主动认领清单,组织"一委一居一站一办"进行落实,使各种资源和力量下沉到基层。同时,整合服务项目,通过党建服务项目立项,真正找到群众急需的切入点,通过公开透明方式向群众公布惠民项目,认真组织实施,跟上绩效评估,让这些党建项目惠及群众,满足群众的各类需求。近几年,张家港市积极开展"同心、同行"党员志愿服务项目、社区党组织为民服务项目示范工程、农村党支部规范化建设接力工程等党建项目,服务体系不断得到健全,多元化需求得到满足,推动公共服务高效进行。此外,规范服务流程,运用党建云技术,实现社区管理服务综合平台建设、12345便民服务信息平台、网上村委会、网上问政平台等资源的整合,② 建构大党建大信息服务网络体系。

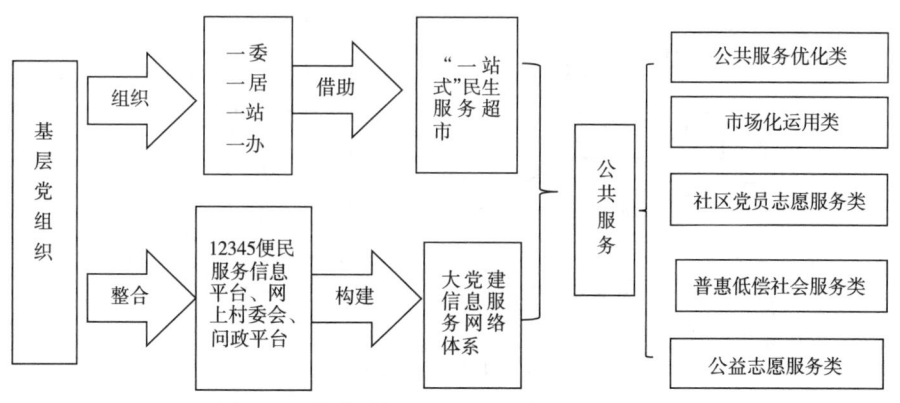

图 3-3 党建引领下的社区公共服务供给机制

第三,党建引领的基层民主自治机制。村民是农村社区建设的重要主体,离开了村民的参与和支持,农村社区建设将失去价值。从实践上看,村民参与农村社区建设既有参与积极性高、参与内容广泛、参与渠道多样的正向特征,

---

① 《江苏张家港:以"互联网+"打造开放式城市基层党建》,载 http://www.szzzzb.gov.cn/NewsView/6435.html,最后访问日期:2020年6月20日。

② 周颖、陈昕、王维:《党建引领社区治理模式的实践与探索——以张家港市大新镇新东社区为例》,载《唯实》2015年1月,第48—49页。

也存在自主参与度低与参与机制缺乏等问题。张家港市十分注重个体作用的发挥，通过基层党组织民主示范作用，以党内民主带动引领社区民主。建立民主决策和协商机制，充分发挥党群议事会、民主恳谈会、民主听证会、民主议事协商会等作用①，发挥基层党员民主协商和民主监督作用，确保决策科学、透明，符合群众期待。现实中开发了全程记实的投票系统，关系群众切身利益的社区重大事项、决策都需征求社区居民意见，绝大多数同意后才能实施。建立党员群众评价为主，职能部门评价为辅的"双向"考评机制，加大引入社会化考评机制，重点考核评价服务提供主体履职尽责情况、群众对服务质量满意度情况及有关部门配合情况，将考核结果与绩效挂钩，通过考核推动服务重心向基层下沉，更加注重以群众满意度作为评价服务工作开展情况的标准。建立积分兑换公共服务机制，凡社区居民积极参与社区事务、志愿服务、文明创建等，为社区发展贡献力量，便可获得相应积分，累积到一定数量，可兑换超市购物优惠、免费体检、家电维修、爱心服务等各类商品或服务，以此调动社区居民参与社区建设的积极性和主动性。

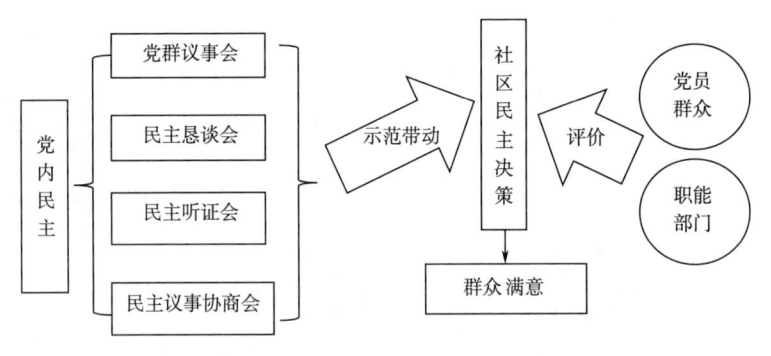

图 3-4 党建示范下的基层民主自治机制

张家港市党建引领社区治理模式通过理顺组织关系，重塑党员认同，构建党建引领民主、引领服务、引领发展等领导制度体系，充分发挥基层党组织的领导核心作用，取得了积极的治理成效。通过理顺基层组织关系，增强了党员和群众的归属感和认同感，推行党员一体化管理模式，将党员组织关系由村转到所在社区，让党员参加社区党组织生活、各类活动，划分责任区、建立志愿服务岗，积极参与社区服务，以党建文化带动社区文化、群众文化，重构了党

---

① 蔡炳锋：《构建融合互动开放的党建生态》，载《唯实》2013 年 9 月，第 45 页。

员和社区居民的心里认同。① 同时，强化了党组织领导核心作用，提高了公共服务供给能力。从社区党组织设置入手，重塑组织机构、构建区域化大党建，实施网格化管理，形成党建引领下的社区治理新格局，在此基础上，开展"网格化管理、组团式服务"，通过"一站式"民生服务超市，规范了服务流程，提高了公共服务供给能力，将公共服务的覆盖范围进一步扩大，让更多群众享受到丰富、优质服务，赢得群众的认可和满意。更为重要的是，扩展了基层群众自治范围、完善了民主管理制度，通过党群议事会、民主议事协商会、民主恳谈会、民主听证会等机制，拓展了群众参与社区事务管理的渠道，又通过社区民主法治宣传活动②，提高了居民民主管理的法治素养和能力。同时，积极培育社区社会组织、群团组织，为多元主体参与社区事务创造了条件，共同体成员范围得到不断扩展，社区参与得到进一步深化，形成了多元主体共建共享共治的格局。

案例1　党建引领下的社区治理新气象③

永联村构建了具有永联特色的"党建引领、五位一体、群众参与、依法办事"的社会治理模式。始终坚持党组织的领导核心作用，建立起较为完善的村党委、支委等议事规则，对涉及到区域发展的重大事项、重大决策，必须经由社员代表大会、居民代表大会、职工代表大会等审议通过，以党内民主带动基层民主自治；建立健全了区域治理联席会议机制，逐步扩大联席会议的参与对象，强化治理主体之间的沟通协调；建立党委书记专题会议制度，发挥村党委统揽全局作用。村党委以提升村民满意度为落脚点，不断推进社区治理改革，通过打造功能集约、流程便利、办事快捷的社区服务大厅，实现了一站式居民服务。同时，通过推进社会组织专业化建设，拓展社会组织功能，让专业化社会组织参与并承接社区服务，有力地推动了治理模式创新。

2. 安徽天长市党建引领社区治理

天长市位于安徽省滁州市东部，下辖14个镇、1个街道、1个省级开发

---

① 《江苏张家港探索党建引领社区治理》，载《人民日报》2014年11月18日，http://js.people.com.cn/n/2014/1118/c360300-22935112.html。
② 《永联村：以党建推动乡村治理》，载 http://www.zjgdj.gov.cn/zjgdj/jcdj/ncsqdj/20160621/35a4df3c-e875-4d0d-95c6-03a41d04bb14.htm，最后访问日期：2016年6月21日。
③ 《永联村：以党建推动乡村治理》，载 http://www.zjgdj.gov.cn/zjgdj/jcdj/ncsqdj/20160621/35a4df3c-e875-4d0d-95c6-03a41d04bb14.htm，最后访问日期：2016年6月21日。

区，173个村和社区，2019年常住人口62.89万人。为应对乡村社会治理出现的新变化、新问题与新情况，天长市以加强基层党组织领导核心作用发挥为突破点，积极就构建党委领导下的"德治、法治、自治和共治"有机统一的多元主体协同治理体系进行了创新探索，取得了明显改革成效，被民政部列为48个全国农村社区治理实验区之一，"积分+清单"防治"小微腐败"入选2019年农业农村部组织评选的全国首批乡村治理典型案例。

第一，党组织领导的农村社区治理机制。农村社区建设是一个涉及各个方面的庞大系统工程，社区党组织、乡镇政府、村民委员会、社区营利组织、非营利组织、社区居民等都是不可或缺的建设和治理主体。多元主体之间应该相互协同，密切配合，持续推进农村社区建设，满足群众多样化需求，将农村社区打造成多元主体的命运共同体。毫无疑问，社区党组织是多元治理主体中最重要、最核心的因素，也只有在党组织的统一领导之下，才有可能协调、调动各方主体参与社区建设积极性和主动性，形成强大的建设合力。天长市从优化基层党组织设置入手，大力推行"支部+"模式，扩大党组织的领导范围，增强影响力，将支部延伸至协会、合作社、农业龙头企业等，以片区或者村小组为单位设立党组织。在社区党组织统一领导下，充分发挥社区委员会自治功能，带领群众开展村民自治，创造条件让居民深度参与村庄治理，引导村民积极为社区建设贡献力量。同时，充分发挥社区监督委员会和协商委员会作用，广泛听取群众意见，开展民主磋商，自觉接受群众监督，促进落实选举权、决策权、管理权、监督权等民主权利，深化基层民主政治建设。加强服务能力建设，基层党组织党员充分利用自身专业特长优势，带动居民组建"微组织"，成立志愿服务小组，为居民提供公共服务，满足群众各类需求，形成党组织领导下的各类组织于一体的服务组织体系，全面提升公共服务能力，增强治理成效。天长市大通镇便西村遵循新时代党建引领治理理念，致力于搭建农村社区治理新平台。在正式开始试点前，便西村通过广泛群众走访、民意调查以及党员动员等前期工作，为探索党建引领下的农村社区治理奠定了群众基础。一是建立"1+6+X"协商委员会。"1"是党总支书记及其他两委成员为主干，不超过1/3；"6"是六方面具有广泛代表性和一定口碑及议事能力的乡贤能人组成；"X"是具体协商事项直接利益相关人员。[①] 由村民代表大会讨论通过了协

[①] 《大通镇党建引领搭建农村社区治理新平台》，载 http://www.tcxfw.gov.cn/Info/161114.aspx，最后访问日期：2019年3月1日。

商委员会章程，其中规定会议设有 9 名固定协商主体成员，会议召开要求一般事项协商主体不少于 15 人，较大事项不少于 21 人。二是成立村民议事厅。村民议事厅张贴有党组织结构图、协商委员会章程、协商目录、协商示意图、"六部六单"流程图、重大事项决策流程图，既为村民代表大会、党员大会以及协商委员会议的召开提供了重要场所，方便了群众议事，同时确保了村级决策机制的实行。三是成立便西乡贤理事会，下设包括红白理事会、党员议事会、禁毒禁赌会、道德评议会。乡贤理事会所属的各个组织涵盖了居民生活的大事小情，旨在为人民群众提供更为细致的、全面的服务。

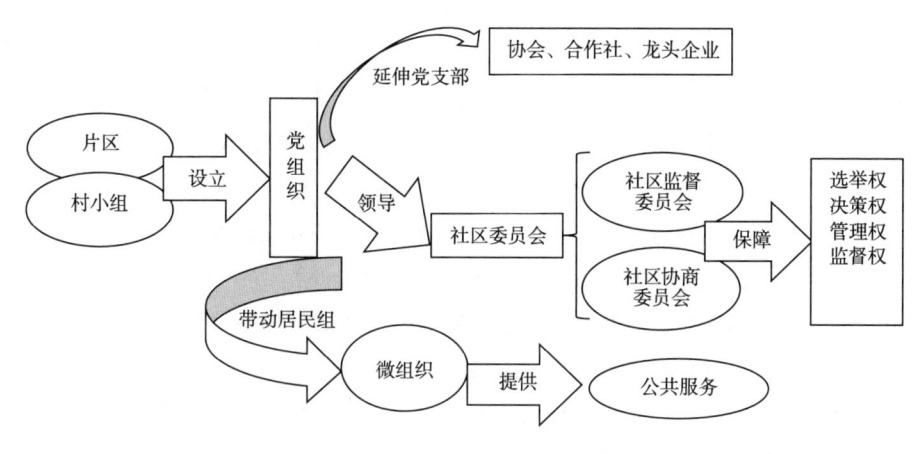

图 3-5　党建引领下的基层组织体制

第二，党建引领的社区协同共治运行机制。在基层民主发展中，党和政府是基层民主发展的推动力量，需要及时根据人民参政的要求调整政策，畅通渠道；同时党和政府也是实现有序基层民主参与的保障力量，以完善法律法规和加强制度建设的方式，让自治在法治轨道上运行，平衡政治参与和政治制度化，确保基层稳定。① 天长市通过构建社区党组织 "一体共治机制"②，行政

---

① 徐勇：《社会动员、自主参与与政治整合——中国基层民主政治发展 60 年研究》，载《社会科学战线》2009 年第 6 期，第 26 页。
② 指通过组建农村社区党组织、党员议事会与驻农村社区单位党组织连心会、协调会等共治方式，积极开展村（社区）党组织和驻村（社区）单位党组织的横向协商共治；形成农村社区党组织、自然村党组织、村民党小组纵向协商共治方式；构建农村社区范围内党组织多方共同参与社区治理的区域化党组织 "一体共治机制"。

村、自然村层面"两层共治机制"①，镇街道、社区和自然村"三级协商机制"，形成了多元主体参与社区治理格局。② 一是建立议事协商机制，确保决策民主化。组建社区协商委员会、党员议事会、党群理事会，将民主协商以制度方式固定下来，实现协商的常态化，建立社区协商共治目录库，及时听取群众意见建议，激发群众参与社区治理的内生动力。郑集镇向阳社区协商委员会构成为"1+N+X"模式。"1"为协商委员会主任，由社区党组织书记担任；"N"作为成员，实行动态制，由七类固定人员组成，即除社区书记以外的其他社区"两委"成员、社区监督委员会成员、专业社工和社会组织成员、居民代表、"两代表一委员"、辖区单位代表和专业人士（提供经济、建筑、法律等专业技术、咨询的人士）等7类人员；"X"为利益相关人员。③ 铜城镇龙岗社区则建立"7+X"模式的协商委员会，"7"代表委员会的七名主体成员；"X"代表与会议议题相关的若干利益方人员。除此以外，天长市铜城镇向阳社区、千秋街道戴坝村、冶山镇晏公村、石梁镇石街社区、大通镇大通村、汊涧镇郜山村和双元村等地都各自建立了协商委员会，以推动农村社区治理机制的更新。二是建立民主监督机制，确保权力公开透明。推行党群评议监督制度，就重大决策产生进行全程监督，就决策落实成效开展民主评议，实现权力在阳光下运行，确保重大政策取得预期成效，同时，组建评议团对村规民约、居民公约践行情况进行评议，促进文明乡风形成。天长市所辖的镇村、街道在农村社区治理的实际过程中，结合具体村务内容召开专题民主生活会、民主评议会、民主测评会等会议，以此赋予居民自治权利，维护社会稳定发展。例如，周营村城市特困人员民主评议会、五灯村巡察整改专题民主生活会、新街村领导干部述职述德述廉民主测评会等民主形式的会议。三是加强社区协同共治运行平台建设，广泛听取社情民意。建立党情民意网络互动平台，打造农村社区党代表工作室，设置党员会客厅、议事室和村民议事厅，搭建党支部服务点或党员议事之家和村民议事点，完善党代表接待日制度，广泛听取村民意见

---

① 指以推进村（社区）区域化党组织建设为核心，完善村（社区）协商委员会、村（居）民小组党群议事之家志愿者服务队、党群理事会的工作联动机制，大力加强村（社区）层面、自然村（村民小组）层面共同参与社区治理的"两层共治机制"。

② 《天长市出台"全国农村社区治理实验区"改革实施方案》，载滁州市人民政府网 http：//www.chuzhou.gov.cn/public/2681663/120321756.html，最后访问日期：2019 年 3 月 30 日。

③ 《协商委员会章程》，载滁州市人民政府网 http：//www.tcxfw.gov.cn/Info/189611.aspx，最后访问日期：2019 年 12 月 26 日。

建议，强化沟通交流，进行纠纷调节，宣传政策方针，实现有效治理。将"党员活动日"与党员群众"说事日""恳谈日"等同步举行，发挥党员示范引领作用，制定村民需求服务清单，由党员主动认领，满足群众需求，带动村庄志愿服务。

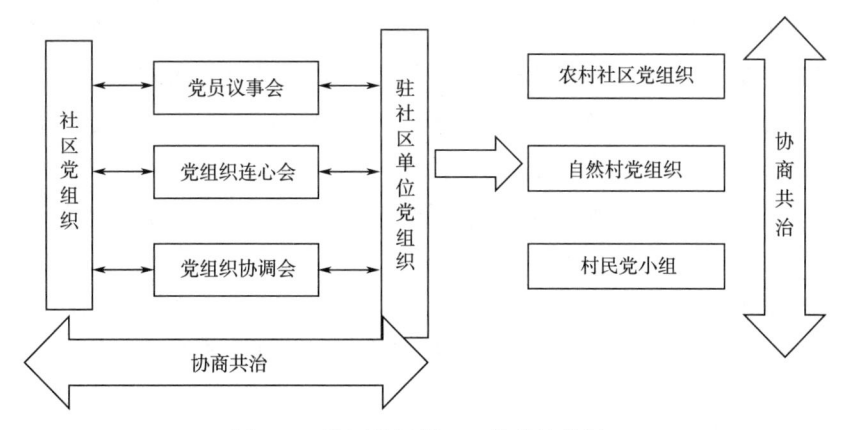

图 3-6 社区党组织"一体共治机制"

天长市党建引领社区治理模式紧紧围绕基层党组织领导核心作用发挥，全面提升党组织领导能力和影响力，积极构建党建引领下的社区各项治理机制，全面加强了党建引领组织建设，党建引领平台建设，党建引领载体建设，党建引领机制建设，大大增强了基层党组织的政治领导核心地位，为党建引领下的社区治理奠定了坚实的组织领导基础。同时，强化了民主自治建设，拓展了民主参与的广度和深度，形成了多元主体协同治理的机制。在党建引领下，天长市构建多方参与、协商共治机制，通过组建协商共治一个主体、建立协商共治一套目录、构建协商共治三个层级、规范协商共治五个步骤、推行协商共治五个清单，畅通了社区各类主体参与社区治理的渠道，为多元主体参与治理提供了规范和依据，充分调动了自治组织、居民、企业等参与社区建设的主动性，激活了社区发展的内生动力。此外，全面提升公共服务供给能力，增强了群众获得感和满意度，推动社区共同体意识的形成。通过公共服务和公益服务项目化运作制度，积极引导社区各类组织主动承接服务项目，为社区居民提供各类服务，借助文明积分奖励办法、"党员义工+群众志愿者"服务模式、辖区部门共建参与机制，充分带动党员、志愿者、辖区单位积极开展公共服务，提高了居民对社区的认同感和归属感，农村社区日益成为一个紧密联系的社会生活共同体。

(二) 治理体系再造模式

改革开放以来,国家相继推行了家庭联产承包责任制、基层群众自治等重大战略,推动农业、农村现代化建设,统筹推进基层治理。进入21世纪,面对乡村社会发展新变化,中央一号文件连续多年聚焦"三农"问题,进行了顶层制度设计,夯实国家基层治理根基。为了实现基层治理体系和治理能力现代化,重塑农民、基层政权和国家的关系,中央启动了旨在推动基层自治组织回归自治功能的农村社区建设,将乡村重新整合进国家治理体系之中,实现乡村现代化发展。各地在国家指导下广泛开展了一系列乡村治理体系改革实验,浙江桐乡"三治融合"和山东日照管理、服务、自治体系再造,通过乡村社会治理体系创新,建立健全乡村治理新格局,充分发挥多元主体参与社区事务的主观能动性,推动了基层治理现代化发展,一定程度上夯实了国家治理的基层社会基础。

1. 浙江桐乡市的"三治融合"

十九大报告强调"加强农村基层基础工作,健全自治、法治、德治相结合的乡村治理体系","自治、法治、德治"成为基层治理现代化转型的方向和趋势。事实上,十九大报告提到的"三治"探索正是起源于浙江省桐乡市乡村治理实验。早在2013年,为缓解基层社会矛盾,实现乡村社会有效治理,桐乡市便以高桥镇越丰村为试点,率先启动了"三治"融合乡村治理体制改革。桐乡市将自治、德治、法治的理念有机融入到基层治理实践中,以"百姓参政团、道德评判团、百事服务团"为载体,以百姓议事会为平台,推动"三治"与基层治理相融合,创新了基层社会管理方式,形成了多元参与、法治保障、文明有序的乡村治理新局面。党的十九大报告将发源于桐乡的自治、德治、法治基层社会治理模式作为乡村治理体制的改革方向给予了充分肯定和全国推广,桐乡市成为全国"三治融合"的示范地,被中央农办、农业农村部确定为20个全国乡村治理典型案例之一。

第一,强化自治基础与法治保障的乡村治理体制。自治是社会治理的基础,贯穿于社会发展的整个过程,乡村改革的重要任务之一,是破解行政过度干涉村级自治,将基层群众的积极性和自主性进行最大限度地调动,充分激发人民群众的活力和创造力,实现基层高效而有序运转。但自治有其限度,就目前社会发展阶段来看要想实现基层完全自治尚不具备条件,最大的限制体现在

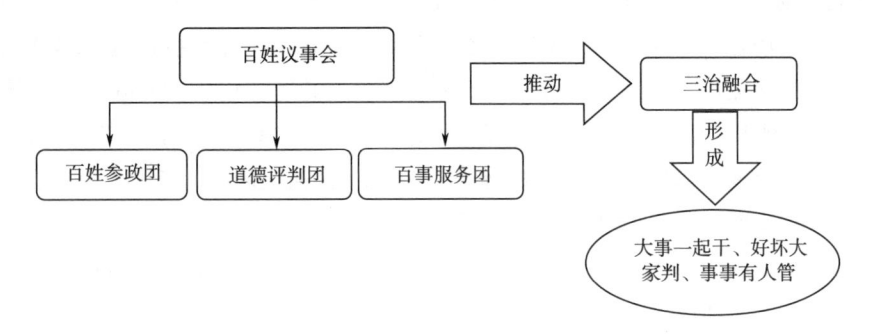

图 3-7 桐乡"三治融合"基层管理体制

利益的矛盾与协调方面，仅靠传统习俗难以实现社会自我调节，需要法治来调整人与人之间、人与社会之间的利益冲突，化解治理矛盾，实现依法自治。①桐乡"三治融合"模式注重基层民主自治建设，充分发挥基层群众主体作用，同时又引入法治保障，实现自治在法治轨道上的良性运转。一是加强自治建设，提升乡村治理内生动力。成立百姓参政团和百姓议事会，拓宽村民民主参与渠道，实现基层协商民主，形成了基层党组织全面领导，百姓议事会民主协商，村民大会民主议，村委会组织实施，村务监督委员会民主监督的基层群众自治制度。百姓参政团主要由两部分成员组成，一部分是村干部、老党员等乡村贤人组成的 12 名固定成员，实行任期制，任期一年；另一部分是个人自荐或村民推荐，经村"两委"审定确定的由 10——20 位利益相关者构成非固定成员，没有固定任期，视情况召集议事；配备专业法律顾问，进行普法宣传，开展法律咨询和法律援助服务。通过百姓议事会，就群众关心的重要事项进行民主协商，充分听取意见建议，保证公开、透明，确保政策符合村民利益。通过百姓参政团，村民能够参与村庄重大事项决策，就具有利害关系的村庄事务发表意见，村民的知情权、参与权和建议权得到了保障。二是加强法治建设，提升乡村治理法治规范化。市委、市政府建立重大决策民主协商，社会听证等制度，确保决策民主、科学。强化依法行政，从决策依法、执法规范、社会评议等九个方面提出规范性要求，建立全覆盖的市、镇、村三级法律服务团制度。组建"法治驿站""义工法律诊所"等社区社会组织，加强法治文化

---

① 徐勇：《自治为体，法德两用，创造优质的乡村治理》，载《治理研究》2018 年第 6 期，第 7—8 页。

阵地建设，开展"法律十进"活动，强化普法宣传，增强群众法治观念，将法治规范内化为行为准则。2018年6月，桐乡市开发区（高桥街道）继续秉持三治融合的治理理念，顺应社区治理转型发展趋势，创新性开办了"三治茶座"，创建了高桥街道"三治融合"的法治文化品牌。"三治茶座"紧紧围绕人民群众的法律需求和法律宣传需要，增强社区居民的法治意识，为自治提供了法律保障。"三治茶座"采用"参与式普法"的法治宣传教育形式，法律服务团成员和法律工作者与村民围坐而谈，畅谈身边案例、发表各自见解、解答法律困惑，通过以案释法的形式分析讲解法律法规，生动又接地气的形式和丰富而实用的内容，使得"三治茶座"不断深入人心，在村民中赢得了广泛赞誉，掀起了法律学习的新高潮，区街范围内形成了浓厚的法治文化氛围。①"三治融合"模式强化了自治功能，同时，村民法治意识不断提升，综合执法形成合力，乡村治理的法治保障体系得以建立，村民自治在法治的轨道上良序运转，大大推进了基层治理的成效。

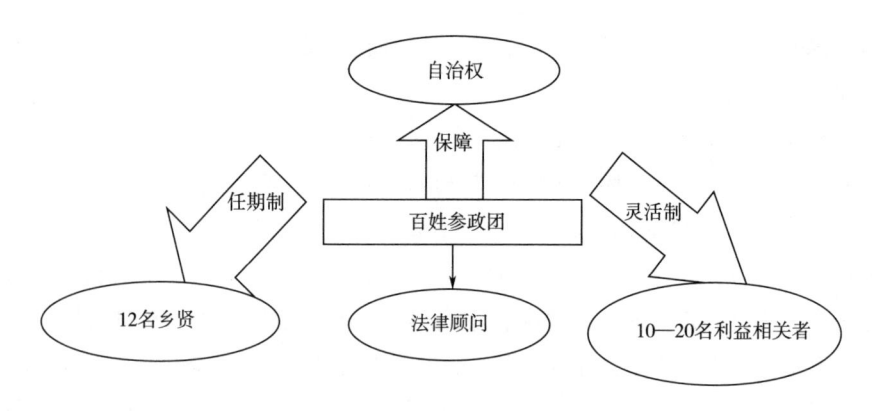

图3-8 百姓参政团运行机制

第二，强化道德引领和公共服务的管理服务机制。社区是人们赖以生活共同体，人们对所生活社区的归属感和认同感，对于乡村社会的有效治理起着重要作用。不过，社区共同体意识不是轻易达成的，德治在其中发挥着不可替代的作用，能够让人们高度自律，提高乡村的吸引力和向心力。同时，社区通过为群众提供满意的公共服务，也是增强群众对社区认同感，进而形成社区共同

---

① 《普法宣传接地气 三治茶座入人民心》，载http://txnews.zjol.com.cn/txnews/system/2019/04/08/031574142.shtml，最后访问日期：2019年4月8日。

体意识的重要方式。一是成立道德评判团,建立市、镇、村三级道德评议组织。道德评判团以村(社区)为基本单位,设协调人1名,一般由党支部书记担任;设联络人1名,一般由村"两委"干部担任;设组成人员10—15人,一般由村干部、党员、村庄能手、乡村贤人等村内先进人员组成。道德评判团以村规民约、道德规范为标准,对邻里矛盾、涉及村民的利益分配等问题进行监督评议,将一些潜在问题消灭在萌芽状态,积极弘扬社会主义核心价值观,通过是非评判营造积极向上的社区环境,培育良好的精神文明风貌。此外,设置曝光台,及时揭露不赡养老人、不遵守公共秩序等不文明行为,修订村规民约、行业守则、职业规范等,协同法治共同发挥作用,倡树文明新风。有偿服务严把服务质量和收费标准,作为志愿服务的有益补充,拓展公共服务提供渠道。桃园村选由社会贤达、德高望重的老人和口碑良好的企业负责人组成道德评判团,同时还设立了"道德红黑榜",通过"一团一榜"开展群众评议性活动,发挥群众监督作用。除此以外,该村依托农村文化礼堂、农家书屋、榴李广场和法治小院等阵地,举办"我们的村晚""榴李文化周""最美"家庭和十佳"榴美"桃园人评选等活动,充分展示优秀传统文化、道德文明新风和先进人物事迹,打造桃园村德治建设高地。① 二是成立百事服务团,提高公共服务水平。百事服务团整合红色义工、志愿服务、咨询顾问、专业技术等村级自治管理服务队伍,为村民提供日常公共服务。在村委设立专门工作室,开通24小时服务热线,安排专门人员值班值守,做好各类诉求、需求服务工作。在志愿服务者为村民提供无偿服务的同时,也引入社会力量提供。桃园村整合各类服务力量,将平安、民生、人文等服务团队统一纳入到百事服务团,进一步拓宽社会服务渠道,以建设基层服务型党组织为抓手,以志愿服务为载体,依托村级便民服务中心,在村党总支的统一领导下,整合全村志愿者、专业技术能手,为群众提供农技指导、家电维修等个性化服务。② 此外,桃园村便民服务中还开通了定期集中、定点上门、预约入户等服务形式,实时为村民解决困难,增强了村民服务体验感。总之,桐乡市紧紧围绕"三治融合"的实践

---

① 《梧桐街道桃园村深化三治融合"桐乡经验"打造"一约两会三团"运用标杆》,载 http://nyjjj.jiaxing.gov.cn/art/2018/11/8/art_ 1523375_ 23539542.html,最后访问日期:2018年11月8日。

② 《梧桐街道桃园村深化三治融合"桐乡经验"打造"一约两会三团"运用标杆》,载 http://nyjjj.jiaxing.gov.cn/art/2018/11/8/art_ 1523375_ 23539542.html,最后访问日期:2018年11月8日。

经验，强化道德引领和公共服务的管理服务机制，以道德评判团发挥德治作用，以百事服务团完善公共服务供给，促进乡村治理新格局的形成。

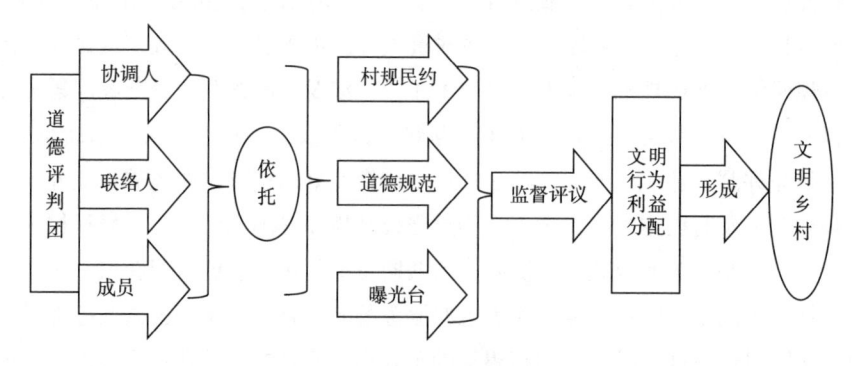

图 3-9　道德评判团运行机制

第三，新时代自治与服务并重的乡村治理机制。党的十九大以来，在总结前期实践经验基础上桐乡"三治融合"模式内涵得到进一步发展，既重视村民自治权利保障，又加强了公共服务供给，由原来的"三团"扩展为"一约两会三团"为主要内容的基层治理新机制。"一约"是村庄为维护本村社会秩序、社会公德、村风民俗等制定的村规民约。桐乡市梧桐街道众善村是一个整体拆迁村，村内户籍人口与外来人口数量倒挂。为了使原有居民和新入居民互相熟悉、接纳彼此，尤其是尽快让新居民参与到社区治理中，众善村结合实际情况出台了《新居民自治公约》，涉及垃圾分类、用电安全、平安治理等与居民生活密切相关的问题。自治公约的出台不仅促进了新居民融入新环境，而且激发了他们参与村内事务的主动性和积极性，越来越多的新居民加入到村庄治理中，成立新居民党支部、新居民自治工作站、老杨调解室等，化解新居民纠纷，增强了新居民自治力量。"两会"指百姓议事会和乡贤参事会，与村两委形成工作合力，引导百姓就村庄事务发表意见、参与决策和进行监督。百姓议事会主要是民主协商载体，村民就重大事项进行民主磋商，寻得利益最大公约数，确保决策符合民众利益，其职能兼具百姓参政团和百姓议事会（改革之前）两者的职能。乡贤参事会是经民政局批准成立的基层社会组织，主要职能是为乡村发展、建设提供服务，具体包括重大决策磋商、村民建议反馈、干部履职评议、村庄财务监督、邻里互帮互助等，其成员组成范围广阔，几乎涵盖了村庄各行各业的乡贤（含本地、外地本村籍、新居民）。"三团"在旧三团基础上调整为法律服务团、百事服务团和道德评判团，其中百事服务团和道德评判团仍然履行原来的职能，百事服务团借助义工、志愿者、专技人员，为居民提供日常所需的生活服务以及个性化服务；道德评判团则借助乡村贤者、能人，重在调节民间纠纷，规范村民行为，加强道德建设；法律服务团致力于调解居民纠纷，化解居民矛盾，负责普及法律知识，提供法律咨询服务。桐乡市梧桐街道桃园村深化探索"三治融合"经验，深入实践"一约两会三团"的治理机制，基层治理迎来新局面。桃园村村规民约由全体村民代表大会讨论制定，并且有法律服务团对其内容以及执行过程作出法律保障。与此同时，结合居民素质情况，配套实行一些物质奖惩、道德约束等措施。"两会"为桃园村村民自治提供了平台。乡贤们通过乡贤参事会为村庄的发展建言献策、勾画发展蓝图；百姓议事会则由固定的村领导班子、村民代表、"三小组长"、老党员和非固定的与议事会议题相关的村民代表公构成。百姓议事会作为桃园村村民代表大会的先行组织，首先对村规民约和村内事务等基本事宜进行民主协商，并作出决策和部署实施。而村内重大决策的制定实施则交由村民代表大会讨论，严格规范了村务、社务管理的程序。

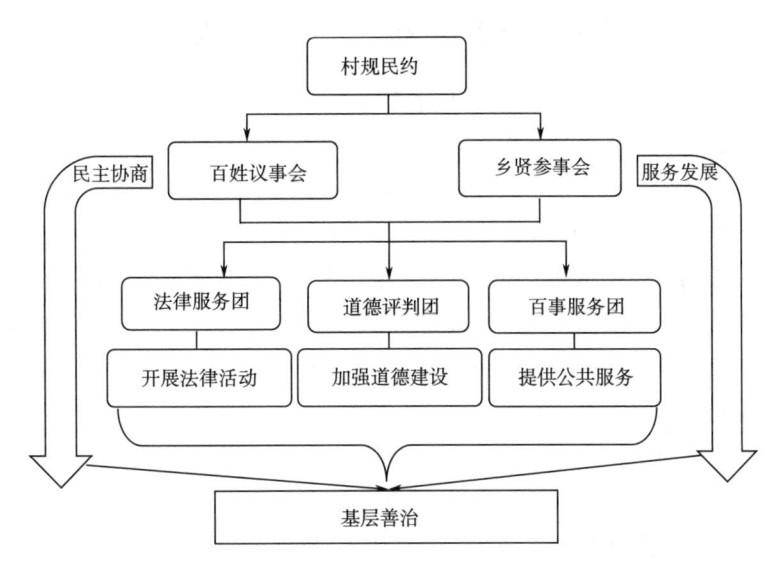

图 3-10 新时代桐乡"三治融合"基层治理新体制

传统社会管理模式下，行政力量是主导力量，侧重于管制而非服务，群众自治不强，法治保障不力，德治建设不足，极大制约了基层社会的治理成效。

伴随国家治理体系和治理能力现代化建设推进，乡村社会单一行政主导的管理机制开始瓦解，基层治理多元主体功能得到发挥，在这一背景下"三治融合"模式充分引导自治组织、社会组织、非政府组织等多元主体特别是群众参与基层治理，形成了多元主体共治的基层治理格局。同时，由原来的侧重管理开始向治理转变，更加侧重提供公共服务，满足村民需求，推动了基层治理能力的现代化水平。"三治融合"中居于关键地位的法治是"三治融合"模式运转的保障，既有利于村民自觉遵守法律法规，也确保了政府权力在法律框架中运行，实现了基层社会法治化运转。此外，通过道德评判团进行是非对错评价，强化了乡村文明建设，弘扬了主旋律、正能量，借助道德模范的评选，发挥了典型引领作用，引导村民守住道德底线，形成了崇德向善的民风。更为重要的是，通过"一约两会三团"，村民能够深入参与乡村治理的各个方面，对一些与自身利益密切相关的重大事项有了话语权，可以自由表达自己的意见和建议，参与到决策过程中来，畅通了民意传达渠道，发挥了村民治理主体作用，民意得到尊重，基层矛盾进一步缓解，增强了社会自治活力，促进了乡村社会的和谐稳定。

案例2　"三治融合"基层治理新模式助力乡村振兴[①]

近年来，桐乡市高桥街道越丰村通过"三治融合"基层治理新模式，全力助推乡村振兴。为方便村民生活，乡贤参事会召开会议，建议修路。百姓议事会成员沈菊芬、陈少华等党员同志主动收集民意，整理成初步方案，村委会将方案完善后交相关规划部门进一步完善，后经村民代表大会审议通过。新村点拆迁户张某家过渡临时工棚阻碍了工程进展，村委后通知其限期拆除，超过限期半月后仍未拆除。道德评判团成员及时进行谈心谈话，法律服务团的成员也从法律层面进行劝说引导，同时，与其相熟的党员也自发劝说。最后，张某意识到自己只考虑个人利益损害了集体利益，是不道德的，于是迅速拆除了工棚，恢复道路施工。高桥街道坚持党建引领，深化"三治融合"，创设"一约两会三团"模式，为乡村振兴奠定了坚实的基层治理基础。

2. 山东日照市的管理、服务、自治体系再造

党的十六大就破除城乡二元分制，实现城乡一体发展进行了安排部署，城

[①]《桐乡市："一约两会三团"创新基层社会治理》，载 https://zj.zjol.com.cn/news/1062260.html，最后访问日期：2018年10月30日。

乡统筹发展上升为国家战略,党的十六届三中全会对农村社区建设进行了宏观规划,统筹城乡发展成为科学发展观重要组成部分,通过乡村有效治理来夯实国家和谐的基础。党的十六届六中全会首次提出"农村社区建设"概念,党的十七大就城乡社区建设做了战略部署,正式提出了城乡建设的目标,党的十八大报告提出了破解城乡一体化体制机制障碍,加快构建城乡发展一体化体制机制。早在2010年,日照市就以农村社区建设为抓手探索基层管理体制改革,2011年被民政部确定为"全国农村社区管理和服务创新实验区"。日照市根据民政部批复意见,选择东港区和莒县4个乡镇、近20个不同类型社区进行重点实验,随后,日照市农村社区建设进入快速发展阶段,2012年8月,确定67个农村社区管理和服务创新实验试点社区,2013年4月,日照市印发《关于深入推进农村社区管理和服务创新实验工作的意见》,经过长期的实践探索,日照市逐步形成了"一个核心、一个导向、一个重点、一个标准,四个体系"的农村社区治理体系,实现了农村社区治理的转型发展。

第一,再造网格化的组织管理体制。日照市对传统"乡镇—管区—村庄"管理体制进行了改革,推动网格化基层社会治理模式创新,形成"五位一体"的社区组织体系和工作运行机制,实现社区内各类组织间相互协作配合,共同参与农村社区治理。一是重塑社区党组织架构,发挥社区党组织的政治优势和组织优势。撤销了原来以片区为单位设置的党总支,重新整合辖区内所有党组织资源,不再局限于建制村界限,而是重新以新成立的农村社区为基本单位设立党委或党总支,实现社区党组织全覆盖,全面增强党对社区内一切组织和各项工作的领导力,同时党组织将印章管理、财务支出等重点职能上收,增强党组织的领导核心地位。在推动网格化组织管理体制再造的过程中,日照市东港区通过在各社区全面推行"沉网工程",实现了对网格化基层治理模式的有效探索。2017年,东港区辖内社区"将党支部建在网格上,党小组建在楼道上,将党组织延伸到楼道和户"[1],积极构建"社区党委、党总支—网格党支部—楼道党小组"[2] 的社区党组织体系,基层党组织的核心作用辐射面得到延伸,重塑了社区党组织结构。二是建立社区网格化治理体制机制,实现治理精细

---

[1] 《东港"四化"精准服务社区居民》,载 http://www.rznews.cn/viscms/donggangqu/20170726/357656.html,最后访问日期:2017年7月26日。
[2] 《东港"四化"精准服务社区居民》,载 http://www.rznews.cn/viscms/donggangqu/20170726/357656.html,最后访问日期:2017年7月26日。

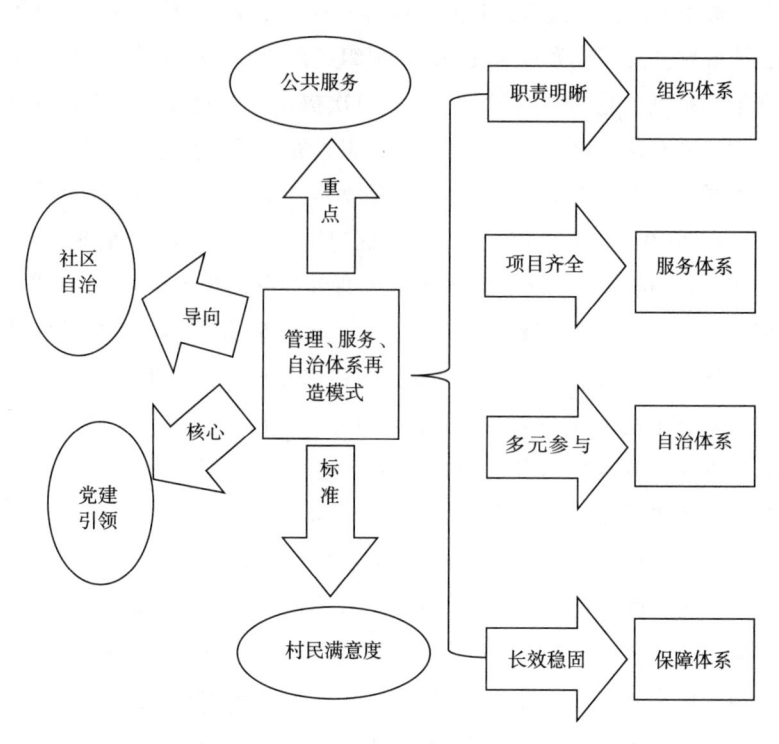

图 3-11　日照市农村社区管理、服务、自治体系再造模式

化。对基层管理体制进行改革，社区下设若干村组，实行网格化管理，建立"乡镇—社区—村组"的农村新型社区管理体制，虽然仍是三层管理层级，但管理重心直接落脚到社区、村组，更为精准到位。依托村小组，按照一定户数划分管理网络，设置网长，由村干部或原村民小组长、党小组长担任①，及时提供有关服务，满足群众需求，实现"小事不出网格、大事不出社区"。同时，通过"上提下放"强化社区职能和权威，将辖区村干部使用建议权、社区发展决策权、财务审计管理权、发展党员听证权、工作监督考核权等权力由街道（乡镇）下放到社区，将产业发展规划、土地承包经营、集体经济项目立项与承包等涉及社区经济社会发展及村民重大利益事项的决策权等由辖区村上收至社区，强化了治理功能，提升了治理效果。2017年，东港区日照街道

---

① 张建波：《日照小花社区：网格管理多元服务建规范社区》，载 http：//www.dzwww.com/2012/xcwm/nx/rz/201209/t20120917_7466936.htm，最后访问日期：2017年9月17日。

"将辖区划分为 11 个大网格、62 个小网格，每个大网格有一到两名班子成员牵头做网格长，管区书记、站所长担任网格联络员，所有机关工作人员全部充实到网格，市区包保单位全部下沉到 62 个小网格"[①]。通过建构网格化的组织管理机制，日照街道基层治理实现了全面覆盖、多方联动的形式。

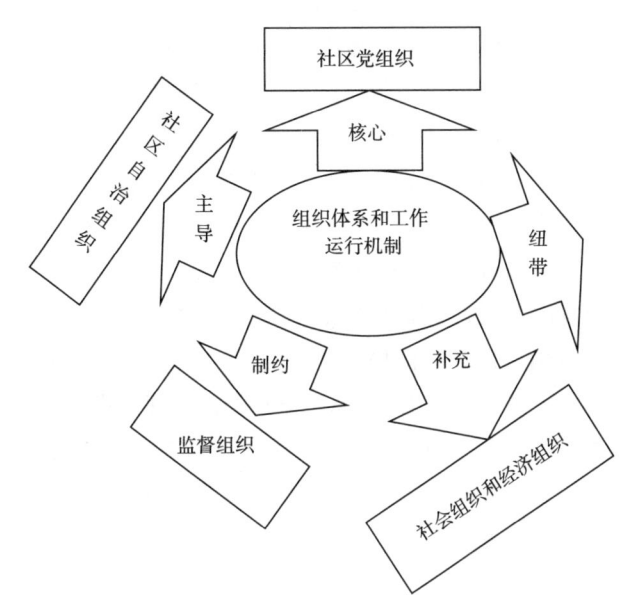

图 3-12 "五位一体"社区组织体系和运行机制

第二，再造功能完善的公共服务机制。日照市在农村社区治理体制重塑过程中注重服务体制创新，推动公共服务职能向社区下沉，加强社区层级的服务能力和水平，探索为社区居民提供高效优质、内容丰富的各类服务，满足社区居民个性化、多样化需求。一是搭建服务平台，成立服务专门队伍。在农村社区按照一定标准建立服务中心，以方便居民为出发点整合各类服务资源入驻"一站式"服务大厅，配套文体活动室、会议室、阅览室等功能室，以及治安、养老、幼教、卫生、环境等配套设施，实现大部分基本公共服务一站式办完，在社区便能享受到体育、教育、文化娱乐等各项服务。成立社区工作者队伍，以社区干部为主体，社区专职工作者为辅助，社区志愿者为补充，三者相

---

① 《日照街道 62 个"小网格"长效管城》载 http://www.rznews.cn/viscms/donggangqu/20170717/356495.html，最后访问日期：2017 年 7 月 17 日。

互协同为社区居民提供优质、高效服务。同时,充分利用智能化手段提升公共服务质量和效率,建设数字社区治理服务综合信息平台,及时收集群众需求,快速进行分析、处置,为群众提供必要帮助和服务,提高工作时效,确保群众满意。二是强化服务功能,拓展服务内容。依托社区服务中心,建立完善以社会保障、文化教育、卫生医疗、社会救助等政府公共服务为主体、志愿互助服务与市场化服务为两翼的社区服务体系,确保服务内容全面,服务方式多样,以满足不同群体不同类型的服务需求。重造服务体制,严格按照社区准入标准,将社会救助、社会治安、文教体育等为主要内容的6大类55项服务全部从政府管理服务目录中剥离,交由社区来具体承办。为更好满足社区居民多样化需求,通过市场化方式,吸引金融、商业、邮电等进驻社区,丰富服务内容;通过成立志愿服务队,吸收社区各方面专业人士加入,为社区居民提供志愿互助服务,市场服务与志愿服务相结合,提供全方位、高效率、广覆盖的公共服务。日照市岚山区以党建网格和社区网格"双网"为载体,着力将公共服务融入各个网格,进一步深化"1+X"分层组团治理模式,形成为民服务的"三单制"。以社区党组织、网格党小组为统领,将政府部门公共服务、社会组织服务供给以及党员义工及社区个人志愿服务,进行分层组团服务。同时梳理社区居民需求清单、资源清单,通过全员协商、公示确定项目清单,为公共服务开展奠定基础。

表3-1 东港区下放权力到申家坡社区办理事项目录

序号	事项名称
1	流动党员活动证办理
2	重点优抚对象医疗补助
3	医疗救助
4	慈善助学办理
5	慈善助困办理
6	社区村民捐款捐物受理登记
7	享受就业创业扶持政策人员审核认定
8	农村土地承包经营权流转合同备案代理
9	农村土地承包经营纠纷调处

续表

序号	事项名称
10	独生子女父母光荣证办理
11	农村计划生育家庭奖励扶助办理
12	重度残疾人最低基本生活保障办理
13	残疾人康复项目的筛查、登记、申报等工作
14	残疾人托养（居家安养）办理
15	残疾大学生就学补助办理
16	残疾人就业创业和贴息补助办理
17	老年人优待证办理

第三，再造多元主体参与的社区自治体制。日照市在社区治理体制重塑过程中注重社区自治体制再造，充分发挥多元主体作用，建立依法运作、多元参与的农村社区自治体系。一是建立社区工作准入机制，强化社区自治职能。严格界定行政事项和自治事项，减少行政任务对自治干扰，凡需进入社区的部门工作，按照"权随责走、费随事转"的原则，并需经同级社区工作领导机构批准。通过下放、集中等方式赋予社区必要权力，增强社区自治组织的自治功能，由社区村委会（管委会）全面负责村民自治范围内社区事务。二是强化社区民主自治，实现社区民主治理。建立社区分层民主协调机制，将社区事务划分为整个社区建设或所有村民切身利益的社区事务、单个自然村的事务、单个村民小组的事务三个层级，以党委会、"两委"联席会、"两代表"等会议，以听证会、质询会等恳谈协商以及网上或书面协商为补充的方式进行分层民主议事，引导社会组织、企业、居民等多元主体参与社区民主管理，充分保障村民的参与权和知情权。建立社区事务听证、监事制度，通过社区监事会邀请居民就教育医疗、社会保障、公益事业、重大开支等与居民关系密切的重要事项进行听证、监督，确保决策科学、合理且符合民意。建立农村社区自治清单制度，清单目录主要包括医疗救助、五保供养、贫困户及残疾人危房改造的初审、临时救助等21项关系群众切身利益、需要由群众自我决策的重要事项，清单事项由社区议事会、社区村民代表会议等民主决策，推进权力和资源下沉社区，实现农村社会管理由村级为主向以社区为主转变。2020年，岚山区"全面推行'三会二公一评'等村级民主工作模式，凡是涉及发展村集体经济

的新上项目、新办实体和关系群众切身利益的事项,全部实行集体决策,进一步提高决策的科学性"①。与此同时,推出"村财镇管"的监督管理制度,"成立村务监督管理委员会和村民理财小组",建立村级财务规范化管理长效机制。除此以外,日照市莒县重点加强多主体共治的体制机制建设。党员带头开展"议事·学习日"活动,"按照'6+X'模式确定议事和学习内容,'6'为规定动作,即开展学习教育、调度民意访查、'两公开一会审'、信访通报评查、弘扬公心文化、开展志愿服务活动;'X'为自选动作,采取县、乡点题和村命题相结合的方式,灵活确定其他内容"②,群众通过该模式充分参与民主决策,实现乡村治理的上下联动。

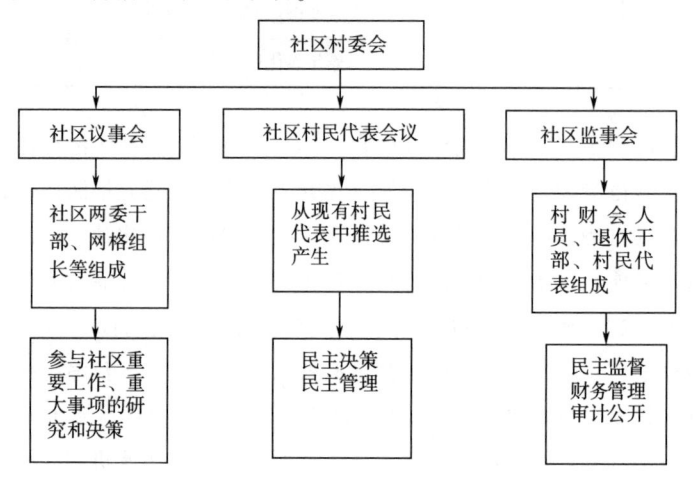

图 3-13 日照市东港区小花社区自治体制

日照市将传统乡村管理体制调整为"乡镇—社区—村组"管理体制,以新成立的社区为基本单元开展社会治理服务,实现了公共资源的有效配置,提升了公共服务供给能力,扩大了公共服务覆盖范围和服务内容,推进了民主自治进程,居民群众享受到更多民主权利、经济权益和民生福祉。通过整合辖区所有党组织资源,重新以农村社区为基本单位设立了党委或党总支,党组织的领导核心作用得以强化,关系更为理顺,依托村小组划分管理网格,治理更加

---

① 《岚山区"大党建"引领集体经济"大发展"》,载 http://www.rzzzb.gov.cn/web/articles?id=998,最后访问日期:2020 年 8 月 18 日。
② 《莒县党建引领赋能乡村治理》,载 http://www.rzzzb.gov.cn/web/articles?id=840,最后访问日期:2020 年 6 月 5 日。

精准，社区成为扩大社会参与、协调利益关系、化解邻里矛盾、促进和谐发展的基本单元，为精细化治理打下了坚实的基础。同时，日照市注重服务体制重造，将 6 大类 55 项服务全部从政府管理服务目录中剥离，下沉至社区，社区服务功能得到强化，还积极培育社区社会组织，充分发挥社会组织、社区志愿者、市场等作用，构建政府公共服务为主体、志愿互助服务与市场化服务为辅助的服务供给机制，及时为社区群众提供优质、高效的多样化服务。此外，更加注重建立多元主体参与的农村社区自治体系，通过社区事务听证、监事制度、社区分层民主协调机制、农村社区自治清单制度，推进权力和资源下沉社区，鼓励和引导居民群众和社会组织有序参与社区建设，充分保障群众的知情权、参与权和监督权，增强了政府公信力，密切了干群关系，实现了社区民主管理。

（三）"互联网+"社区治理模式

在现代社会快速发展中，以大数据、互联网为代表的现代信息技术运用使我国经济社会发生了翻天覆地的变化。在农村社区治理实践中，农村治理的大环境处于不断变化之中，治理主体日益多元，群众诉求个性多样，民主参与要求更高，社区治理呈现出许多新特点、新要求。新形势下，依靠传统的社区治理和服务手段已难以完全适应基层社会治理的需要，因此亟需利用互联网等现代技术手段实现农村社区治理方式创新，构建"互联网+"社区治理新模式，实现基层治理的现代化。党的十九大报告明确提出，"提高社会治理社会化、法治化、智能化、专业化水平"。总体来看，我国已全面进入信息化治理新时代，基层社区治理也应该适应这种新变化，进行治理技术创新与改革，推动基层治理由传统的技术治理向信息化治理转变。① 在这一背景下，诸多地区利用信息化手段来拓展社区服务内容和领域，优化社区服务技术和治理手段，全面提升社会治理能力，取得了显著成效。

1. 山东泰安市泰山区的"互联网+社区"治理

山东省泰安市泰山区以实施全国首批社区公共服务综合信息平台建设试点为契机，以互联网、大数据等现代科技为手段，打造"智慧社区"，形成了"互联网+社区"基层治理新模式。通过开展线上与线下、网上与掌上、大屏

---

① 李增元、刘渠林：《信息化治理：农村社区治理技术创新及其实现途径》，载《社会主义研究》2017 年第 6 期，第 98 页。

与小屏相结合的方式，形成了平台交互、终端同步的多媒介社区治理体系。不断整合社区资源，建成区级信息中心、街道镇服务站、社区村服务点三级互联服务平台，在187个社区村全部建立"泰山幸福e家园"网站，设置网上办事、村务公开等栏目，研发了"智慧社区"手机APP系统，为社区群众提供丰富、便捷、智能、高效的各类公共服务。① 通过治理创新，有效提升了农村社区治理能力和公共服务供给水平，被确定为全国社区治理和服务创新实验区，基于信息化的治理案例入选中国社区治理蓝皮书。

第一，"互联网+"民主治理机制。进入21世纪，人类社会发展已经迈入信息化时代，现代信息技术逐渐成为各行各业发展的必要技术条件。随着互联网、物联网、大数据、云计算等高新技术推广，尤其是各类网站平台、APP、公众号的普遍使用，信息化、智能化成为治理现代化的重要媒介。"政治世界是一个言和行的世界。纯粹的政治世界并不足以维持自身的存在，更不能维持人类的存在。除了政治世界以外，人类还需要其他的生存条件，由人类自己创造的器具世界就是人类生存的基本条件之一"②，互联网便是人类创造的方便人们生产生活的重要工具。社区治理信息化是信息技术与社区治理的结合体，是现代信息技术在社区治理中的延展性应用。③ 信息化技术手段是一把双刃剑，一方面带来了社会治理的智能化，提升了整个国家治理水平，一方面随着网络的普遍运用，各个地区、各个领域存在不平衡不充分发展的影响被聚焦和扩散在群众面前，对社会治理形成新的冲击和挑战。充分利用信息网络，借助现代科技信息手段充分发挥群众治理主体作用，实现精细化治理成为新时代乡村治理现代化的重要内涵和发展方向。泰山区充分利用互联网、大数据等现代科技为手段，构建多媒介社区治理机制，通过社区在线网站打造网上居委会，下设社区简介、社区服务设施、社区服务内容、社区新闻、居民满意度调查、民主自治等6个板块。泰山区所属街道、社区以微信公众平台下的服务号、订阅号、小程序、企业微信以及一些新媒体作为信息发布微平台，通过微平台建构功能板块，发布政策信息、社区动态、志愿活动并进行社区活动宣传，同时

---

① 《泰山区社区治理多个案例入选中国社区治理蓝皮书》，载 http：//taian.iqilu.com/taian-minsheng/2018/0724/3993158.shtml，最后访问日期：2018年7月24日。

② 张以明、张英：《作为现代性基本现象的技术主义》，载《学习与探索》2007年第5期，第20页。

③ 陈荣卓、刘亚楠：《城市社区治理信息化的技术偏好与适应性变革——基于"第三批全国社区治理与服务创新实验区"的多案例分析》，载《社会主义研究》2019年第4期，第112页。

向居民提供快捷的政务服务、便民服务。另外,"积极开发和促进社区居民参与互动的新功能应用,推动社区居民通过社区论坛、QQ群、微信群、微博等进行线上协商"[①]。宁阳县文庙街道杜家村社区"搭建社区红色物业联盟大厅和红色物业服务站两大阵地,建立红色物业联席会议和小区家园议事会两大协商共治机制"[②],依托两大阵地和两个会议广泛收集民意,实现民主化治理。同时,"利用'互联网+'思维,联合齐鲁工业大学开发红色物业智慧管理云平台,实时掌握服务区域内党员群众和商户业户的基本信息、民生诉求,切实增强居民生活幸福感和获得感"[③]。社区居民可以通过网上居委会实现民主选举、民主决策、民主管理和民主监督,社区居民可以点击了解换届选举候选人名单、基本情况、参选理念等,为居民更好地参与投票提供了方便,同时,可以通过在线留言的方式反映他们所关注的热点难点问题,共同参与社区管理。每个社区都有专人负责收集留言,并由社区两委按照村务公开民主管理有关程序进行处理,处理结果通过手机 APP、有线电视等进行公示,接受全体居民监督。

图 3-14 泰山区社区网上居委会

第二,"互联网+"公共服务机制。信息化时代,充分利用大数据、互联网等现代技术手段构建"互联网+服务"模式成为各地农村社区治理的新实践探索。基于"互联网+"和社区治理与服务的深度融合,大力推进智慧社区信

---

① 陈荣卓,刘亚楠:《城市社区治理信息化的技术偏好与适应性变革——基于"第三批全国社区治理与服务创新实验区"的多案例分析》,载《社会主义研究》2019年第4期,第115页。
② 《宁阳县文庙街道:聚焦红色物业推进社区治理的杜村实践》,载 http://www.dtts.gov.cn/staticPage/jcdzzjsw/villageIndex/20200709/2397100.html,最后访问日期:20120年7月9日。
③ 《宁阳县文庙街道:聚焦红色物业推进社区治理的杜村实践》,载 http://www.dtts.gov.cn/staticPage/jcdzzjsw/villageIndex/20200709/2397100.html,最后访问日期:2020年7月9日。

息系统建设，按照"党委-政府-社会-市场"的治理主体结构，广泛吸纳社会组织、服务类企业等，逐步实现社区公共服务、党建服务、志愿服务、便民利民服务等社区服务信息资源集成，力求将智慧社区建设成为包括智慧政务、智慧党建、智慧物业、智慧治理等在内的综合应用，全面形成集网络、数据、支撑、应用等于一体的智慧社区体系。泰山区在建设智慧社区过程中，将社区各类服务资源进行有效整合，统一纳入网络服务管理平台，从自治管理、民生服务、养老服务、健康服务、便捷生活、文化娱乐六个方面打造六大"智慧"品牌，让居民足不出户享受智慧服务。一是建设政府公共服务平台，实现"慧民生"。开发政府公共服务平台，不断优化部门业务流程，实现部门间的业务协同，通过网络、有线电视、手机APP等渠道，向社区居民推送社会保障、政务公开、就业培训等内容，取得畅通民意、公开政务、快速反应的良好效果。二是打造虚拟养老院，实现"慧养老"。将全区60岁以上老人信息全部录入居家养老服务平台，借助网络技术，打造虚拟养老院，不出门就能享受服务；同时，整合志愿者组织、社会组织以及卫生医疗机构等单位，为老人提供服务4大类30多项。三是打造网上医院，实现"慧医疗"。与知名医院合作，设立12349绿色通道门诊，居民只要拨打热线、登录信息平台或利用手机APP等，可实现挂号预约、健康咨询、家庭医生上门服务等功能。四是打造网上超市，实现"慧生活"。构建社区商业服务体系，研发"慧生活"APP信息平台，整合社区周边家政服务、商业购物、餐饮娱乐等基本生活服务资源，实现线上下单、线下送达，形成互联网"十分钟生活圈"，满足社区居民多样化、个性化消费需求。五是打造网上大舞台，实现"慧娱乐"。研发网上大舞台，居民在家就能了解社区文化体育活动、商业及公益晚会等情况，方便居民就近参与文体活动，同时，还可网上参与泰山区"四德"和"泰山好人"评选活动，了解模范事迹，提高自身修养。肥城市安驾庄镇将"互联网+"理念引入基层治理，使网络成为便民服务的新手段，实现了公共服务的智能化、网络化。2020年，安驾庄镇在便民服务中心、党群服务中心设立"泰好办"自助服务终端，并配备服务引导员，成为推进智能化服务进社区的重要措施。同时，安驾庄镇开发了"服务建安平台"APP。该平台设有11个供群众访问的便民链接，链接涵盖了各部门上传的群众办事所需的资料清单、表格样式，群众可根据自身需要自行下载，免去了诸多繁琐的事项。同时，"服务建安平台"APP设置了在线留言的对话框，由工作人员分时段线上值班，进行答疑解惑。另外，制定群众诉求事项办理考核办法，将 APP 业务办理率和群众满意度纳入部门评先树优和机关干部绩效考核，压实工作责任。① 通过注册使用 APP，居民享受到了不出门办业务的快捷服务，基层治理不断迈向以人民中心的目标指向。

图 3-15　泰山区一站式政府公共服务平台

互联网、大数据等现代科技方式的运用极大提升了农村社区治理成效，使信息化、智能化成为破解现代农村社区治理难题的重要手段。泰山区"互联网+社区"治理探索通过运用互联网现代技术手段，提升了社会治理信息化水平，取得了显著成效。基层社区是社会治理的前沿阵地和基本单元，治理的成效很大程度上取决于对信息的全面掌控和及时处置，泰山区通过现代科技手段打造"智慧社区"，借助三级互联服务平台、网络、手机 APP 等方式第一时间掌握辖区内各类动态和群众诉求，及时进行处理，最大程度地发挥各类信息的价值，实现信息高效利用，加强了社区管理水平和服务能力，提高了乡村社会智能化治理水平。同时，拓展了民主化的协商形式，推动了社区自治管理。利用互联网建设的网上居委会在自治组织与居民之间搭建起全时域、多形式的议事决策平台，能够保证居民在任何时间、地点及时接收社区信息，自治组织就社区事务和民众关心的问题征求意见。网上协商因不受地域、时间限制而联通了更多居民，吸引外地的本村群众回归社区，参与民主管理决策，服务社区发

---

① 《肥城市安驾庄镇：党委统筹聚资源　优化服务强治理》，载 http://www.dtts.gov.cn/staticPage/jcdzzjsw/villageIndex/20200810/2397398.html，最后访问日期：2020 年 8 月 10 日。

展，全面提升了社区自治水平，提高了政府服务效能。传统的社区服务过于依赖政府资源，居委会提供的服务类型单一，形式简单，质量不高，而泰山区"互联网+"公共服务机制，通过一站式政府公共服务平台、虚拟养老院，网上医院、网上便利超市、网上大舞台等载体，对各类服务资源有效整合，把专业服务引进社区家庭，为居民提供内容丰富的全方位公共服务，实现了社区服务的普惠性、专业性、针对性、时效性和精准性，赢得了社区居民的满意和认可。

2. 山东青岛市西海岸新区的"互联网+社会治理"

青岛西海岸新区辖26个镇街，人口157.73万人，面临十分繁重的社会治理任务，为应对基层社区治理出现的新问题、新情况、新特点，青岛西海岸新区充分依托智慧城市建设，利用互联网等现代科学技术手段，引导辖区内社会组织、非政府组织、企业、社区居民等多元主体协同参与社区治理，同时，搭建社区信息采集、处置和研判网络平台，提高社区治理智能化水平。此外，提高公共服务均等化水平，实现社区各项工作在法治轨道内实现有效治理，走出了一条"互联网+社会治理"新模式，被确定为第二批全国社区治理和服务创新实验区，入选全国"创新社会治理典型案例"十佳案例。

第一，"两网一平台一中心"的社区智能化治理机制。互联网、大数据等信息化技术手段广泛运用引发社会各个领域的巨大变革，改变了传统的生产、生活和思维方式，也增强了民众的公民意识。[①] 西海岸新区适应时代要求，充分利用互联网技术，激发群众自治活力，增强公共服务供给能力，维护社会安全稳定。一是建立智能巡查"天网"。整合辖区内所有网络资源，将公安、消防等部门涉及社会治安、城市防汛、森林防火、安全生产等监控视频统一管理，形成一张巨大监测网络，实现对社区内所有安全隐患多发区域进行全时段智能化监管，确保辖区安全。同时，还整合了市、区两级政府热线、网络舆情等数据资源，形成了多元化信息收集机制。西海岸新区薛家岛街道相继建立了数字化城管平台、社会治理智能化信息平台、南岛小镇智慧社区服务中心。数字化城管平台借助科技手段，通过多途径、多方式对社区以及其他单位的城管工作情况进行全时段、无缝隙的监督，并通过通报、考核等形式促进工作落实；"社会治理智能化信息平台在街道社会治理信息中心及各管区分别建立大

[①] 李增元、刘炤林：《信息化治理：农村社区治理技术创新及其实现途径》，载《社会主义研究》2017年第6期，第100页。

屏显示系统,安装相关办公设备,将辖区所有小区、学校、幼儿园、码头、山林防火等各监控探头完善整合,接入信息化平台"[1];南岛小镇智慧社区服务中心则将社区服务管理信息平台、智慧生活设施和服务中心以及智能信息系统引入社区建设,为社区居民提供全方位的智慧社区服务。二是建立人工巡查"地网"。将辖区分成若干网格,统筹辖区内综合执法队员、社区志愿者、社区工作者等各种专业力量下沉到网格内,近5000余名专兼职网格员利用网络即时收集社区各类信息,按照问题种类进行相应处理,确保群众诉求得到快速解决,避免矛盾进一步升级,维护基层和谐。青岛西海岸新区依托"互联网+治理"机制,建立以八大系统为主线的街道社会治理信息平台,并接入区统一平台。"设立'民生说吧'、社情民意网站,推行'民生服务二维码',形成对上对下、对内对外、线上线下、交流互动的联动信息处理机制"[2],为各级网格人工信息收集提供了诸多便利。三是建立新区、镇街和部门、管区"三级"社会治理信息平台。联通"三级"社会治理信息平台,实现信息互通和共享,发挥不同平台的协同治理合力,将网格员收集的社区各类信息进行快速分类,分级导入三级平台,迅速进入流程处理,由不同层级针对不同的问题进行研判、分办、处置、反馈和核实,确保基层各类潜在风险、邻里矛盾、安全隐患等问题及时得到有效解决。长江路街道打破传统治理模式中各部门"各管一摊""信息阻塞"的现象,积极打造资源共享平台。建立跨部门、跨科室的协同共享平台,基础政务数据完成"从后台到前台、从分散到集中、从多点到一点"的网上传递,工作人员业务办理实现基础政务数据"一键式"获取,业务办理效率提高近40%,实现内部快速响应和部门间协调。[3] 四是建立"大数据"中心。2018年青岛西海岸新区出台了《关于印发青岛西海岸新区关于加快大数据发展的实施意见的通知》,指出未来要将打造"四个中心",即政务大数据中心、工业大数据中心、海洋大数据中心和大数据交易中心。通过发挥科研院所、区内高效的技术优势以及资源优势,汇集各行各业的数据资

---

[1] 《薛家岛街道智慧新区建设成效显著》,载 http://www.huangdao.gov.cn/n10/n10/n13/160302075152751736.html,最后访问日期:2016年3月2日。
[2] 《长江路街道打造"三个空间"推进社会治理"扩容"》,载 http://www.huangdao.gov.cn/n10/n27/n137/n148/n623/190326090603564222.html,最后访问日期:2019年3月26日。
[3] 《长江路街道"互联网+"打造社会治理新模式》,载 http://www.huangdao.gov.cn/n10/n27/n137/n148/n623/161226103325716002.html,最后访问日期:2016年12月26日。

源。在此基础上，通过政府引导、政策支持，鼓励推广各领域数据使用，依托数据交易中心，新区内各街道、社区、小区可以通过数据交易平台购买数据，为社区发展提供数据服务。制定统一的基本信息采集标准及数据动态更新机制，加强基础地理信息、人口、企事业单位等基础信息的采集和整合，对社区内群众、社会组织、经济组织等基本信息按照规范标准进行采集、存储，并进行数据动态更新，加强数据分析应用，为社区建设发展提供智能支撑。

```
天网    →  将公安、消防等部门涉及社会治安、城市防汛、
             森林防火、安全生产等监控视频统一管理
  ↕
地网    →  将辖区分成若干网格，统筹辖区内综合执法队
             员、社区志愿者、社区工作者等各种专业力量
             下沉到网格内
  ↕
社会治理  →  对收集上来的信息及时进行分析、处理，实现
信息平台     新区、镇街和部门、管区三级网络的互联互通
  ↕
大数据中心：对社区内群众、社会组织、经济组织等基本信息按照规范标准进行采集、存储
```

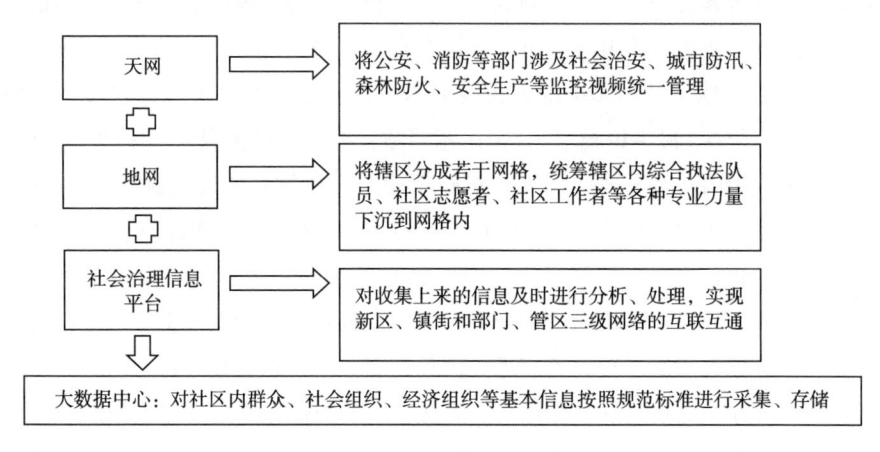

图 3-16　西海岸新区"两网三平台"

第二，"互联网+网格"社区管理组织体制。传统基层治理模式一般以行政村建制进行管理，受所辖范围、治理手段等限制无法及时掌握辖区内村民诉求，难以精准提供公共服务，社会治理成效欠佳。互联网、大数据等现代信息技术手段在基层治理中的运用，使实现更小网格内的精细化管理成为可能，通过网络，借助网格，基层政府、自治机构可以实时、准确掌握社区情况，及时做出问题处理与服务提供，实现了全流程、全方位治理。西海岸新区将辖区按照地理位置、行业类型、建制来源等因素，将全区划分为城市、村改居、农村、企业、特殊等五类，又细化为1549个网格，织密了社会治理网络。一方面，明确网格内不同治理主体的权责边界，制定社会治理事项清单，在网格内加强对社会治安、信访稳定、民生服务等六大领域事项的管理，为每个网格配备至少5名工作人员，全面负责网格内信息收集、矛盾调解、群众服务、风险排查、应急处置等工作，实现全时间段、全周期、全流程的网格管控。另一方面，充分利用互联网社会治理信息平台，对网格巡察发现的问题以及接到群众

投诉的问题进行智能化、精细化、规范化处置，明确了处理标准和流程，综合考虑事项特点、严重性、紧急度、涉及主体等因素，分批分类进行直接处理或转接处理。从制度入手确保事项处理到位，建立首单负责制、核实回访制及"五级"督办机制（电子催办、人工交办、现场查办、短信督办、专报批办）。青岛西海岸新区琅琊镇在社会治理工作中，依据人员密集程度、功能定位、地域大小情况，建立起三级联动的网格化治理体制架构。按照'规模适度、无缝覆盖、动态调整'的原则，琅琊镇设置了三级网格，镇为一级网格，各社区及镇职能部门为二级网格，村庄及企事业单位为三级网格，下级网格受上级网格领导和管理，对上级网格负责，形成'镇、社区及部门，村庄及企事业单位'三级联动的网格化治理体制架构"[①]，三级小网格凭借其数量上的优势在治理层级中承担了信息收集的重要角色。此外，加强监督实施的常态化，确保各项治理措施精细化落实，建立了社会治理工作监督考核问责体系，将社会治理成效纳入区科学发展综合考核体系，加强考核结果运用，与评优树先、干部任用等挂钩，同时，充分发挥新闻媒介和群众监督作用，开辟专栏、开通网络、电话热线，及时向公众公布处置结果，接受群众监督。

第三，民主参与与法治保障的社区协同运行机制。自治是基层治理的发展方向，但自治有其自身限度，无限的自治最终会导致无政府主义，反过来损害群众的根本利益，而法治则为自治提供了边界，实现法治下的有序自治。一是建立多元主体协同参与机制。青岛西海岸新区红石崖街道集中辖区内企业、学校以及其他组织力量，组建社会治理联合会并下设办公室，分别由街道社会治理工作委员会领导和社会治理办统筹协调。社会治理联合会的工作职责主要是加强街道与社会力量的联系与合作，最大限度整合社会多元力量，形成共治合力，让基层治理资源由孤立变共享，推动多元主体参与社会治理。[②] 大力培育社会组织，建设社会组织孵化园、公益园、创意园，通过政策和资金支持促进社会组织发展，发挥公共服务功能和社会治理职能。大力培养群众参与社区治理主体意识，设立公众参与奖，整合辖区社区治理网络热线，开通"一号通"，鼓励引导群众广泛参与基层治理。加强社区居民委员会、社区协商民主

---

① 《琅琊镇：网格三级联动 服务无缝覆盖》，载 http://www.huangdao.gov.cn/n10/n27/n137/n139/n571/141129124540877726.html，最后访问日期：2014年11月29日。

② 《红石崖街道社会治理联合会成立 多元共治下活基层治理"一盘棋"》，载 http://www.huangdao.gov.cn/n10/n10/n13/190524092719240323.html，最后访问日期：2019年5月29日。

议事会等基层自治组织建设，将属于自决范畴内的各类自治权利下放给自治组织，充分发挥自治组织自治功能，带领居民积极参与社区建设、治理和服务。出台政策，畅通渠道，积极引导辖区高校、社会组织、企事业单位、群团组织等参与社区社会治理，建立社会治理联席会议制度，实现多元主体对基层事务进行联动研判、分析、应对和处置，推动公共服务供给主体多元化，实现社区内治理主体间的共治共享。二是建立法治保障下的治理运行机制。在社区大力推行"1+X"法律服务模式，即设立1个综合调解室，整合律师、调解员、志愿者等多重力量，聘用500多名法律服务志愿者，形成法治建设工作合力，在网格内大力开展法律服务、普法宣讲、法律援助、法律调解、社区矫正等，实现社区事务依法办理、社区居民依法办事。建立"多调联动"化解矛盾机制，对辖区内涉法部门资源进行统一整合，形成检调联动、劳调联动、诉调联动等机制，大力推进跨领域、部门联合综合执法，建立综合执法与司法衔接机制，实现社区内各项事务依法运转，违法事件处理及时高效，构建起基层社会自治的强大法治保障。

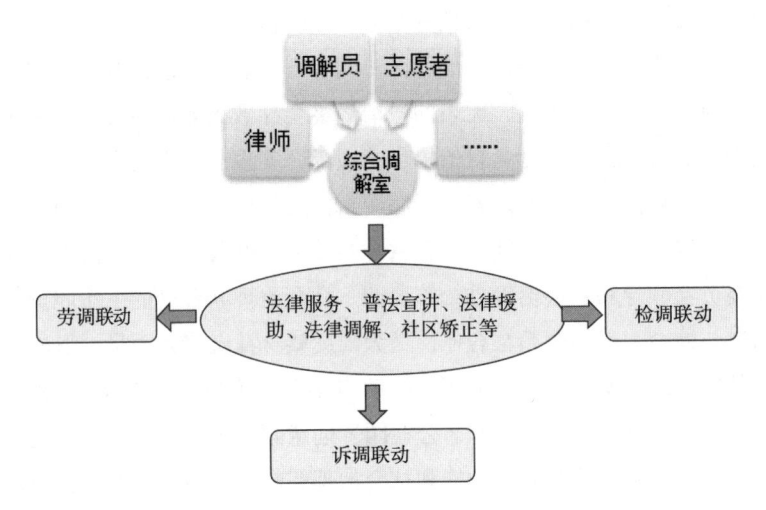

图 3-17 法治保障下的社会治理运行机制

西海岸新区"互联网+社会治理"模式实现了乡村社会治理的智能化，利用互联网现代技术使政府管理决策更加科学，村委会自我管理服务更加高效，各类公共服务提供更加精准全面。"互联网+社会治理"改变了传统治理模式下管理服务"自上而下"围绕政府意志的管理方式，通过打造网格化人工巡查"地网",借助信息化手段建设了全覆盖"天网"工程,同时,将社会治理综合信息中心打造成信息处理、视频监控、数据分析等功能为主的综合信息平台,形成了与其他社情民意类信息平台联动机制。这保障了决策部门能够及时搜集民情社意,发现风险隐患,迅速做出处置,有效防止了社区矛盾的激化,从源头上减少了突发性、群体性事件①,实现社会治理各要素精确、高效、协同、持续进行,确保基层社会的和谐稳定。同时,积极拓展民主参与渠道,吸引多元主体参与社区建设,强化了基层民主政治建设。设立社会组织发展基金,制订《公众参与社会治理奖励办法》,引导社会组织、企事业单位和居民等主体积极参与社区管理和服务活动,吸纳群团组织、社会组织、企事业单位等多元治理主体,通过法律、市场、文化等手段参与社会治理,实现治理方式由政府包揽向政府主导、多元主体协同共治的转变,打造了共建共治共享的社区治理新格局。

(四)政经分离与分类治理模式

改革开放以来,村自治组织与集体经济组织实行"一套人马、两块牌子"运行机制,政经合一,旧有基层管理体制下户籍决定了集体经济成员身份,与直接享有的经济利益挂钩,一类身份模糊的人群即改革中失去村户口者或户口在本村而人迁移外村者,往往被排除在村集体经济分红之外。这部分人群对经济权益的争取本质上是对身份和利益分配的争夺。此外,诸多发达地区的外来人口已经超过本地人口,这部分人日益对经济利益表现出强烈的愿望,政经不分势必更加剧经济利益的纷争。并且,"政经合一"的管理体制下,村庄更加侧重管理和经济建设,而对群众急需的医疗、社会保障、教育等服务重视程度不够,供给不足,而且这些基本公共服务与户籍身份挂钩,不同群体获得的服务不平衡。② 因权利差异和服务不均引发的不公正感进一步削弱了基层社会向心力和凝聚力,"政经分离"成为基层治理创新的现实要求。2015 年,中办、国办印发《深化农村改革综合性实施方案》,明确提出"在进行农村集体产权制度改革、组建农村股份合作经济组织的地区,探索剥离村'两委'对集体

---

① 《青岛西海岸新区获评"全国基层改革创新案例"》,载 http://yuqing.qingdaonews.com/content/2018-01/26/content_ 20084889.htm,最后访问日期:2018 年 1 月 26 日。

② 郑佳斯、张文杰:《新制度主义视角下的基层治理创新——以南海区"政经分离"改革为例》,载《岭南学刊》2016 年第 5 期,第 16 页。

资产经营管理的职能,开展实行'政经分开'试验,完善农村基层党组织领导的村民自治组织和集体经济组织运行机制。"实际上,在方案印发之前,诸多地区就进行了政经分离与分类治理的改革探索,从自治组织与经济组织、政治职能与经济职能的分离入手,构建新型社区管理体制。通过改革保障不同群体的政治权利和经济权益,特别是外来人员不仅能够进入社区居住与生活,而且享有与本地居民同等的政治和经济权利,享受均等的基本公共服务,以增强社区认同感与凝聚力,推进社区融合。

1. 广东佛山市南海区"政经分离"模式

广东佛山市南海区下辖1个街道、6个镇,共计67个村、182个居委会。2019年末常住人口303.17万人,户籍人口160.06万人。在探索农村基层治理改革中,南海区十分重视农村管理体制改革,但突出问题却集中在集体经济层面,据统计2009年至2011年,所有涉农信访事件中大约83%与集体经济问题有关。为改变传统基层管理体制的弊端,破解乡村治理难题,科学界定自治组织与经济组织职能定位,满足多元主体对民主、经济和服务诉求,南海区制定了《关于深化农村体制综合改革的若干意见》,以"政经分离"为突破口推进农村管理体制改革,① 保障不同群体的经济权益和政治权利,提供更多、更好地优质公共服务,解决集体经济利益导向出现的严重偏差,实现基层社会的稳定。南海区被民政部确定为全国社区治理和服务创新实验区,被中央农办、农业农村部、中央组织部、中央宣传部、民政部、司法部联合确定为全国乡村治理体系建设首批试点区。

第一,"政经分离"的乡村治理服务机制。南海区通过对基层党组织、自治组织、经济组织职能重新进行界定,明确权限边界,避免职能混乱,责任不清,推动党组织、村委员会与集体经济组织在成员选举资格、干部任命管理、组织功能发挥、账目资产管理、民主议事协商等五大方面的分离管理。通过改革,理顺了村党组织、村委员会与集体经济组织关系,剥离了村委会对经济组织的管控职能,将管理、自治的职能交由村党组织、村委员会,将经济范畴的职能交由集体经济组织,将社会公共服务提供的职能一部分交由基层社会组织,打破基层社会管理与经济管理职能交叉的弊端,实现自治职能、管理职能、经济职能回归相应组织,提高议事、人事、财务、选举、服务等社区各个

---

① 邓永超、张兴杰:《政经分离增强村民自治活力的路径优化》,载《农村经济》2013年第7期,第22页。

方面的治理成效。在"政经分离"改革中特别重视巩固基层党组织领导核心地位,将行政村党组织直接变为社区党组织,村党支部升格为党总支,充分发挥党组织对经济组织、自治组织的领导作用,以保障改革的平稳进行。加强对经济组织的领导,将党支部建在所有经联社、部分经济合作社之上,实现对经济组织的领导和监督,促进集体经济发展,保障居民经济权益。同时,将党组织延伸至社区服务中心、行业协会、楼宇等社区各类组织,构建区域化大党建格局,形成东西南北中、党领导一切的组织架构。加强对自治组织领导,推动村治回归,实现民主治理。佛山市南海区桂园社区强化了党委领导社区治理的核心作用,创建了"桂园工作法",巩固实施"政经分离"的乡村治理机制,实行"支部建在网格上、党员就在楼道中"的实践路径,重点突出了基层党组织在各个独立组织中的领导地位。桂园社区以网格为依托建立了6个党总支,实现社会治理网格与党组织网络"双网融合",由党总支协调社区资源推进网格化治理,以网格化治理扩展党总支作用空间、增强党总支威信。[①] 与此同时,在网格建立的党总支基础上以院落、楼栋为单位设立党支部,并且创新性地将楼道作为党员发挥先锋模范作用的前沿阵地,打造以党员为主力的楼长队伍,建立以楼长为成员的自治小组。在村党组织领导和支持下由社区理事会、参事会就社区事务进行民主协商,听取群众意见,由村民大会或村民代表会议就重大社区事项形成具体决议,由村委会具体组织实施决议,群团组织和社会组织协助落实,由村居综合事务监督委员会监督村务公开、落实情况,形成了职责清晰、运转有效的乡村自治机制。

第二,"政经分离"的乡村治理保障运行机制。南海区实施"政经分离"之后对经济组织经济行为进行有效监管,同时确保党组织、自治组织、社会组织能够提供更多优质的公共服务,以保障政经分离改革的成果。一是建立经济行为监管平台,实现经济行为规范管理。建立集体经济组织资产交易平台,专门用于物的管理,通过其开发的系统将镇、村、组三级集体资产统一管理,对资产发包、租赁、出售等经济行为进行全程监控,最大程度杜绝"寻租"等不合法行为,确保集体经济行为合法合规。建立集体经济组织财务监管平台,专门用于管钱,采用"出纳驻村、会计驻街、集中会计核算、财政专项资金

[①] 《广东省佛山市南海区桂城街道桂园社区:支部建在网格上 党员就在楼道中》,载http://dangjian.people.com.cn/n1/2018/1019/c420318-30351970.html,最后访问日期:2018年10月19日。

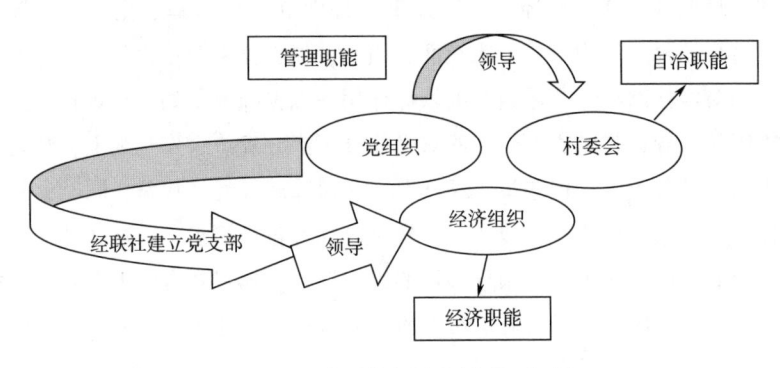

图 3-18 政经分离的乡村治理机制

专户管理"的模式，借助平台对款项支出进行监管，能够追踪到每一笔资金去向，实现对集体资产大数据管理，确保资产在阳光下交易。建立集体经济组织成员股权（股份）管理交易平台，专门用于人（股权）的管理，分为成员、股权、分红和特殊群体四个管理模块，特别是股权管理模块，确权社员股东借助这一模块可以进行诸如转让、继承、抵押等股权流转，确保合法合规，公开透明。通过平台建设将集体经济人、财、物统一纳入管理范畴，确保财务规范、财务安全与财务公平。2014 年，南海市丹灶镇成为南海区集体经济管理监管的首个试点区。丹灶镇成立了村居集体经济收益监管中心，通过监管中心对村居集体经济组织集体资产管理交易、工程招投标、公物采购、财务、股权股份等活动实行覆盖式监管，使集体经济运作更加公开透明。二是推动公共服务均等化，满足居民多样化需求。为进一步提升村民获得感、幸福感，提升更好教育、医疗、卫生等公共服务，南海区通过"村改居—村居合并"分阶段推动城乡一体化进程，扩大公共服务覆盖面。第一阶段推动农村社区向城市社区转变，改造完成后，村民不仅能够享有与城市社区居民的同等待遇，还能享有原来村集体经济有关福利。第二阶段推进城乡一体化，启动"村居合并"，进一步将公共服务涵盖到所有农村社区，整合社区内各类服务资源统一调配管理，增加公共服务种类，提升公共服务效率和治理。① 南海区在所有社区建设社区服务中心，将所有社区纳入服务范围之内，居民可以在社区服务中心直接办理 280 多项行政审批事项和社会管理业务，260 万城乡居民基本实现在社区

---

① 郑佳斯、张文杰:《新制度主义视角下的基层治理创新——以南海区"政经分离"改革为例》，载《岭南学刊》2016 年第 5 期，第 17 页。

即可获得城乡居民生活服务、文体活动、医疗保健、纠纷调解等服务，形成全方位、多层次、高质量的公共服务管理体系，让群众获得优质服务，从改革中提升获得感和满意度。南海区里水镇金旗峰社区综合实施"433"社区治理模式，推进社区治理工作。"4"是代表社区党委领导下的居民委员会、物业服务企业、小区工作站等；"33"则指居委会设立党群办，网格办，物管办三大办公室，分别落实党群服务清单，网格管理清单，物业管理清单"3张清单"，实现多平台供给服务。

集体经济组织资产交易平台	对资产发包、租赁、出售等经济行为进行全程监控
集体经济组织财务监管平台	建立"出纳驻村、会计驻街、集中会计核算、财政专项资金专户管理"的模式
集体经济组织成员股权（股份）管理交易平台	专门用于人（股权）的管理，分为成员、股权、分红和特殊群体四个管理模块

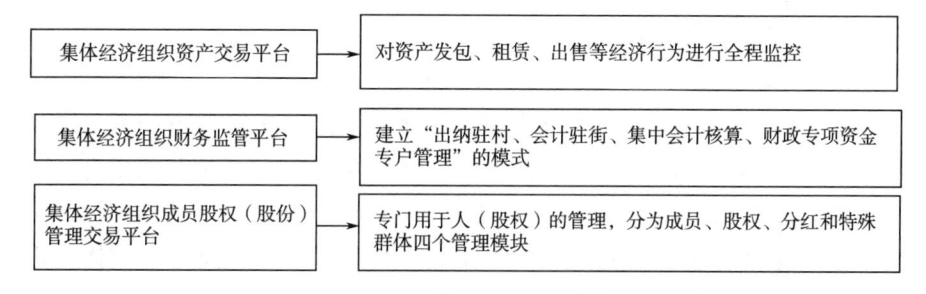

图 3-19 南海区 "三资" 平台建设

广东佛山市南海区"政经分离"模式加强了党的领导，党组织成为领导基层建设的核心力量，进一步理顺了自治组织、社会组织、经济组织等各类组织权责关系，根据各组织的功能定位承担相应的治理职责，特别是将政治管理职能、公共服务职能从集体经济组织剥离，加强集体经济建设，推动村民自治开展，加强公共服务供给，取得了明显的治理成效。[①] 一是理顺了职能关系，治理能力显著提升。"政经分离"改革后，集体经济不再由社区经营管理，由专门经济组织负责，经联社的负责人不再由社区干部担任，党组织和自治组织也不再被集体经济组织束缚，集体经济组织也无需向社区上交经费，避免了干部与居民发生直接利益冲突。经联社成为村民与集体经济组织发生矛盾时的缓冲器，党的形象和权威得到加强，自治组织管理服务职能得到强化，社会组织、社区居民参与社区建设动力增强，实现了乡村社会和谐稳定。二是党组织领导核心得到加强。"政经分离"改革后，所有村党支部升格党总支，夯实党组织领导力，在所有经联社、部分经济社建立党支部，以确保党对经济组织的

---

① 陈素琴：《佛山市南海区农村"政经分离"管理体制研究》，载《华南理工大学2015年硕士论文》，第38页。

全面领导,同时,改革后选举的党员干部学历、年龄等整体素质优化,为做好"党务、政务、服务以及监督和调解工作",① 服务基层发展,提供优质服务奠定了基础。三是政治权利与户籍脱钩,治理内生动力显著增强。"政经分离"改革后,社区成员政治权利和享有的公共服务权利不再以户籍身份为依据,凡居住在社区内并符合相应条件的人员,无论是本地还是外地人员均可参与社区选举,享受社区服务,大大推进了社区融合发展水平,激发了社区居民参与治理主动性、积极性。同时,"政经分离"大幅减少了经济纠纷,"三大平台"的使用规避了违规操作、权力寻租等问题,集体资产、财务、股权实现了透明、规范管理,赢得了居民信任,夯实了治理基础。

2. 江苏苏州市枫桥街道"政经分离"模式

江苏省苏州市枫桥街道位于苏州市古城西部,占地34平方公里,截至2015年9月户籍人口6.1万人,流动人口17万人,下辖7个社区居委会。枫桥街道经济实力雄厚,村集体经济活跃,2006年按照市里统一规划部署,枫桥街道24个村的村民集中到新建小区居住,"政经"不分的基层管理体制弊端日益显露。为破解这一难题,苏州市选定枫桥街道为改革试点,围绕"人往哪里去、事由谁来管、钱从哪里来"三大核心问题,着力探索经济组织职能与自治组织职能分离的改革,由社区负责社会职能,由村股份合作社负责经济职能,形成分工明确、治理高效的基层管理体制。"政经分离"典型经验被国家发改委编入《深化农村改革综合性实施方案》并在全国推广。

第一,撤村改居"政经分离"的农村社区治理体制。苏州市枫桥街道为顺利推动政经分离,开展撤村改居改革,重塑基层治理单元,以股份制改革为核心推动集体经济改革,最终实现政经分离,提高基层治理成效。一是撤村改居,重塑基层治理基本单元。将辖区24个村进行整合,重新建立了7个农村社区作为治理新单元,原来各村按照现在居住社区由所在社区居委会管辖,社区居委会统一在街道领导下开展工作。为实现公共服务均等化,保障社区居民服务供给,街道核定服务项目、统一收费标准,设立专项经费,负担社区行政及公共服务开支费用。二是理顺各类组织职能关系,形成基层治理合力。改变传统治理模式下各类组织职能不分的状况,科学界定党组织、自治组织、经济组织、群团组织、社会组织的功能定位,强化党组织领导核心作用,发挥社区

---

① 陈素琴:《佛山市南海区农村"政经分离"管理体制研究》,载《华南理工大学2015年硕士论文》,第44页。

理事会民主磋商、议事决策、民主监督的核心中枢作用，加强社区自治组织的主体作用，社区经济组织为社区发展提供财力支撑，群团组织、社会组织等其他组织参与社区治理功能得到强化，形成了多元主体协同的乡村治理体系，大大提高了基层治理能力和成效。三是构建党组织领导一切的治理体系。由社区党组织书记兼任社区理事会理事长和社区服务中心主任，党组织书记外的其他党组织班子成员同时可以成为村委会班子成员，可以兼任集体经济组织班子成员。① 有了党组织坚强有力的领导，基本公共服务惠及各类群体，居民积极参与社区事务，社区治理取得了明显成效。四是进行股份制改革。按照"依法、民主、规范、彻底"的原则，对24个行政村进行清产核资、股份量化到人的改革，所有集体经济组织成员资格必须经过严格审核，符合条件的将从事农业生产的年龄进行折股量化，将享有的集体资产权益变成股权，村民基于享有的股权而成为股东，形成"按份额共有和分配"的所有者共同体。在24个行政村基础上组建了24个村股份合作社，通过工商注册成为合法农业合作社，又大力吸纳农户入股，完全按照市场化机制进行运作，旨在通过多个合作社抱团发展，提高农民收入。② "政经分离"的推行，顺利推动了基层治理单元由自然村、行政村向社区的转变。在此基础上，枫桥街道不断加强和创新社区治理，通过探索实施"社区党建扎根固基工程"，充分发挥党组织领导核心作用和政治引领作用，着力实现以党建"一元"为统领的社区"多网融合+多元共治"格局，建立"多元主体参与、多层协商共谋、多方联动共推"的社区治理新模式，搭建了一张覆盖全街道的社区治理"大网格"。③ 通过划分党组织、社区服务、居民自治等单个网格区域，逐渐形成了四个层级的网格管理体系。枫桥街道进一步在白马涧社区优化网格功能，推行三级网格专职化，将三级网格进行服务外包，由专门的组织或企业负责，实现了管理和服务的专业化。"政经分离"后的枫桥街道，以农村社区为载体，逐步形成了政府、社区、市场和社会力量共同参与的治理格局，通过由点到线、由线到面的网格全覆盖，不断推动基层社会综合治理提档升级。

第二，多元主体协同的民主运行机制。枫桥街道着力构建多元主体参与、

---

① 陈亚辉：《政经分离与农村基层治理转型研究》，载《求实》2016年5月，第72页。
② 韩俊：《"政经分开"是农村集体产权制度改革的重要方向》，载《三农论坛（农村实用技术）》2014年9月，第10页。
③ 《枫桥街道：以大网格助推社区治理水平提升》载 http://news.snd.gov.cn/life/31360.html，最后访问日期：2016年12月13日。

民满意—自动参与—社区发展"的良性治理机制。二是合理界定社区各类组织职能,为社区融合和城乡一体扫除障碍。政经分离之后,党组织主要发挥领导核心作用,对社区一切事务进行统领,但具体的管理服务由基层自治组织负责,经济职能则由经济组织履行,社会组织等协助提供公共服务。同时,农民财产权、公共服务享有权与户籍脱钩,居民财产权不因迁徙而丧失,这不仅进一步扩大了公共服务覆盖面,公共服务由常住人口延伸至外来人口,推动了社区融合,而且有利于居民在城乡之间自由流动,[1] 形成了城乡社会管理一体化的新格局。

二、当前农村社区治理实践的主要做法

在国家治理现代化改革实践进程中,各地纷纷探索农村社区治理新模式,取得了积极成效,为其他地方开展乡村治理提供了有益借鉴。从农村社区治理实践进程来看,党和国家一直将基层有效治理作为国家治理体系和治理能力现代化的重要支撑,在推进农村社区治理实践中,各级党委政府都强化党建引领的乡村治理体系建设,转变政府管理思维,积极构建党委领导下的多元主体协同治理机制,推动乡村社会管理体制机制创新,注重引导社区居民等多元主体发挥作用,形成社区建设的发展合力。与此同时,重视加强乡村民主政治建设,创新治理理念,重视治理主体、治理内容、治理方法、治理手段和治理机制等"五个维度"有效性,实现整个乡村社会的有效治理。另外,重视公共服务共享机制建设,注重专业化、精准化管理与服务,满足群众多样化需要,打造共治共建共享的居民生活共同体。

(一) 强化党建引领的乡村治理体系建设

农村社区建设是乡村组织和管理方式的重大变革,其旨在通过整合乡村各类资源,打破村庄地域空间,打通不同身份居民的融合渠道,提供更加丰富、均等的基本公共服务,为群众创造更好的生活,赢得群众的认同,以建成新型的农村社会生活共同体,实现乡村社会的和谐稳定。[2] 改革开放以来,受多重

---

[1] 《苏州枫桥"政经分开"带来哪些启示——访国务院发展研究中心农村经济研究部第四研究室主任、副研究员王宾》,载《中国经济时报》2015年1月16日。
[2] 项继权:"农村社区建设:社会融合与治理转型",载《社会主义研究》2008年第2期,第61页。

第三章　中国农村社区治理的典型实践模式与主要做法

因素影响，乡村社会结构、利益诉求、社会关系、治理基础等都发生了根本性变革，对传统乡村治理方式造成了重大冲击和挑战。乡村治理面临诸多新问题和新情况，根本性挑战是农村基层党组织领导核心地位弱化，个别地方农村基层党组织核心力和向心力严重衰弱，无法对乡村治理现代化实施有效领导。因此，强化党建引领的乡村治理体系建设成为各地农村社区治理创新的重要做法。

第一，加强基层党组织体系建设。从党组织的纵向结构看，村级党组织是整个结构体系的基础性部分，是农村社区治理的"领导者"，是党的整个执政体系的"神经末梢"，直接担负着领导管理党员、监督教育党员和动员组织群众、开展群众活动、服务群众需求的重要职责，在加强基层治理方面起着不可替代的作用。各地在开展乡村治理实践探索中，都将加强基层党组织建设置于构建乡村治理体系的首要位置和基础环节，以党建引领乡村治理创新实践，通过创新基层党组织建设，确保党组织领导核心作用发挥。同时，在党的领导下加强自治组织、社会组织、经济组织等建设，形成架构完善、分工明确、功能强大的乡村组织体系，形成乡村治理的强大合力，如全国农村社区治理实验区广东江门江海区，不断加强基层党组织建设，发挥党建引领作用，强化社区、社会组织、社工"三社联动"，通过提升基层组织力，党建引领多方共建，激活社区治理的内生动力，实现治理成果普惠共享。积极推行"支部+"模式，进一步拓展党支部覆盖范围，在乡村协会、龙头企业、合作社等设立党支部，以片区或者村小组为单位设立党组织，加强辖区内党员统一管理，将在职党员、辖区内单位党员等全部纳入管理范畴，加强教育学习。加强党内民主建设，凡是涉及社区内的重大事项、重要人事、重要项目、重要支出及其他与群众切身利益关系密切的重要问题，都经基层党组织研究，并将结果及时向村民公开，接受村民监督，通过党内民主带动村民自治，推动基层民主政治开展。加强基层党组织人才队伍建设，选拔一批素质高、能力强的乡贤能人充实到基层党组织之中。北京大学中国社会科学调查中心调查数据显示，有327人所在村的两委班子成员中2人以上拥有大专学历，占受访者的25.6%，其中258人所在村的两委班子成员中至少有一人及以上拥有本科学历，干部队伍学历不断优化。① 同时，选派驻村第一书记，进一步优化基层党组织队伍，较之于农村

---

① 北京大学中国社会科学调查中心：《2019年社区治理动态监测平台及深度观察点网络建设项目农村社区治理现状综合问卷》调查。

内部的熟人选举,"外部嵌入的'第一书记'既有资源和能力上的优势,又独立于乡村人情社会,因而可以"改善农村基层党员干部的既有构成结构,推动组织生活依法依规进行,规范公共权力行使"①,以提升乡村治理的能力,实现基层社会的和谐稳定。

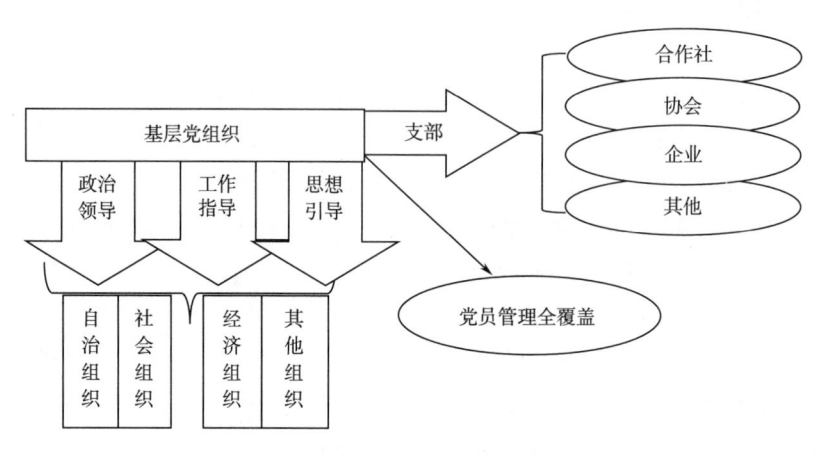

图 3-22 农村社区基层党组织建设

第二,党建引领提升社区服务能力。随着经济社会发展水平提高,村民对美好生活有了更高要求,而农村社区公共服务对于改善农民生活水平,提高群众满意度具有积极作用,是农村社区建设的重要内容和关键部分。新时代农村社区不同于传统乡村社会,与城市社区又所有区别,是一个由本地居民、外来居民等多元身份主体构成的社区生活共同体,在社区中生活的人们不再局限于传统的生活区域、身份等诸多严格限制,对教育、医疗、文化、娱乐等诸多方面有了更多公共需求。各地在推动乡村治理现代化转型过程中,高度重视乡村社会公共服务供给问题,大都在党建网格基础上构建便民服务网格,强化网格党支部的管理服务功能,特别是提高各类服务的供给能力,以满足社区群众各种公共需求。根据辖区内村民居住情况、党员数量及分布等特点,重新调整划分了辖区内党建网格,确保党建网格能够覆盖整个管理区域,在党建网格基础上建立服务网格,充分发挥网格党支部资源协调整合的领导核心作用,紧紧依靠社区自治组织的自我管理与服务的主导作用,充分调动村民、辖区企业、社

---

① 季乃礼、许晓:《村级党建、社会整合与乡村振兴》,载《西南民族大学学报(人文社科版)》2020年第3期,第195页。

会组织等多元主体的参与积极性,形成"一核多元"的管理服务机制,确保公共服务供给的效率和质量。加强基层党建工作,建立健全党员议事会、党群联席会、民主恳谈会、民主生活会等制度,通过党组织联系党员、党员联系群众的工作方式,就社区管理服务中的重大问题及时进行民主磋商,构建网格党员、社区居民、社会组织等多元主体共同参与社区事务的格局,实现党建与社区治理、社区服务的有机结合,大大提高了乡村治理的成效。建立党群服务中心和社区管理服务综合平台,村级党组织积极转变角色定位,由传统的习惯以行政命令开展工作的管理者转变为通过为居民提供服务而开展工作的治理者,不断提高农村社区的服务水平和质量,不断满足人民群众日益多样化的需求,不断夯实国家有效治理的基层基础。

案例3 党建引领,密织基层治理"一张网"①

走进张家港市金港镇金都社区活动室,众多老人忙的不亦乐乎,有的在学做寿司,有的在听社工们讲故事。金都社区党建引领社区服务的做法,赢得了老百姓的一致肯定。金港镇以党建引领,制定责任清单,根据社区规模,采取不同党建措施,实现社区党建的全覆盖,形成以党组织为核心、社区组织、社区居民等多元主体协同参与的基层治理格局。较大的社区,加强资源协调共享,构建"小区域、大党建"治理格局;对一般群众,建立"党员中心户",发挥好带动辐射作用,及时收集民意,帮助协调解决问题,维护基层稳定。开展诸如"堡垒工程""新风工程""阳光工程"等党建服务项目,积极引导多元主体参与社区服务,在党建项目带动下,35家社会组织实施了42个服务项目,涵盖了养老、扶贫、教育、助残等领域,覆盖率超过85%,7.8万群众受益。

第二,构建党的全面领导的社区有效治理机制。推动农村基层治理创新离不开党的全面领导。事实上,各地无论采取何种路径、何种模式开展基层治理改革探索,根本的一条都是在改革创新中坚持并强化党的全面领导,充分发挥基层党组织的领导核心作用,促进农村基层党组织深度嵌入到农村社区治理中,通过对基层人、财、物等资源的有效整合,进一步组织动员辖区企业、村民、社会组织等各类主体参与到社区建设中来,实现治理资源、主体、行为等

---

① 李仲勋:《党建引领,密织基层治理"一张网"》,载《新华日报》2017年12月22日,https://news.sina.com.cn/o/2017-12-22/doc-ifypxmsq9168422.shtml。

再组织化，为农村社区治理网络的有效运作提供保障。① 如全国农村社区治理实验区北京市房山区构建党建引领的"三治"治理机制，在党组织领导下，积极构建民主自治机制、多元参与的共建共治机制、信息共享的"智治"机制，推动基层民主政治建设，实现党的组织体系与基层治理体系有机融合，提升治理的精细化和智能化，取得了积极的成效。北京大学中国社会科学调查中心调查数据显示，1250人所在的村都配齐了党支部书记，占受访者的97.7%，440人所在村的党支部书记拥有大专以上学历，有力确保了党的领导作用的发挥。② 充分发挥党在农村社区民主决策和协商过程中的整合作用，构建社区党组织一体共治协商机制，以党内民主带动和引领社区民主，引导社区居民深度参与社区建设和发展，建设好共同的居住和精神家园是当前各地推进农村社区治理的重要做法。充分发挥党的组织动员能力，在村民之间通过充当引导者与协调者的角色，组织群众、宣传群众、团结群众，将村内独立分散的个体力量整合到一起，实现村庄内部协商与合作，发挥社会主义制度集中力量办大事的优势，促进村庄整体向前发展，实现农村社区的有效治理。

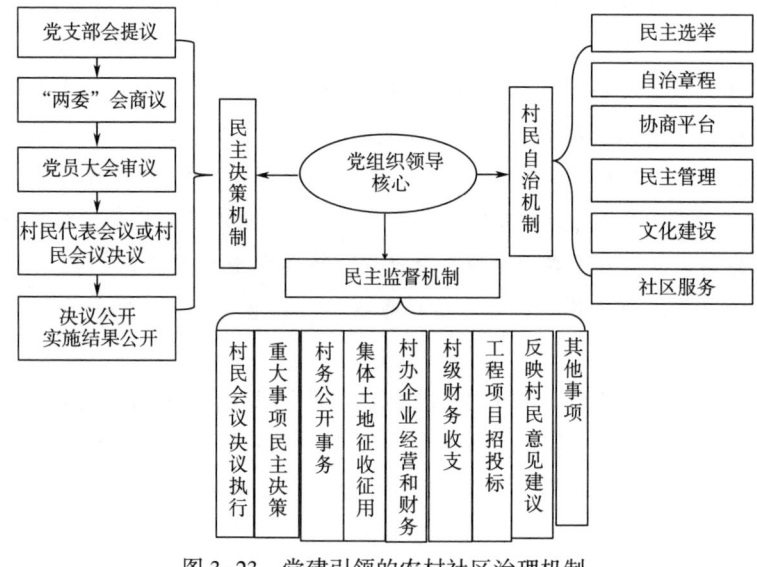

图 3-23 党建引领的农村社区治理机制

---

① 曹海军、曹志立：《新时代村级党建引领乡村治理的实践逻辑》，载《探索》2020年第1期，第114页。
② 北京大学中国社会科学调查中心：《2019年社区治理动态监测平台及深度观察点网络建设项目农村社区治理现状综合问卷》调查。

总体上来看,乡村社会的有效治理离不开党建引领、党的全面领导,只有在农村社区治理中全面加强党的领导,充分发挥基层党组织的统筹协调作用,才能为乡村善治和乡村振兴提供根本保障。各地在农村社区治理实践中,从全面加强党在农村社区治理中的领导核心地位入手不断加强社区党组织建设,进一步明确党组织的职能,积极构建以基层党组织为核心的农村社区组织机制,切实增强基层党组织的公信力和权威合法性,以党建网格搭建便民服务网格,引导社区社会组织、社区居民等多元主体参与到社区管理与服务之中,以期实现乡村社会的有效治理。

(二) 加强多元主体协商共治机制建设

新中国成立以来,乡村治理模式经历了乡政权制、人民公社、"乡政村治"、社区化治理等不同阶段,总体而言每个阶段的治理模式都一定程度上适应了当时社会历史条件下的乡村管理需要,维护了基层社会稳定。1982年,村民自治被写进《宪法》,以根本大法的形式确定了群众开展自我管理服务的乡村自治实践,推动了基层民主政治的发展,破解了当时乡村社会面临的众多问题。2001年,江西先行先试,形成了通过创新社区组织建设推动民主参与为基础的"一会五站"社区发展模式,由此开启了广大农村社区化治理新阶段。农村社区建设发挥社区成员建设家园的主观能动性,逐步提升社区内部自我治理能力。同时,国家希望通过农村社区建设适应乡村社会治理体制变迁要求,夯实国家政权建设的基层社会基础。随着社区建设的推进,农村社区社会经济发生深刻变革,农村社区也从传统经济共同体向社会生活共同体转变,村民自治也开始向协商共治转型。协商共治,相比于村民自治来说,在多元认同、主体包容、社会团结、信息共享等方面有独特的效用。[①] 在实践探索中,各地都注重加强多元主体参与的协商共治机制建设,推进农村社区包容性治理。

第一,构建多元主体参与的社区协商共治机制。在现代社会发展中,随着利益主体的分化,逐步形成了多元社会利益主体共存的局面,导致社会公共事务及公共治理更为复杂。同时,在开放、流动中,在乡村生活的社区居民身份日益多元,市场经济发展使新型经济实体及精英能人群体逐步形成,各种社

---

① 张扬金:《协商民主与村民自治制度的价值重拾》,载《理论探讨》2013年第1期,第37页。

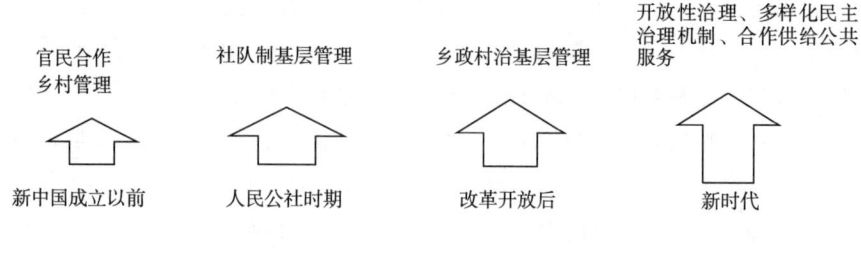

官民合作乡村管理	社队制基层管理	乡政村治基层管理	开放性治理、多样化民主治理机制、合作供给公共服务
⬆	⬆	⬆	⬆
新中国成立以前	人民公社时期	改革开放后	新时代

图 3-24　基层社会管理体制演变

力量日益出现，这些都在改变着传统乡村社会权力格局。各地在实践中都尝试建立多元主体共同参与的协商共治机制，通过不同组织之间、不同群体之间、公权力与私人之间等通过利益协调、磋商，最终达成集体决策[①]，作为解决基层社会公共治理矛盾的根本途径。如全国农村社区治理实验区河南省汝州市积极构建"街道大工委—社区大党委—网格党支部—楼栋党小组"四级组织架构，织密组织体系，发挥党建引领作用，形成了"社区—物业公司—业主委员会—小区党支部"联动机制，以社区内部力量提升社区自我整合能力，提升服务水平，形成有效的社区自我治理机制。现代农村社区协商共治已经不再仅仅局限于村民自治时期具有形式化特征的村民委员会，而更加强调能够容纳社区多元主体的协商机制，形成多元主体参与的高效协商共治模式。从各地实践来看，农村社区协商主体已趋向多元化，治理主体基本能够涵盖基层党组织和地方政府、基层自治组织、社区内社会组织，社区居民，非户籍居民代表，驻村单位或企业以及其他的利益相关者。根据不同协商内容，专家学者、技术人员，社区内退休干部党员、人大代表、道德模范、社会工作者等也会参与到协商事务中。通过协商共治，更好的帮助社区居民理性化进行利益表达，切实保障社区居民的参与权利及主体地位，破解长期以来存在的村民自治"形式主义"，将各类社会矛盾化解在基层，最大限度保障广大社区居民的利益和权利，维护农村社区的和谐稳定。通过多元主体协商共治机制，乡村传统的"投票式"民主转向"协商式民主"，基层政府旧有的以行政命令开展管理工作的方式也转向通过协商合作开展社区工作[②]，确保政策符合基层实际和群众

[①]　王浦劬：《中国的协商治理与人权实现》，载《北京大学学报（哲学社会科学版）》2012年第11期，第16页。

[②]　郎友兴：《商议式民主与中国的地方经验：浙江省温岭市的"民主恳谈会"》，载《浙江社会科学》2005年第1期，第6页。

需要,提升了乡村治理的成效。

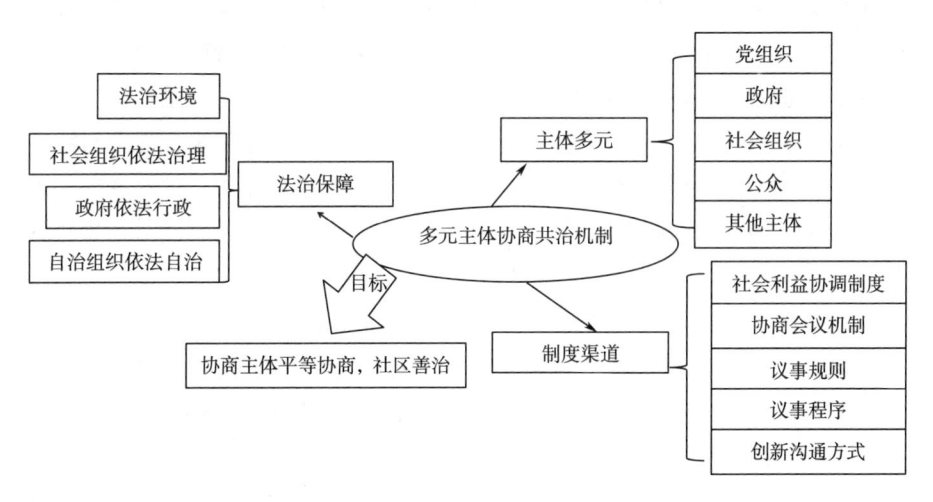

图 3-25　多元主体协商共治机制

第二,进一步拓展多元主体协商共治的广度和深度。在确保公平、平等基础上,扩大民主参与的范围,实现民主参与的深度发展,能够有效推动民主的平稳运行。各地在农村社区治理实践中都十分注重拓展多元主体参与社区事务的深度和广度,以基层民主政治发展保障乡村居民的基本权利和合法权益。一是扩大多元主体民主参与社区事务的范围。各地在推动乡村治理现代化进程中都高度重视打造农村社区共同体,进一步密切社区各项公共事务与社区居民间的联系,让社区多元主体成为决定社区建设与发展的根本力量,各项公共事务从决策到执行都强调社区主体的参与性,对社区政治、经济、文化、社会管理等各类公共问题从决策、监督到执行基本上都经过多元主体深度参与协商。北京大学中国社会科学调查中心调研数据显示,1280 人的问卷数据统计显示,有 1249 人所在的村成立了监委会,占比 97.6%,主要由村委会成员(28.4%)、村党组织成员(45.8%)、普通村民(60.8%)、驻村企业人员(2.8%)、村民代表(69.8%)等成员组成,就村民会议决议执行情况(85%)、重大事项民主决策情况(85.5%)、监督村务公开事务(96.5%)、村级各项财务收支状况(93.9%)、集体土地征收征用(57.9%)、村办企业经营和财务情况(35.7%)、工程项目招投标情况(51.3%)等重大事项与决策进行监督,并及时收集并向村两委反映村民的意见建议(73%),通过民主监督确保决策的合法合规，有力保障了基层民主政治建设。① 二是民主参与的程度不断深化。能否就关系全体成员利益的公共问题实现深度参与体现着公共决策反映的公共性程度。在各地具体实践中，社区建设不再是以政府为主体的行政强制模式，政府在社区建设中发挥引导作用，无论是张家港的党群议事会、民主恳谈会，还是桐乡的百姓议事会、百姓参政团，抑或是日照的分层民主议事，都强调社区居民、社会组织等社区多元主体深度参与到社区各项公共事务，推动多元主体社区参与从表层化向深度化迈进，使最终决策执行效果符合社区成员基本利益要求。三是参与渠道不断扩展。参与渠道为多元主体表达自身看法、参与协商决策、维护自身利益提供了通道，参与渠道是否畅通直接关系到社区主体利益表达能否有效传递，关系到社区多元主体民主权利能否得到有效保障，关系到社区资源能否得到有效整合。农村社区建设及治理实践进一步创新了民主参与机制，形成了推动民主发展的巨大动力与活力。社区建设民主参与超越了村治模式中村委会、村民代表大会、村组议事等普通的民主参与渠道，社区建设通过构建社区内部微观组织，提升了社区内部基础。社区成员可以通过社区理事会、社区各类协会组织等积极参与不同范畴、不同领域的自治活动，使不同层面上的公共事务都能得到有效处理，使不同层面上的公共利益都能得到有效表达，各种需求通过多层次的参与得到有效解决。另外，社区建设还构筑了企事业单位等多元社会主体的民主参与机制，使民主内涵得到进一步提升。同时，在信息化时代，协商平台也不仅限于线下会议，协商过程摆脱地域限制，使在外居民也可以参与到协商过程中，大大拓展了协商的范围和渠道。

第三，注重多元主体协商共治的制度化、规范化建设。农村社区建设及社区治理是一个较为复杂的过程，既涉及到乡村社会发展逻辑路径问题，又涉及到国家政权对乡村社会的有效整合，使乡村社会发展按照国家的制度设计框架进行。多元主体积极参与社区的关键在于通过现实的参与能够及时的满足他们的现实利益需求，才能保持参与社区事务的积极性和主动性。任何层面、领域、类型的民主政治，都受到特定的制度条件的支持和约束。③ 多元主体协商

---

① 北京大学中国社会科学调查中心：《2019年社区治理动态监测平台及深度观察点网络建设项目农村社区治理现状综合问卷》调查。
② 北京大学中国社会科学调查中心：《2019年社区治理动态监测平台及深度观察点网络建设项目农村社区治理现状综合问卷》调查。

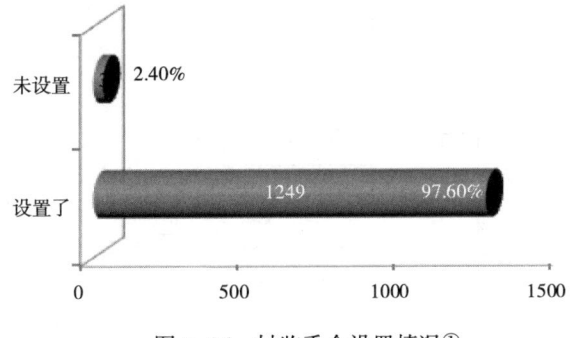

图 3-26　村监委会设置情况①

只有以制度化形式固定下来，保障协商共治的连续性、稳定性，才能实现民主参与的持久性和深入性。从各地农村社区治理实践来看，大都通过制度化形式将多元主体协商共治予以固定化、规范化，实现国家与基层社会的制度化合作，发挥乡村社会建设的多元主体力量，推动乡村社会的有效治理。一是建立多元主体利益表达机制。从当前来看，农村社区治理总体上还处于国家引导阶段，但国家引导不是国家包办，社区居民等乡村社会实体才是乡村社会治理的真正主体。各地在乡村建设实践中都十分注重构建畅通的利益表达机制，实现政府与民众双向利益的沟通与表达，既保障国家政权建设目标得以实现，又真正满足群众各项需求，构建生活共同体。二是成立多元主体参与的社区公共权力机构。如何确保多元主体的利益能够得到有效表达对调动其成员参与社区事务具有重要意义与价值。为保障农村社区各类治理主体权利，及时收集群众心声，各地大都组建了由不同身份代表组成的公共权力机构，共同就社区建设与管理中的一些重大问题进行平等磋商，实现"大家的事大家办"的共治目标。三是建立社区内部制度化的参与渠道。各地在推进社区治理创新进程中构建了诸如民主恳谈会、民主议事会、民主协商会等制度化参与渠道，建立全员与代表、个体与集体、制度化与非制度化等多种参与机制，以保障多元主体利益的表达，通过共商机制形成公共决策。

总体来看，无论是国家政治目标，还是社会发展目标，农村社区建设及治理都充分发挥多元主体在农村社区建设中的作用，通过全面提升社区自我治理能力和水平，逐步实现农村社区有效自治。新时期的社区治理改革创新，各地

---

① 穆娟：《我国基层群众自治制度建设实践探析》，载《西安社会科学》2009 年第 3 期，第 39 页。

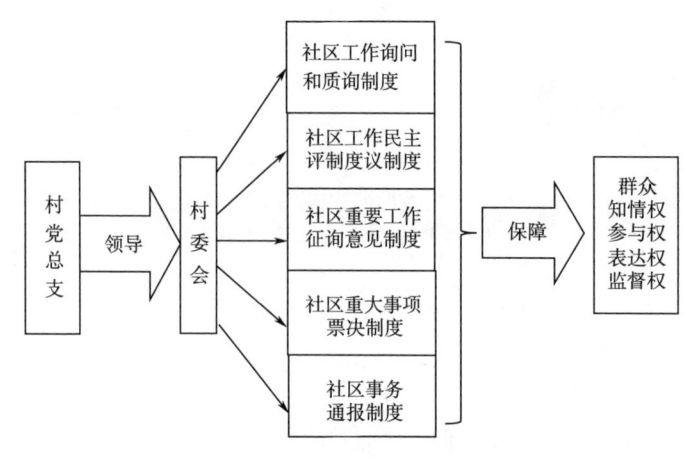

图 3-27　多元主体协商共治的制度化建设

正是秉持协商共治理念，以党内协商、村民自治协商、社会组织协商等方式建立起上下联动和多元参与的协商共治机制，通过广泛协商，共同解决社区发展及治理中的各种问题。[①] 地方实践证明，协商共治已成为农村社区治理的发展趋势，并取得了良好的成效。

(三) 创新"五个维度"有效的治理机制

农村社区是社会治理的基本单元和国家治理的根基所在，是涵盖政治、经济、文化、社会各个领域的综合实践。21世纪以来，社区治理主体由单一向多元转变，居住空间由多村分散向社区集中转变，公共服务由碎片化向系统性转变，管理方式由管理向服务转变，这些对传统农村社区管理体制形成了新挑战。特别是乡村治理从强调治理过程到侧重治理有效的趋势转变，有利于促进农村社区治理体系的科学化发展，提高基层社会的治理能力。实现农村社区有效治理要求在治理主体、内容、方法、手段、机制等方面实现有效性，以"五个维度"的有效来推动乡村社会的治理水平，维护基层的和谐稳定。

第一，注重治理主体有效。治理主体是治理机制作用发挥的核心和关键所在，治理主体主观能动性发挥决定乡村治理成败，实现基层社会的有效治理需

---

① 李增元、姚化伟：《农村社区协同治理体系建设：地方实践及经验启示》，载《社会主义研究》2016年第3期，第115页。

要社区居民、社区两委，还有社区志愿组织、周边企事业单位在内的人员和组织发挥主体能动性作用。各地在乡村治理创新实践探索中大多鼓励和引导多元主体参与，畅通多元主体共同参与社区建设与治理的渠道，为实现治理有效提供主体基础。如广东云浮以"三级理事会"为平台，建构社会建设和群众自治的基本单元，实现政府主导与群众主体互动，推进基层治理的现代化水平。一方面，在社区现代化治理中，虽然政府自上而下的管理干预有其正当性与合理性，但各地纷纷选择将权力下放，对政府职责边界以清单方式予以限定，更加强调居民需求和利益的表达与满足，实现以人为中心的治理。在发挥政府主导作用的同时，积极培育社区多元主体参与意识，提升参与能力和水平，扩大民主参与渠道，引导社区多元主体积极参与社区治理。另一方面，发挥多元共治的积极作用，各地在基层治理实践探索中更加注重以社会治理社会，将社区居民、外来人员、社会组织等都纳入参与社区治理的人员之中，通过基层政府和社区两委实现管理和服务质量提升，通过社区经济组织不断推动农村产业发展，通过社区居民和志愿组织维护社区和谐和帮扶老弱病残，积极构建多元治理主体体系，提升乡村治理的现代化水平。

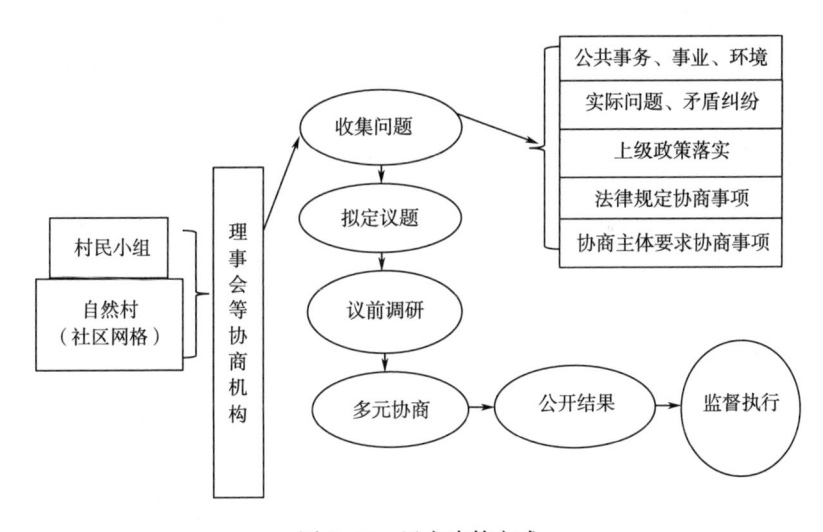

图 3-28 民主决策方式

第二，注重治理内容有效。治理内容是乡村治理的重点所在，需要农村社区各项公共事务包括社区经济发展、环境治理、生态建设、文化建设等与群众相关的各项事务都实现有效治理。各地在充分了解社区居民多元化需求的基础上,纷纷选择将更多权力下放至农村社区,制定服务清单,直接将服务延伸至基层,实现大多数事项在乡村就能得到解决,以确保治理内容的有效。北京大学中国社会科学调查中心调查数据显示,89.4%受访者表示所在地制定了服务清单,其中又有82.3%的受访者对清单公开效果表示好评。① 在增强社区管理和服务方面,强调对农村社区内居民服务需求进行精准定位,在决策和管理过程中充分吸收和借鉴社区多元主体意见和建议。在社区内部事务处理中强调多元主体协商,依靠社区内的村民代表,以及各类文娱组织、纠纷调解组织、老年人协会等社会组织的协助,提高社区内部事务处理的能力和效率。在经济发展方面,充分发挥集体经济组织和经济合作组织的作用,积极适应新时期市场经济的不断变化,通过市场要素的优化和整合,实现农村产业融合、农业现代化的发展。在环境治理与生态建设方面,注重创新城乡生态环境整治方式、方法,充分借鉴国内外生态治理经验,加大生态保护与修复力度,解决长期以来农村社区环境治理中存在的多种问题。在文化建设方面,注重挖掘农村社区文化资源、文化特质,打造乡村文化品牌,建设文明乡村。北京大学中国社会科学调查中心调查数据显示,各地在垃圾集中处理、改善义务教育、农产品信息指导、就业创业培训、社会保障保险、救助老弱孤残、医疗卫生、历史文化保护、集体文化开展、村庄集体经济发展、社会秩序维持、基础设施改善、环境污染治理、家庭邻里纠纷调解、危房改造及征兵动员等诸多方面都做了大量的工作,并且大部分治理内容项目好评度都在80%以上,通过治理内容有效满足群众的各类需求,促进农村社区经济社会快速发展,推动乡村现代化进程。

表3-2 部分社区治理内容评价②

项目	开展	占比	未开展	占比	效果（仅计比较好、非常好）	占比（%）
垃圾集中处理	1092	85.3	188	14.7	未统计	
改善义务教育	1196	93.4	84	6.6	954	78.1

---

① 北京大学中国社会科学调查中心:《2019年社区治理动态监测平台及深度观察点网络建设项目农村社区治理现状综合问卷》调查。
② 北京大学中国社会科学调查中心:《2019年社区治理动态监测平台及深度观察点网络建设项目农村社区治理现状综合问卷》调查。

续表

项目	开展	占比	未开展	占比	效果 （仅计比较好、非常好）	占比（%）
农产品信息指导	1070	22.5	210	16.4	712	66.6
就创业培训	1184	92.5	96	7.5	756	63.9
社会保障保险	1275	99.6	5	0.4	1189	93.3
救助老弱孤残	1264	98.8	16	1.3	1146	90.6
医疗卫生	1125	87.9	155	12.1	916	81.5
保护历史文化	806	63.1	472	36.9	610	75.7
集体文化活动	1168	91.3	112	8.8	921	78.8
集体经济发展	830	64.8	450	35.2	456	55
维持社会秩序	1269	99.1	11	0.9	1110	87.4
改善基础设施	1257	98.2	23	1.8	1103	87.7
治理环境污染	1217	95.1	63	4.9	1004	82.5
调解家庭邻里纠纷	1257	98.2	23	1.8	1127	89.7
危房改造及征兵	1269	99.1	11	0.9	1179	92.9

第二，注重治理方法有效。治理方法是实现乡村社会有效治理的关键所在。各地在乡村治理实践探索中，注重推动德治、法治、自治三治融合，以自治为核心，以德治为引领，以法治为保障，实现乡村社会的有效治理。新时代乡村治理体系中"三治"融合治理方式已成为解决诸多乡村各种矛盾的有效方式。各地在推动农村社区管理不断向有效治理转型过程中，大都采取"自治为基、法治为本、德治为先"的融合治理方法，提高乡村治理的水平和成效。注重加强乡村自治，强化基层党组织的领导能力，保障村级组织以及各种性质组织的有序运转，通过社区村民议事会议、村民委员会等民主协商形式提高村民参与公共事务管理的能力和积极性。注重加强乡村德治，继承和发扬优秀传统文化，重视村规民约等非正式规则的有效运用，发挥乡贤、道德模范典型带动作用，让社会主义核心价值观在乡村得到贯彻执行。注重乡村法治，以法治精神为指引，将法律制度贯穿到社区治理的基础性制度体系创新中，借助法制化的制度建设，明确谁治理、治什么、如何治等系列问题，明确不同社区治理主体的权力边界及职责范畴。通过自治、德治、法治的有机组合，提高善

治的水平和质量,① 为社区治理有效提供坚实基础。

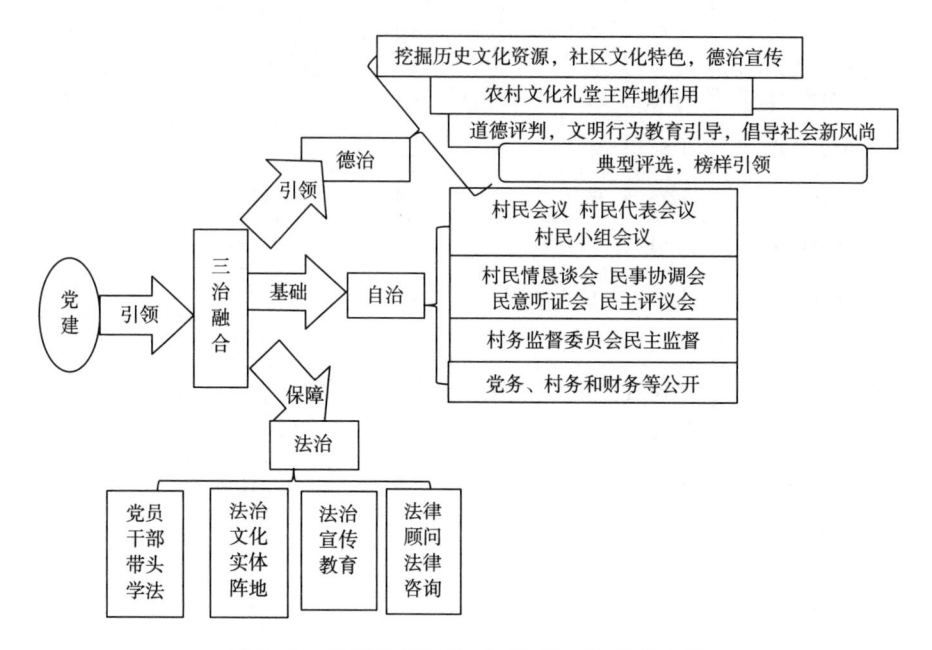

```
                    ┌─ 挖掘历史文化资源,社区文化特色,德治宣传
                    ├─ 农村文化礼堂主阵地作用
         ┌─ 德治 ───┤
         │          ├─ 道德评判,文明行为教育引导,倡导社会新风尚
      引领│          └─ 典型评选,榜样引领
         │          ┌─ 村民会议 村民代表会议
         │          │  村民小组会议
         │          ├─ 村民情恳谈会 民事协调会
   三治  │基础      │  民意听证会 民主评议会
党建─引领─融合─────自治┤
         │          ├─ 村务监督委员会民主监督
         │          └─ 党务、村务和财务等公开
      保障│
         └─ 法治 ──┬─ 党员干部带头学法
                  ├─ 法治文化实体阵地
                  ├─ 法治宣传教育
                  └─ 法律顾问法律咨询
```

图 3-29 党建引领下的"三治融合"治理方法

案例 4 浙江乡村治理新思路"三治融合"②

最近,宁波市象山县墩岙村在"村民说事"会议上就村里"喜事堂"的利用问题进行了讨论,30 多位村民进行了协商,大家踊跃发言,最后取得了一致共识。这一结果在之前根本不可想象,一方面是农民不愿意参与村里事务,二是参与了也是被动式,根本提不出建设性意见。近年来,象山县 490 个村推广"村民说事"制度,村干部和村民一起就社区事务进行决策。

自治为基,法治为本。安吉县余村村民成立了调解委员会,并专门聘请了法律顾问——李芳。最近,村里要将部分房屋资源出租出去,取得集体经济收入,发展经济,合同虽然已经经过村委会、党员大会和村民代表大会集体商议

---

① 李华胤、吴开松:《近年村民自治研究的范式转换与趋势展望》,载《中南民族大学学报(人文社会科学版)》2020 年第 1 期,第 164 页。

② 《浙江乡村治理新思路:"三治融合"》,载央视网 http://news.cnr.cn/native/gd/20190610/t20190610_524644667.shtml,最后访问日期:2019 年 6 月 10 日。

过,但还是请李芳律师把关,确保符合法律法规。现在村里已经形成了学法、懂法、守法、用法的浓厚氛围,村民遇到大小事情第一反应就是找李芳咨询,寻求解决之道。道德引导,风气为先。在桐乡市梧桐街道桃园村,成立了由退休干部、乡贤、村民小组长等组成的"道德评判团",对村里的各户表现进行道德评判,引导社会主义核心价值观入村、入户,有力改善了村里的文明风貌。最近道德评判团评选出了"星级家庭",并对鸡鸭混养产生污水等不文明行为及时进行曝光,乡风越来越文明了。自治、法治、德治,让村民愿意参与社区治理,行为更加有了规范,道德不断得到提升,乡风日益文明,基层社会更加和谐稳定,农民成为最大的受益者。

第四,注重治理手段有效。有效的治理手段是实现乡村有效治理的重要举措。随着现代信息技术的发展及向各领域的扩展,信息化日益成为现代社会治理中的重要工具。从当前农村社区治理实践来看,各地都充分运用信息技术作用,充分运用智能化、网格化、法治化的综合治理手段来提高乡村治理水平。在现实中,各地以现代科学技术手段搭建开放型的多方交流平台,广泛征求社区居民的意见和建议,提高决策的科学性。同时,积极推行网格化治理手段,在原有村庄、小组等传统基层治理单元基础上,重新划分综合治理网格,细化治理单元,及时整合相应人力、物力、财力资源下沉网格,以治理网格为依托及时有效解决环境整治、矛盾纠纷、志愿服务、突发事件等一系列问题。如,北京市怀柔区充分整合原来的区、镇街、村三级社会管理服务中心资源,根据服务范围,建立了区、镇街、村三级网格管理服务平台,广泛吸纳社会组织、企事业单位、志愿者等入驻平台,村民可以根据不同的服务事项在不同层级的网格平台得到服务。另外,更加重视法治化治理手段,"法律是社会治理的重要工具,在一个利益和价值多元化的社会,没有法律是根本不可想象的"①。诸多地方纷纷以立法的形式明确村民自治的各个环节,制定传统与现代相结合的治理规则,建构包容性、开放性治理制度,确保社区治理的有效运行。

第五,注重治理机制有效。良好的社区治理机制对于基层社会稳定意义重大,是确保乡村治理成效的基本保障。现代社会治理不仅需要构建多元主体参与形成的协同治理框架,更需要多元主体之间协调互动,形成合作治理机制,这不仅需要党的全面领导,更需要在政府引导下形成不同主体之间的明确分工

---

① 朱景文:《社会治理体系的法制化:趋势、问题和反思》,载《社会学评论》2014年第3期,第28页。

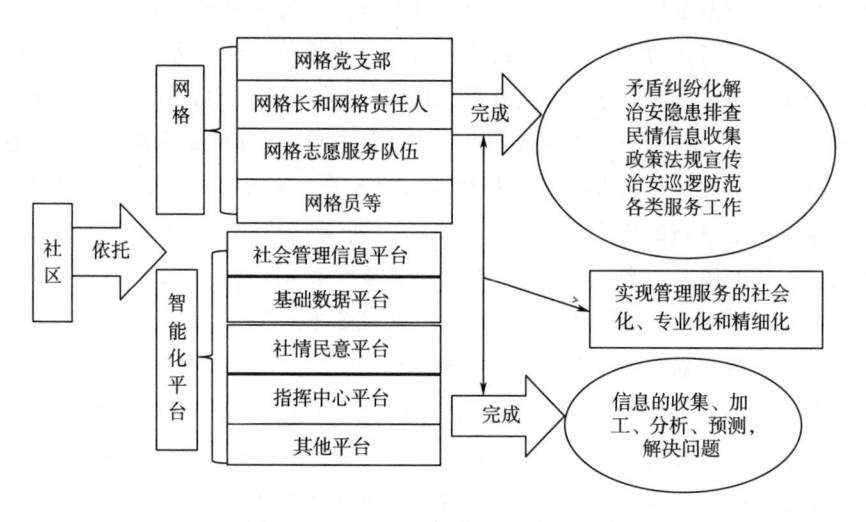

图 3-30 "网格+智能化"治理方式

机制。从各地实践来看，虽然不同地区面临的经济社会基础条件不同，在创新社区治理中都从地方实践出发进行探索，积极构建党委领导、政府负责、民主协商、社会协同、公众参与、法治保障、科技支撑的社会治理体系。利用国家自上而下的制度保障，实现系统治理和源头治理，避免治理中出现碎片化问题。① 各地在构建现代化社区治理机制的实践探索中，既注重发挥党的核心领导作用，又注重发挥政府的宏观引导与统筹，探索引导各种力量参与社区治理，强调政府、社区、社会组织的职责分工与有序合作。另外，注重动员各类社会力量参与农村社区治理，充分调动老党员、大学生村官、退休教师等乡贤能人的参与积极性，以及专业技术人员、法律工作人员、医疗服务人员等专业人员的作用，实现专业与非专业人员相互配合、协作推进的方式，打造和谐有序、治理有效的社区生活共同体。

案例5 儋州基层协商民主制度化 为民解忧办实事②

儋州市和庆镇新村如何确保饮水安全成为村民争议的焦点，长久没有得到

---

① 王晓莉：《新时期我国乡村治理机制创新——基于20个典型案例的比较分析》，载《科学社会主义》2019年第6期，第129页。

② 刘袭、李珂：《儋州探索推进基层协商民主建设 真情实意为民排忧解难》，载 http：//www.hinews.cn/news/system/2020/05/11/032344945.shtml，最后访问日期：2020年5月11日。

解决。4月2日，和庆镇举行了第一次基层协商民主议事会议，专题讨论安全饮水问题。会上，协商议事会成员、村民代表和水务局代表等畅所欲言，最后达成共识，在新村打两口深水井，同时对现有饮水设施进行保养，到时看情况决定是否打第三口水井。

近年来，儋州依靠镇政协工作联络组、村"一核两委一会"，充分发挥各镇、村（社区）协商议事会成员主体作用，吸纳在儋州的政协委员及社区干部、乡贤代表等为议事成员，同时根据讨论事项，邀请有关利益相关者与会，构建起了"党委领导、政府支持、政协搭台、各方参与、服务群众"的基层协商民主制度，帮群众解决了生产、生活中的诸多难题，调动了群众参与乡村建设的积极性和主动性，乡村治理取得了明显的成效。

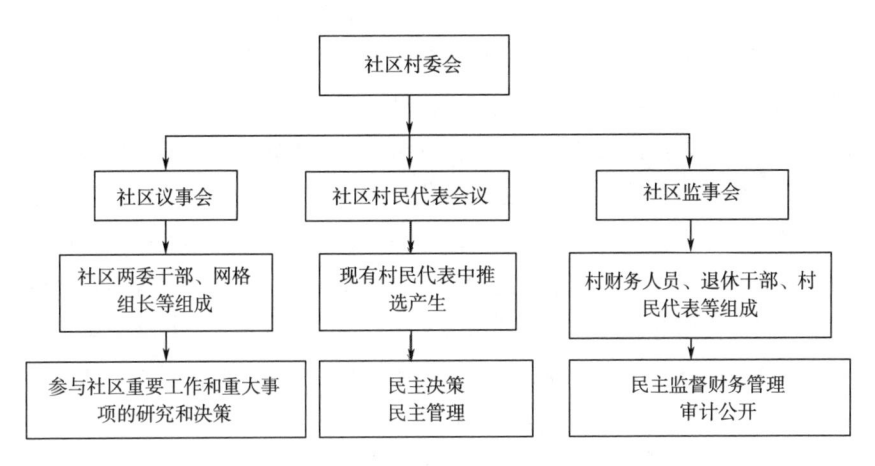

图 3-31 社区民主治理机制

总之，社区治理作为国家治理的基础性工程，必须注重社区内在治理体制机制的建设，增强社区造血功能，充分利用现代智能手段，推动网格化治理，提高治理服务的精准性，让基层治理积极有效地运转，是当下破解乡村治理难题的根本所在。

（四）注重构建公共服务供给机制创新

进入21世纪，随着社会的急剧变迁，以村民自治为核心的基层治理体系难以应对基层社会出现的新问题和新挑战。为适应乡村治理的需要，各地探索以农村社区为单位开展管理与服务工作，取得了积极成效，后经国家大力推动，农村社区建设在全国范围内得以推广。近年来，农村社区治理取得积极成效，但仍存在城乡公共服务发展不平衡、公共服务供给机制短缺等问题。公共服务供给机制的创新从而成为创新实践的新领域，各地加大财政投入力度，积极引导企业、社会组织、非政府组织等多元主体提供公共服务，全面推动公共服务均等化，全力构建覆盖面广、服务主体多元、服务类型多样的公共服务供给机制。

第一，更加注重公共服务均等化建设。为推动城乡融合发展，各地在开展乡村治理实践创新探索中，针对城乡公共服务差距明显的问题，提出公共服务均等化发展战略，推动城乡基本公共服务的融合发展。由于城市和乡村的发展水平、发展重点、发展资源等诸多不同，对公共服务的需求也不尽一致，既有追求与城市居民享有一样生活质量和服务水平的基础性公共服务，也有乡村独有的诸如科技服务、农业培训、特色文化等差异性公共服务。① 政府如何尽可能多地向农村供给基本公共产品，如何满足不同农村社区的需求，如何提高公共服务的质量，如何优化农村公共服务的结构，是本轮地方乡村治理实践创新探索的重点所在。各地将公共服务均等化作为现代化治理的价值诉求和工作目标，通过多元化主体供给方式作为实现这一理想状态的手段与途径。各地根据各自实际和农村发展水平，通过民主恳谈会、议事会、网上留言等多种渠道全面了解农村居民服务需求，妥善处理多元化与均等化的关系、社区建设与农村公共服务体系构建的关系，政府与多元主体公共服务供给的关系，合理区分轻重缓急、科学界定公共服务覆盖至农村的先后位次，优先提供农民急需、涉及面广、关系乡村稳定的公共服务，进一步拓展公共服务的主体和内容，提升公共服务的覆盖面和水平，完善农村社区的公共服务体系建设，推进城乡公共服务均等化。北京大学中国社会科学调查中心对1280人的调研数据显示，大多数受访者表示一站式服务设施（704人）、卫生室及门诊（1065人）、图书室（1135人）、室内活动室（735人）、广场、花园、公园（735人）、体育锻炼场地及器材（940人）、自来水系统（1032人）、村民学校（562人）、村民调解室（1112人）等与群众关系密切的公共服务设施得到了建设。② 构建多方参与的决策机制，着重引导农民参与公共决策和意见表达。设立和完善必要的

---

① 参见李伟：《我国公共服务均等化研究》，经济出版社2010年版。
② 北京大学中国社会科学调查中心：《2019年社区治理动态监测平台及深度观察点网络建设项目农村社区治理现状综合问卷》调查。

听证程序，使农民的意愿和需求能够畅通表达，保证农民更好地参与到农村社区的公共服务体系建设之中，完善监督控制机制和考核评价机制，防止行政权力滥用。① 制定农村社区公共服务体系的财政支持政策，建立"以城带乡"的运行机制，加大对农村社区建设的支持力度，提升公共服务水平，缩小城乡差距。在人才、资金、技术、服务等方面，帮助农村社区提高公共服务的能力②，加强卫生、教育、科技等农村急需领域内的公共服务专业人才培养，加强农民自身骨干的培养，发展志愿服务、大学生下乡服务，抽调乡镇以上的大批干部支援农村，直接乡村建设，以人才带动服务水平的提升，提高群众的获得感。

表 3-3 各类服务实施建设情况③

项目	已建成	占比（%）	规划中	占比（%）	未建设	占比（%）
一站式服务设施	704	55	199	15.6	376	29.4
卫生室/门诊	1065	83.2	70	5.5	145	11.3
老年人日间照料机构	288	22.5	105	8.2	886	69.3
养老院/敬老院/老年公寓建设	97	7.6	64	5.0	1117	87.4
妇女儿童保护中心	178	13.9	86	6.7	1015	79.4
图书室	1135	88.7	52	4.1	93	7.3
室内活动室	735	57.4	117	9.1	428	33.4
广场/花园/公园	735	57.4	150	11.7	395	30.9
体育锻炼场地/器材	940	73.4	119	9.3	221	17.3
农业农机服务站	110	8.6	59	4.6	1111	86.8
集体灌溉系统	478	37.4	115	9.0	686	53.6
自来水系统	1032	80.6	140	10.9	108	8.4

---

① 吕唐，微伟：《农村公共服务体系建设的现状与对策建议》，载《中国行政管理》2009年第7期。

② 温来成：《完善农村社区公共服务体系的政府财政政策研究》，载《兰州商学院学报》2011年第1期。

③ 北京大学中国社会科学调查中心：《2019年社区治理动态监测平台及深度观察点网络建设项目农村社区治理现状综合问卷》调查。

续表

项目	已建成	占比（%）	规划中	占比（%）	未建设	占比（%）
村民学校	562	43.9	45	3.5	672	52.5
村民调解室	1112	86.9	48	3.8	120	9.4

第二，更加注重公共服务规范化建设。在传统行政主导型乡村管理体制中，基层政府凭借法律地位、行政手段等绝对优势掌控着发展资源，借助公权力成为公共服务供给的单一主体。这一"单中心"公共服务供给机制，在农村经济社会发展水平不高、农民公共服务需求比较单一的时期，基本能够满足农民的低水平的公共需求。随着农村经济快速发展，解决了温饱问题的农民对农业技术、文化娱乐、基本医疗、社会保障、教育公平等诸多方面有了更高要求，而传统"自上而下"式的管理和服务机制既难以及时掌握农民多样化需求，又造成资源配置的低效和不均，同时，由于农民和其他主体积极性未能调动起来，仅凭政府的力量已无法完全满足群众日益增长的公共需求。各地在农村社区治理实践创新中尝试打破政府单中心供给模式，积极转变政府职能，由服务供给者向主导者转变，将市场、社区居民、社会组织、第三部门等与社区利益密切相关者纳入公共服务供给主体之中，实现公共服务从生产、购买到供给等全流程的多元化、规范化。如广西壮族自治区贺州市富川县从社区服务和运行机制入手，优化社区布局规模，加强服务规范化建设，建立城乡社区公共服务综合信息平台，推动社区、社会组织、社会工作"三社联动"，推动提供服务主体多元化，为社区居民提供全方位、高质量服务。多元供给主体之间形成了一定的竞争关系，各供给主体为了赢得更多居民的选择，不断提高服务质量，增加服务内容，降低服务价格，提高了公共服务的针对性、有效性和科学性。同时，各地都积极建立公共服务供给民意收集与监督机制，通过民主议事机构广泛收集群众需求，通过民主监督机构对公共服务购买、服务质量等进行全面监督，让政府、村民、社会组织、民间团体等多元主体参与到公共服务中来，确保公共服务的效率和质量。

总体来看，从2007年国家启动农村社区建设开始，农村社区经历从早期的基础设施建设到后续的强化管理服务，再到提档升级阶段的管理体制机制创新及新时代探索社区治理现代化建设，在党的有力领导与政府统筹规划下，农村社区治理取得了显著成效。通过深入推进农村社区治理各领域改革，区域化党建既增强了基层党组织凝聚力、战斗力与整合力,也巩固了党的政权基础,形成了党建引领乡村治理的基本格局。与此同时,通过加强多元主体协商共治机制建设逐步形成了党领导治理下的政府、社区、个体、社会及市场等主体力量参与现代乡村社会治理的基本格局。另外,在社区治理实践创新中也尝试实现治理主体、治理内容、治理方法、治理手段、治理机制等多个方面的改革探索,通过各方面改革创新力争推动传统乡村治理模式向现代乡村治理模式的深刻变革,推动乡村治理现代化进程。

三、农村社区治理实践过程中存在的问题

近些年来,为适应基层治理现代化发展需要,国家不断加强乡村治理顶层设计,从宏观层面提出了一系列推动乡村社会治理改革的新政策、新规划,以新社区为载体开展社区化治理实践探索。在党和国家政策的引导下,各地都进行了积极有效的探索,形成了一批可复制可推广的典型经验,基层治理水平明显提升。但是,值得注意的是,当前农村社区治理实践也是一个不断探索的过程,社区治理仍然存在诸多不足之处。

(一)农村社区治理体系仍然不健全

党的十九届四中全会要求"完善群众参与基层社会治理的制度化渠道","实现政府治理和社会调节、居民自治良性互动,夯实基层社会治理基础"。[①]中国的农村社区建设是在城乡经济社会二元体制下进行的,在特定历史发展阶段由政府主导社区建设及治理能够调动各种人、财、物等资源开展农村社区建设,推动乡村经济社会发展,提供优质公共产品,满足村民公共服务需求。然而,我们也应该看到,农村社区建设及治理的出发点和落脚点是满足群众需求,农民是最终受益者,乡村建设必须切实突出农民的主体地位,发挥农民在社区治理中的主动性积极性。在探索乡村治理体系和治理能力现代化实践中,由于地域经济、文化观念、社会发展等因素不同,农村社区治理体系建构仍然面临着许多问题,与现代化的民主治理体系要求存在一定差距,制约了农村社区治理效果。

第一,社区治理中农民主体地位难以得到有效保证。民主参与是发挥农村居民主体地位,保证公共政策得到认同的前提条件。国家在对乡村社会进行整

---

① 赵志虎、陈晓枫:《大力推进农村社区治理转型升级》,载《人民论坛》2019 年第 33 期。

117

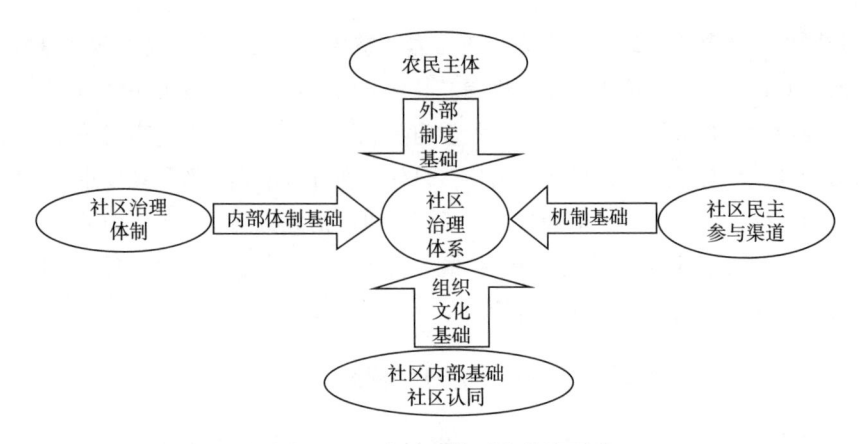

```
                    农民主体
                       │
                     外部
                     制度
                     基础
                       ↓
 社区治理     内部体制基础    社区    机制基础    社区民主
   体制      ──────────→   治理   ←──────────   参与渠道
                          体系
                           ↑
                         组织
                         文化
                         基础
                           │
                   社区内部基础
                    社区认同
```

图 3-32　民主治理体系的构建要素

合过程中赋予了农村社区治理深化民主实践的意义，力图通过新一轮民主参与提升政治权威，通过大范围的参与建设深化村民自治。然而，"民主政治能否运作，除制度上的保障外，还取决于社会发展对民主政治的客观需要和由此产生的人们对民主政治主观要求的程度"[①]。从目前社区治理实践来看，虽然各地都强调社区居民参与社区事务，但受参与渠道、参与认知、制度保障、参与动力等因素制约，社区居民的主体地位并没有得到有效保障。受传统官本位和集权思想影响，很多村民对个人享有的政治权利不够明确，参与社区建设意识淡薄，大都被动参与社区事务，且参与程度不够深入。北京大学中国社会科学调查中心调研数据显示，有超过半数的人（656 人）所在村的村民参与社区事务积极性不高。[②] 由于缺乏农民有效参与，有的地区在推动社区治理过程中以政绩考核为建设标准，忽略了基层群众需要，导致社区实际建设成效与农民需求相脱节，个别官员借社区建设谋取个人和部门私利，在拆迁改造、农地征用等过程中，农民所得补偿微乎其微。此外，农民所能获得的参与渠道不够宽泛，部分地区在推进农村社区治理过程中政府往往采取"包办"的方式，农民成为"被建设"和"被发展"对象，主体意识、参与意识、参与功效感和责任感未能建立起来，无法承担起乡村治理体系和治理能力现代化的主体责任。

第二，社区民主参与的可持续性较低。从实际来看，传统村治模式下农民

[①] 张华青：《民主政治的内涵及形态结构》，载《复旦学报（社会科学版）》1995 年第 4 期，第 78 页。

[②] 北京大学中国社会科学调查中心：《2019 年社区治理动态监测平台及深度观察点网络建设项目农村社区治理现状综合问卷》调查。

第三章　中国农村社区治理的典型实践模式与主要做法

参与村民自治的广度和深度都不足，积极性和主动性有限，究其原因，村庄集体经济并不能支撑广大农村居民快速上升的各类公共服务需求，根据北京大学中国社会科学调查中心调查数据显示，老年人日间照料机构（69.3%）、养老设施（87.40%）、妇女儿童保护中心（79.40%）、农业农机服务站（86.80%）、集体灌溉系统（53.60%）、村民学校（52.50%）未能建立起来，挫伤了农民参与的积极性[1]。从长期看，广大农民没有形成稳定参与的良好传统，没有建立起一种参与与回馈有机链接的互惠机制，而"普遍的互惠是一种具有高度生产性的社会资本。遵循了这一规范的共同体，可以更有效地约束投机，解决集体行动问题"[2]。基于此，一旦现有的资源难以有效满足农民的实际需要，农民的参与积极性和主动性则会被大大削弱。事实上，自人民公社解体以后，家庭成为社会构成基础，现代意义的社团未能完全建立起来，这导致乡村鲜有组织可以依托。在这一背景下，各地在乡村治理改革创新中虽然重视对自治组织、社会组织、合作社组织等的建设与培育，但成效并不明显，农村社区建设及治理所能够发动的社会组织数量有限，组织结构化程度也比较低，即使建立了诸如志愿者协会、老年人协会等社区组织，但很多服务机构实际上只是一班人马在运作，而分开运作的组织和服务机构又造成资源浪费，难以有效满足群众多样化需求，也间接影响了农村社区治理的进程。

第三，农村社区社会共同体内在凝聚力不强。新型农村社区逐步演变成了一种异质性社会，各类主体在利益诉求、行为方式、价值认同等方面存在差异。在如此庞杂的新型农村社区内部实现民主化治理，需要建立各社区主体都能接受的价值体系与行为准则，以形成各类社会主体之间的纽带联系。纵观当前各地农村社区建设及治理，形形色色的社会主体都已经被纳入了农村社区主体范畴，但还未能形成一种行之有效机制来重塑多元主体对社区的价值认同，让多元主体真正融入社区、服务社区，强化自治精神和自治能力。在农村社区建设中首先需要转变政府职能，将权力下放，治理重心下移，然而在实际实施过程中相当多的基层政府抱着观望态度，对于鼓励农村社区居民以及社区内的各个单位、社会组织的参与态度不够积极，无法形成有效的合力；与之相配套

---

[1] 北京大学中国社会科学调查中心：《2019年社区治理动态监测平台及深度观察点网络建设项目农村社区治理现状综合问卷》调查。

[2] Ostrom：*Governing the Commons*, p.200, p.211.

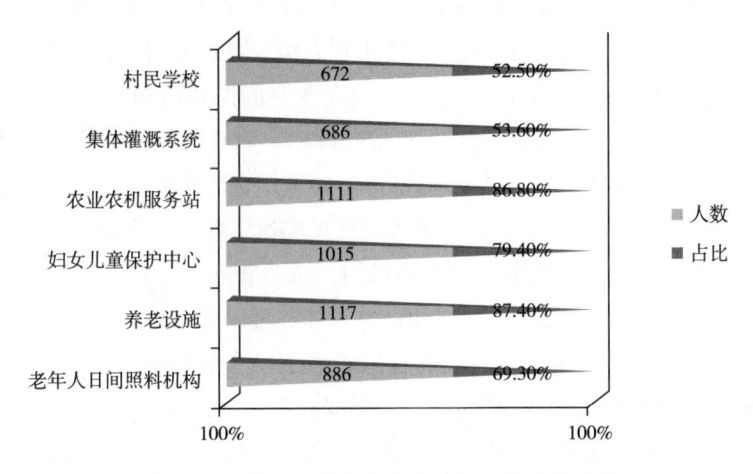

设施	人数	占比
村民学校	672	52.50%
集体灌溉系统	686	53.60%
农业农机服务站	1111	86.80%
妇女儿童保护中心	1015	79.40%
养老设施	1117	87.40%
老年人日间照料机构	886	69.30%

图 3-33 各地有关公共服务设施未建成情况①

的人财物资源等也不能妥善处置，在投入基层资金不足的情况下大量摊派任务，导致社区自治组织、社会组织和社区居民参与积极性不高。根据北京大学中国社会科学调查中心调查数据显示，占 69.8% 的受访者认为上级政府投入太少，而有 40% 的受访者认为乡镇摊派任务太多，不够合理，财权与事权严重脱节。② 至于调动社会各方力量参与社区建设的政策法律制度扶持显得逊色，对于社区治理缺乏必要的规划和法律制度保障，对于基层政府、社区居民以及社会组织的角色和功能定位模糊，各方关系协调也缺乏明确的规定，对农村社区的发展构成了不小的阻碍。此外，如何"将现代社会的一些基本原则精神作为农村社区文化重建的重要内容，构建起与现代文明和现代社会相协调的农村社区文化"③ 是形成农村社区社会共同体的关键和核心，是当前农村社区治理所面临的重大问题。然而，在各地具体实践中乡村精神文化生活依旧不足，更是缺乏行之有效的文化引导机制，集体文化活动效果较差，难以形成共识性的文化认同。

---

① 北京大学中国社会科学调查中心：《2019 年社区治理动态监测平台及深度观察点网络建设项目农村社区治理现状综合问卷》调查。
② 北京大学中国社会科学调查中心：《2019 年社区治理动态监测平台及深度观察点网络建设项目农村社区治理现状综合问卷》调查。
③ 黄辉祥：《农村社区文化重建与村民自治的发展》，载《社会主义研究》2008 年第 2 期，第 75 页。

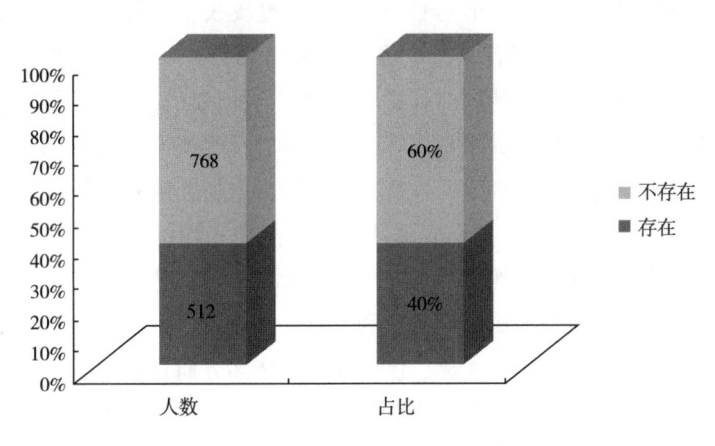

图 3-34　乡镇分派任务情况①

第四，农村社区民主治理体制尚不完善。农村社区治理体制建构目标是将生活于乡村社会内部的社会主体纳入社区治理范畴，构建多元社会主体参与的自我管理、自我教育与自我服务模式，强化乡村社会自治能力。农村社区建设的实质是重新构建新型农村社区共同体，基于共同的生活需要提升社区内部的自治性和归属感。农村社区建设通过构建社区服务平台实现政府服务下乡，通过推动社区内部各类组织、协会的发展增强社区的自我组织能力、自我服务能力，强化自治能力。在构建农村社区治理体制时必须按照社区内涵及管理服务需要，对原来的村民委员会管理机制进行改革，以重塑农村社区治理体制，适应农村社区治理现代化需求。虽然多数地区成立了诸如社区理事会等组织，但基本都是在村委会基础上的机构设置，有的是将原有的村委会等管理机构与社区管理机构合并起来，统一进行工作和服务，有的则是将二者分开、各为其政，这不利于组织工作的开展和社区治理的深入推进，难以形成农村社区治理的长效机制。

（二）农村社区公共服务供给机制仍然不完善

国家力量向乡土社会渗透，进而对传统的分散落后的乡村社会进行改造和

---

① 北京大学中国社会科学调查中心：《2019 年社区治理动态监测平台及深度观察点网络建设项目农村社区治理现状综合问卷》调查。

整合，是现代国家建构的一般趋势。① 除了通过政权、政党、宣传、行政等向乡村延伸进行国家控制性渗透外，还有通过"服务下乡"的方式，在满足群众对公共产品与服务需求的同时赢得农民对政府的信任，重构国家权威。农村社区服务是农村社区建设的重要内容，在提升农村经济发展水平，改善农民生活质量，实现乡村有效治理方面发挥重要作用。农村社区的服务内容涉及方方面面，"以服务重建认同，从而实现社会融合，是一种新型的行之有效的治理方式，如何有效提供公共服务，就成为民生政治的主题"②。在乡村治理创新实践中，虽然各地都意识到公共服务的重要性，也做了大量有益尝试，但在政府职能转变、公共服务供给主体、供给模式等诸多方面存在不足之处。

第一，政府在公共服务供给中职能转变不到位。现代公共治理不是由政府单一主体构成，第三部门、私营部门等非政府部门也是重要主体，政府与非政府主体合作共同实现对社会的有效管理。公共服务涉及群众需求的诸多方面，仅凭政府根本无法满足群众多样化需求，因此在公共服务供给时应该允许多元主体参与，采取更为灵活有效的供给方式。在各地实践中，由于受传统威权文化和管理体制影响，政府尚未完全实现从"全能型"向"有限型"的转变，在公共事务中依然居于主导甚至是垄断地位，农民群体、社会组织等往往被动参与到社区建设与服务中，这种公共服务供给方式无法了解群众的真正需求，容易造成资源的浪费和服务效率的低下。根据北京大学中国社会科学调查中心调查数据显示，有超过半数的受访者（58.1%，744 人）认为政府提供的公共服务不足。③ 另外，由政府为主提供公共服务对政府的财政投入造成较大压力，社区内部资源未能有效激发。有的地方政府虽然意识到资源整合的重要性，但在具体实践中存在越位问题，随意插手本应该由非政府组织负责的事项；有的政府则存在缺位问题，简单将本应由政府承担的职能进行市场化或交予"第三部门"。此外，个别政府缺乏与其他社会主体、市场主体合作竞争的意识，尚未在多元主体之间构建起公共服务协同供给机制，难以激发竞争在提高公共服务供给中的正向作用。

---

① 徐勇：《"服务下乡"：国家对乡村社会的服务性渗透——兼论乡镇体制改革的走向》，载《东南学术》2009 年第 1 期。

② 陈世伟：《地权变动、村界流动与治理转型——土地流转背景下的乡村治理研究》，载《求实》2011 年第 4 期。

③ 北京大学中国社会科学调查中心：《2019 年社区治理动态监测平台及深度观察点网络建设项目农村社区治理现状综合问卷》调查。

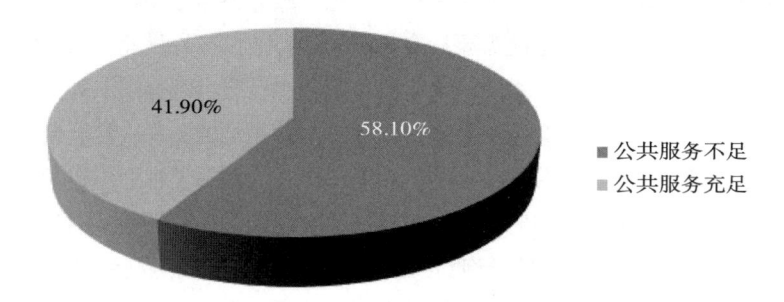

第三章 中国农村社区治理的典型实践模式与主要做法

图 3-35 公共服务满意度情况

第二，多元主体在公共服务供给中作用发挥有限。萨缪尔森指出，一种公共产品并不一定要由公共部门来提供，也可以由私人部门提供。政府虽然占有资源、权力优势，但并不是所有公共产品和公共服务都适合由政府提供，在某些公共服务领域会存在"政府失灵"问题，不仅严重影响公共服务效率，而且无法有效满足群众需求。事实上，只要产权明晰且交易成本不高，市场都是最有效率的公共服务供给方式。在具体实践中，诸多地方政府尝试将公共服务分类，一部分纯公共性质产品由政府提供，另一部分诸如养老、教育等公共服务交由市场或其他社会组织提供，以期提高服务质量和效率，满足群众高质量、多样化需求。然而，政府在将市场纳入公共服务供给主体的同时，未能同步优化社会环境，对产权的保护力度不足，导致市场进入服务领域动力不足。同时，服务供给的交易成本居高不下，政府政策支持力度不足，又对企业行为规范不足，企业在逐利逻辑的导向下往往压缩服务成本、降低服务水平。社区居民、社区组织参与社区服务的动力不足。社区居民是农村社区建设与发展重要主体，在农村社区公共服务中发挥主体性作用，但目前来看，很多人利用公共服务排他性特点，通过"搭便车"以获取服务，造成公共利益的损失。虽然各地尝试借助民主恳谈会、村民议事会、"一事一议"等方式将农民组织起来，然而受自上而下公共服务供给方式和"政府包办一切"的观念影响，自治组织参与社区事务、公共服务决策的范围和深度有限，农民的利益诉求未能被充分考虑，决策结果也难以吸纳全部的民意信息。根据北京大学中国社会科学调查中心调查数据显示，在卫生室诊所、超市小卖部、农贸市场集市、银行（柜员机）、文化活动中心、体育运动场所及设施、儿童游乐场所及设施等诸多方面依然与群众的期待存在较大差距。社会组织参与农村社区公共服务的深度不足。公共服务涉及面广、内容多样，无论是政府还是市场在公共服务提供中都容易出现失灵问题，这就需要社会组织来填补空白，提供相应服务，各地政府虽然十分重视培育社会组织，诸多服务项目也已交由社会组织处理，然而在实际运行中，政府与社会组织之间处于领导与被领导的关系，社会组织提供什么服务、服务价格如何等事项依然由政府说了算，制约了社会组织参与公共服务的积极性和主动性。同时，立法滞后于社会组织发展的需要，财政对社会组织建设支持不足，社会组织行政化趋向严重，这些都成为制约社会组织发展、深度参与农村社区公共服务供给的因素，造成了农村公共服务的低水平和不均衡。

表 3-4 各类服务实施有无情况①

项目	有	占比（%）	没有	占比（%）
卫生室/诊所	1065	83.2	215	16.8
超市/小卖部	1123	87.7	157	12.3
农贸市场/集市	230	18.0	1050	82.0
银行（柜员机）	482	37.7	798	62.3
文化活动中心/室	1099	85.9	181	14.1
体育运动场所/设施	940	73.4	340	26.6
儿童游乐场所/设施	322	25.2	958	74.8

第三，部分农村社区公共服务供给模式僵化。从各地实践来看，提高农村社区公共服务覆盖面的工作已经取得了一定成绩，但是也存在公共服务供给不平衡问题，特别是在经济发展相对落后的地区，农村社区服务尚未覆盖到每个人，公共服务公平性难以得到有效保障。同时，随着乡村经济社会发展，农民对公共服务的需求更为多样，而当前农村社区公共服务的内容难以满足农民诉求。此外，农村社区公共服务供给主体单一，政府向社会组织等购买服务动力不足，除各级政府之外，没有有效引导其他社会组织、企事业单位及农村居民本身投入到农村社区公共服务供给之中，社会民间组织、非盈利机构很少出现在公共服务供给主体之列。根据北京大学中国社会科学调查中心调查数据显

---

① 北京大学中国社会科学调查中心：《2019 年社区治理动态监测平台及深度观察点网络建设项目农村社区治理现状综合问卷》调查。

示，有 847 位占比 66.2 的受访者所在地政府未曾出资向社会组织等购买服务，即便购买公共服务的地方，有 521 位占比 41.1%的受访者表示，资金到位不及时，甚至存在缺口、不到位的现象。① 另一方面，农村社区公共服务供给机制相对单一，各级政府按照上级政府规划要求，确定辖区内公共服务供给任务，"自上而下"分解任务，缺少了"自下而上"的民意汇集，影响了农村居民对于公共服务的诉求表达和意见反馈，导致资源的浪费和无效、低效利用。

(三) 农村社区治理的综合保障基础仍然薄弱

农村社区治理是系统性工程，需要各要素系统、整体、协同推进，才能形成治理合力。从各地实践来看，虽然各地在加强党的领导、构建协同治理机制、创新治理方法等方面进行了有益探索，但是也面临财力基础薄弱、人员基础薄弱、文化基础薄弱和服务基础薄弱等综合保障基础薄弱等问题，这些都严重制约着农村社区治理的成效。

第一，农村社区治理财力基础薄弱。随着农村社区治理的深入推进，无论是基础设施建设还是基本服务供给都需要大量资金投入，当前，基层社会治理面临的一个比较突出的问题，就是基层治理的财政需要与现有的财政投入不相匹配，政府资金中用于农村治理的经费比例提高，有时还被挪作他用②，基层工作任务依旧繁重，形成了财权集中在上、事权分散在下的格局，而且各部门缺乏有效沟通协作，上级职能部门从各自利益角度出发安排布置工作，没有充分考虑基层财政承受能力，"事权"与"财权"相脱节，投入不足造成基层被动应付，治理成效大打折扣。根据北京大学中国社会科学调查中心调查数据显示，高达 88.1%受访者所在地办公经费依赖于政府拨款，有 69.8%的受访者认为上级政府投入太少；同时，在资金管理方面存在诸多问题，923 人认为是财政支持力度不足，1031 人认为相关法规、政策不健全，448 人认为村两委工作有待改进，228 人认为社区居民参与不足，民主决策民主管理渠道不畅，220 人认为社区社会组织建设滞后，592 人认为社会力量支持不足，整合不到位，

---

① 北京大学中国社会科学调查中心：《2019 年社区治理动态监测平台及深度观察点网络建设项目农村社区治理现状综合问卷》调查。

② 吕微，唐伟：《农村公共服务体系建设的现状与对策建议》，载《中国行政管理》2009 年第 7 期。

这些进一步加剧了基层财政紧张。① 此外，地方政府公共财政资源投入过散，不能将有限的资金投入到农民急需的事务上，生产生活服务设施建设不足，农村社区生产生活服务功能未能充分拓展，文化大院、乡村剧场、健身广场等休闲娱乐设施不够完善。随着乡村振兴战略的实施，广大农村居民对社区服务内容和质量有了更高要求，然而财政资金中用于农村社区建设的比例不高。事实上，从各地对社区公共服务投入来看，普遍存在经费投入不足的情况，农业生产活动、教育等发展性服务仍然处于较低水平，保障性服务尚待完善，安全性服务力度不够，公共服务体系的系统性建设需要加强。

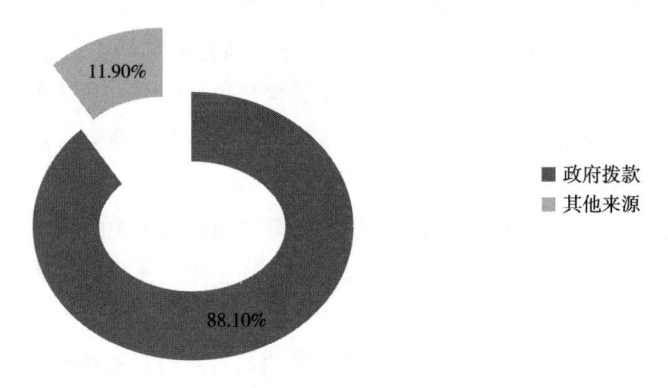

图 3-36　办公经费来源②

第二，农村社区治理文化基础薄弱。改革开放以来，受市场经济冲击，农村社会内部趋于分化，利己主义、个人主义逐步泛滥，社区异质性、离散性特征逐步增强，难以形成具有高度粘合作用的社区共同体意识，影响了社区治理成效。构建一种开放性社会形态模式是社区建设的目的，理想型的农村社会生活共同体成员包括居民个体、社会组织、市场主体，还有外来人口和各类企事业单位。事实上，新型农村社区内生活、居住的各主体思想价值多元、利益诉求多样、行为习惯各异，在如此庞杂的新型农村社区内部实现民主化治理，打造和谐社区，需要构建各类主体都能接受的价值体系与行为准则。在具体实践中，各地公共文化形成的内生基础不足，传统的互惠观念衰退，现代契约精神

---

① 北京大学中国社会科学调查中心：《2019 年社区治理动态监测平台及深度观察点网络建设项目农村社区治理现状综合问卷》调查。

② 北京大学中国社会科学调查中心：《2019 年社区治理动态监测平台及深度观察点网络建设项目农村社区治理现状综合问卷》调查。

尚未普及，农村社区治理的文化根基不足。根据北京大学中国社会科学调查中心调查数据显示，有42.2%的受访者认为当地文体活动开展不足①，社区内在的归属感与凝聚力有待提高。

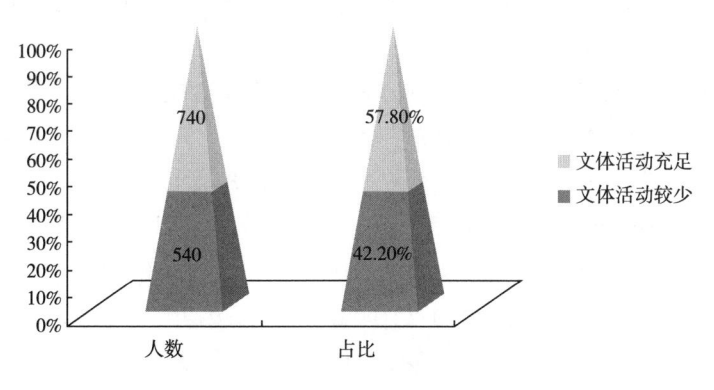

图3-37　文体活动开展情况②

第三，农村社区治理的人才和技术基础薄弱。农村社区治理涉及面广、工作量大，且情况复杂，需要一支高素质、懂技术的治理人才队伍。随着乡村经济社会的发展和社会流动加剧，农村人口结构正在发生深刻变化，大量农民特别是青年人向城市流动，同时高素质人才受到待遇、发展机会等因素影响难以引进，造成乡村治理人才短缺。各地在实践中虽然重视村官、乡贤、能人等的力量，但由于城乡间的巨大差距，人才流失严重，现有人才也面临能力、水平不足问题，社区干部学习、教育和培训不足，农村社会工作人才队伍专业能力不强，难以完全具备适应新形势发展变化的能力。根据北京大学中国社会科学调查中心调研数据显示，81.9%的受访者表示所在地没有专业社工岗位项目，1240人表示本地助理社工师人数为0，1258人表示本地社工师人数为0，36.4%的受访者表示当地村干部存在能力不足的问题，难以适应乡村现代化治理需要。③ 此外，随着互联网、信息技术的日益普及与更新，诸多地方采用现

---

① 北京大学中国社会科学调查中心：《2019年社区治理动态监测平台及深度观察点网络建设项目农村社区治理现状综合问卷》调查。
② 北京大学中国社会科学调查中心：《2019年社区治理动态监测平台及深度观察点网络建设项目农村社区治理现状综合问卷》调查。
③ 北京大学中国社会科学调查中心：《2019年社区治理动态监测平台及深度观察点网络建设项目农村社区治理现状综合问卷》调查。

代信息技术构建基层管理服务信息系统，信息化治理取得了一定成效，居民诉求收集和回应性增强，管理服务水平和质量得到显著提高。然而，乡村信息化治理也面临即时、互动、开放的技术媒介带来的冲击和考验，这对人才的综合素养提出了较高要求，现有的乡村人才队伍显然难以适应乡村信息化治理要求。

第四，农村社区治理服务基础薄弱。服务是治理的落脚点，是推动治理有效的关键所在。农村社区类型多样，社区居民个性化管理服务需求增多，对社区管理服务提出新的挑战。首先，农村公共服务资金投入不足，社会资本积极性不高，面临公共服务设施落后、公共资产流失或产权纠纷等系列问题。同时，对已有资源未能充分利用，常见的现象是社区图书馆、休闲娱乐中心建成后，由于未能界定其产权、使用权、收益权，最后因疏于管理、纠纷不断而停止服务。此外，公共服务往往由多个主体提供，不同主体有不同目的，由于监管无力，各个供给主体存在无序竞争现象，极易损害村民利益。虽然政府在新农村建设、农村公共服务提供方面投入了大量资源，但由于缺乏协调机制和综合平台来整合各方资源，社区内、单位间、部门间资源割裂，沟通不畅，导致公共服务资源不足与资源闲置并存。

第四章 中国台湾地区及其他国家农村社区治理的典型经验及其做法

一、合作共建共治：中国台湾地区的农村社区治理

台湾是中国第一大岛屿，3.6万平方千米，人口约为2369万，气候呈现亚热带季风气候和热带季风气候，气候适宜盛产水稻，被誉为中国"海上粮仓"。自1960年开始，台湾通过加大财政资金投入与政策支持，完善公共基础设施建设，主要包括农田水利、道路交通、卫生保健和社会福利等关乎民生的建设，缩小城乡差距，提高农民生活质量与生活水平，但美中不足的是居民参与度低。尽管如此，长时间的社区发展也积累了社区营造所需要的物质基础和硬件设施支撑。至20世纪90年代，"台湾当局请来千叶大学的宫崎清教授介绍日本"造町运动"的经验，藉由没落地区利用手工艺和观光旅游业发展乡村社区的案例，将"社区营造"观念输入台湾政府和学界。"① 台湾地区农村社区发展改变了以往由政府主导的治理模式，转变为以政府、社会组织、居民共同参与的多元主体社区营造模式，最终走出一条独特的农村社区治理之路。

（一）台湾地区的社区发展建设历程

整体上来看，台湾地区的社区建设起源于20世纪五六十年代，在联合国倡导社区发展运动影响下开始推进农村社区建设及社区治理。台湾地区根据现实情况将工作重点放在经济建设上，通过完善基础设施建设，补齐基础设施短板，提高整体生产力发展水平，推动当地经济发展，并且重视社区居民的生产

---

① 莫筱筱、明亮：《台湾社区营造的经验及启示》，载《城市发展研究》2016年第1期，第91页。

福利水平。政府不仅从物质方面改善整个社区居民生活水平，而且加强精神伦理建设，提升居民的整体文化意识水平和生产整合力。总体来看，整个工作部署都是呈现以政府为主导的自上而下发展模式，基础设施建设的完善带动经济发展，但是盲目追求经济的发展却导致社区环境恶化，耕地无序征用与开发、自然资源过度汲取、工业及城市污染向农村转移等种种问题，制约经济发展，影响社会稳定。由此，引发来自社区居民对于维护社区健康发展的抗争，非政府的第三方组织代表居民发出声音，维护社区居民的合法权益。1999年发生大地震后，灾后政府依靠灾民自身力量参与社区重建，进一步增加了社区居民参与社区建设的意识。总体上来看，台湾地区的农村社区治理经历了一个独特发展历程。

表4-1 台湾地区的农村社区治理发展历程

发展阶段		治理目标	治理政策及内容	治理主体	治理效果
1949—1993年：社区发展阶段	1949—1965年："基层民生建设"阶段	生产教民富，改善生活使民享	《改进台湾省各级农会暂行办法》、农村社区建设运动	政府及社区居民	改善了生产生活相关的民生问题，提高广大农民的生活质量与生活水平
	1965—1993年："民生主义"阶段	改善民生建设，不断提高经济社会发展水平，并积极引导广大社区居民的参与	《社区发展工作纲领》、"农会法实施细则"	政府及社区组织、居民	加快农村发展，强化了社区的自我治理，形成社区的凝聚力与归属感
1993年至今：社区营造阶段	1993—2002年："社区总体营造计划"阶段	社区居民加强"社区营造的新意识"；动员社区居民参与社区治理	推行"社区总体营造计划"	政府及社区组织、居民	建立了社区意识；凝聚社区共识，维护了社区的和谐发展
	2002—2005年："新故乡社区营造计划"阶段	激发社区营造组织活力、促使社区营造资源整合、提倡原住民的新部落运动、新客家运动与医疗服务社区化	实施"新故乡社区营造计划"	政府及社区组织、居民	引导构建具有文化内涵广大居民积极参与、社会组织共同服务的精神文化生活共同体建设

续表

发展阶段		治理目标	治理政策及内容	治理主体	治理效果
1993年至今：社区营造阶段	2005—2008年："健康社区六星计划"阶段	促进产业发展、提高社福医疗、维护社区治安、加强人文教育、改善环境生态、打造美丽景观	提出"台湾健康社区六星计划"	政府及社区组织、居民	社区营造实现了从民生营造向人文环境、社会秩序建构发展方面的过渡，社区营造内的多元主体的整体协调
	2008—2013年："新故乡社区营造第二期计划"阶段	形成有文化层次、具有较强社区意识及向心力、凝聚力的良性生态社区	实行"新故乡社区营造第二期计划"	政府及社区组织、居民	突出了社区的文化建设，增强了社区意识及向心力、凝聚力
	2013年至今	挖掘当地特色产业、并且注重与文化相结合，实现多元化发展与整体性社区营造	制定了《7835文化发展计划》；持续提高社区总体营造力度	政府及社区组织、居民	形成以社区为主、居民、第三方组织共同参与的服务优先、管理高效的多元运营机制

20世纪50年代，台湾地区开始推进农村社区建设及治理探索。这个阶段重点突出改善与广大农民生产、生活密切相关的民生建设，完善农村社区治理结构与体制，并积极引导广大社区居民参与。1952年台湾地区行政部门颁布《改进台湾省各级农会暂行办法》，强调加强台湾传统农会功能，引导自耕农、雇农，以及农村手工业者等农民进入农会，农民逐步成为各级农会组织中的绝大多数，台湾利用农会促使农民参与社区生产、生活，激发了农民生产积极性。1955年到1967年，台湾开展农村社区建设运动，以增加农民收入、改善农村生活为目标，对生产、教育、卫生、福利等类别进行建设，这个阶段的农村社区建设活动，改善了当时的民生问题，提高了农民生活质量。1968年颁布"社区发展工作纲要"，此后社区发展工作成为台湾政府工作的重要一环。在这个阶段，明确村里为社区单元，在社区建立社区理事会，社区内具体项目

由台湾政府设立的社区发展委员会规定，随后，台湾地区积极推进建立了200多个社区理事会，社区理事会由各社区内居民组成。1991年为推进社区法制化进程，台湾当局对《社区发展工作纲领》进行修订，改为《社区发展工作纲要》，同时将社区理事会变更为"社区发展协会"，将原来偏重由政府主导的社区发展改为以社区居民团体的社区治理，同年台湾当局制定了《社区发展协会章程范本》，促使社区组织、社区居民自主参与社区事务的行为更加规范。1988年正式实施"农会法实施细则"，形成了关于台湾农会制度的较为完整的法律体系，确立三级农会结构，明确农会规章，确保台湾农会历经100多年至今成为在台湾全岛范围内影响力巨大、功能最为齐全、最为完善的农民组织。[①] 在此阶段重点改善与广大农民生产、生活密切相关的民生建设，并积极引导广大社区居民的参与。

1994年到2002年，台湾地区实施"社区总体营造计划"。1994年，台湾地区"行政院文化建设委员会"（简称"文建会"）在吸收西方先进理念基础上正式提出《社区总体营造计划》，促使社区居民加强"社区营造的新意识"，加速了"社区主义"的推广，经过发展，政府逐渐从直接行政转向通过"公共服务购买"的形式推动社区发展，[②] 社区总体营造以社区自主、居民参与及资源共享为三大根本原则，通过各种方式认识社区，建立社区意识；凝聚社区共识，以维护社区和谐发展规划发展蓝图，动员社区居民参与社区治理，期望社区总体永续经营。同时，台湾社会内部开始大量涌现民间组织参与社区事务，在这个阶段，多元主体逐渐出现。从2002年开始，由行政部门主导社区治理计划，根据现实情况提出社区发展计划，强调社区内共同体意识，2002年到2005年，台湾社区治理进入"新故乡社区营造计划"阶段，主要计划包括激发社区营造组织活力、促使社区营造资源整合、提倡原住民的新部落运动、新客家运动与医疗服务社区化。社区参与主体不仅包括行政管理部门，而且扩展至地方乡镇公所、社会资源及民间第三部门，具体包括各种专业委员会、大学院校、企业等。2005年到2008年，台湾社区治理进入"健康社区六星计划"阶段，该阶段由政府承担统筹角色，成立"行政院台湾健康社区六

---

① 项继权：《台湾基层治理的结构与特征——对台湾坪林乡和大安成功社区的考察报告》，载《社会主义研究》2010年第5期，第62页。

② 吴晓林：《台湾城市社区的治理结构及其"去代理化"逻辑——一个来自台北市的调查》，载《公共管理学报》2015年第1期，第52页。

第四章 中国台湾地区及其他国家农村社区治理的典型经验及其做法

星计划推动委员会",以促进产业发展、提高社福医疗、维护社区治安、加强人文教育、改善环境生态、打造美丽景观六个方面为重点,实现社区自主运作且永续经营的社区营造模式。2008年到2013年阶段,台湾地区处于"新故乡社区营造第二期计划"阶段,当局继续自下而上"赋权",大力培育社区营造人才,坚实基础,不断开展社区文化之旅,并将社区居民获得成果进行广泛传播,强化社区内工作人员的社区事务参与能力,凝聚共识,这个阶段社区营造突出了社区的文化建设,形成有文化层次、具有较强社区意识及向心力、凝聚力的良性生态社区是最终目标。[①] 2013年至今台湾地区的社区治理进入新发展阶段,2013年—2016年,针对7835个村落制定了《7835文化发展计划》,秉承文创观念发展社区文化产业。至此,当局从主导者转变为社区治理协助者,台湾地区在政策上明确了农村社区与第三方组织参与社区事务的权利,注重与村(里)长、社区发展协会理事长等共同推行社区营造计划,利用社会组织直接与居民对话,了解居民需求,并为社区内居民、企业等组织的参与搭建沟通平台,动员各种各样的资源,积极面对内部事务,解决社区问题,实现社区的自我供给与自我治理,达到一种自治与自洽的状态。[②] 最终,形成以社区为主,居民、第三方组织共同参与的服务优先、管理高效的多元运营机制。

(二)"政府-居民-第三方组织"协同体制架构

台湾地区农村社区组织包括当局下设的各类行政性组织,以社区居民为基础的社区自治组织和支持当地经济社会持续发展的各类协会组织和企业。这些多元化的治理主体分工协作,互尽其责,共同推动着农村社区的经济社会发展。台湾的农村社区治理整体可以视作方便居民生产生活,并以自治为基础的公民政治联合体系。

台湾地区以"乡(镇)公所-里(村)"为主要乡村管理系统,以提供行政管理和公共服务为职责,受到上级行政管理部门的监督与指导,上级部门给予财政支持。台湾基层管理系统还建立了各级地方"民意机构",乡镇市代表会负责收集整理民众民意诉求,并作为民众的代表监督行政机关工作。行政

[①] 参见项继权、袁方成:《域外社区建设与社区发展研究报告》,《国家民政部农村社区建设理论研究课题成果》(李增元参与撰写了本书中的日本农村社区、中国台湾农村社区部分的内容),2011年。

[②] 苗大雷、曹志刚:《台湾地区社区营造的历史经验、未竟问题及启示——兼论我国城市社区建设的发展路径》,载《中国行政管理》2016年第10期,第90页。

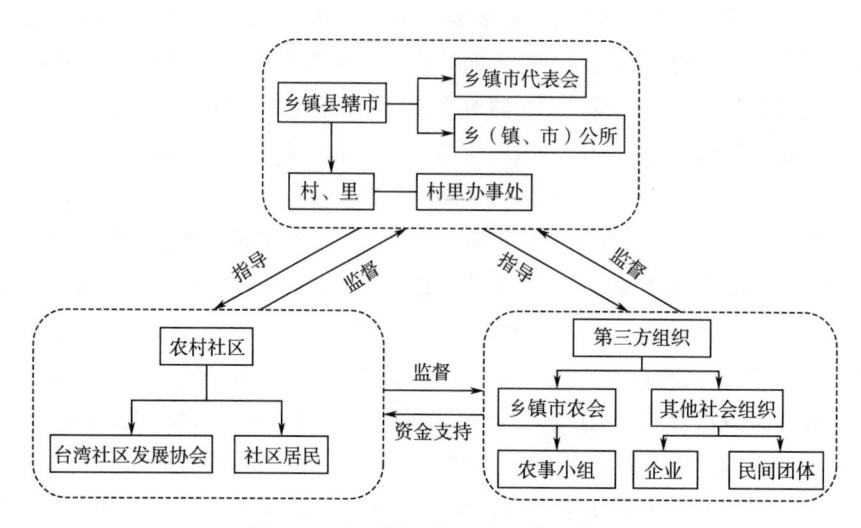

图 4-1 台湾社区协同治理体制结构

长官由民众通过乡镇市代表会选举产生，乡镇内部设多个科室根据不同的职责范围具体实施管理，比如乡公所内设民政、财经、社会、观光、人事等各种职能部门，这些部门各负其责，分工明确，针对社区居民日常生活中息息相关的各种问题提供解答和服务。台湾的社区发展协会主要是从事社区的建设与发展的非盈利性公共服务组织。社区发展协会根据不同阶段的发展目标设立相应的活动中心，但常设机构是由具体开展协会业务活动的理事、负责对协会的整体运营进行监督指导的监事构成，社区发展协会通过开展各种主题性活动，旨在带动当地社区居民广泛参与社区管理，营造和谐的社区氛围，社区氛围的营造不仅在于文化引领，而且在医疗、养老方面也注重提高对社区居民的服务水平。"社区发展协会所具备的功能也体现了行政组织与社会组织相协调的特点，它所具备的功能涵盖了政治、经济、社会福利等方面。社区发展协会的政治功能是发挥社区发展协会的民间团体优势，弥补政府组织不足；通过社区居民参与社区各项事务，来增强社区是居民生活共同体的观念；增强社区居民宣传和执行政府政策的职责。社区发展协会的经济功能是运用社区各种资源，并结合政府投入的资源促进地方的建设和发展。社区发展协会的教育文化功能是为社区居民提供学习成长的机会，以体现社区教育的功能，将居民融入社会生活的秩序当中，提高居民精神生活的质量。社区发展协会的社会福利功能是通过社区组织来承担社区更新的责任，承担满足社区居民福利需求的责任，弥补

第四章 中国台湾地区及其他国家农村社区治理的典型经验及其做法

政府福利资源的不足。"① 比如，台湾的珍珠社区发展协会将新儒家哲学作为价值观引领当地居民的思想意识，以改善人际关系和形成良好的行为规范为目标，使居民之间彼此尊重、互相信任。

社区协会不定期为社区居民开展健康查体，通过各种保健活动保障社区居民身体健康。社区协会还是社区居民参与社区自治的平台和载体，通过社区协会组织监督政府职能部门的工作开展，政府职能部门针对社区居民制定的各项政策措施给予相应反馈，让部门的各项职能活动开展更加切合居民需要。不仅如此，社区协会的职能更加多元，工作的领域更加广泛，包括发展民宿休闲旅游产业等，从经济创收到人文关怀两个层面实现整个社区的生活质量改善，促进整个社区在医疗、养老、卫生、艺术、文化、环保多方面的可持续性发展。台湾农会组织是集经济性、教育性、社会性、政治性四大功能为一体的非盈利性社团法人组织。该组织以省、县（市）、乡镇市农会三级架构，在组织结构上包括会员代表大会，即由全体农民会员选举产生的会员代表，作为代表维护农民的各项权益；监事会，即监督各种事项的落实情况并向会员代表大会报告履职情况；理事会——总干事（秘书），理事会下设各种职能科室，日常工作则多由总干事主持开展，并向会员代表大会负责，接受监事会监督其整体运行。社区农会组织的工作范围涵盖生产、生活、生态等各个方面，旨在农业教育、产业发展、产品营销等领域发挥其功效，对推动农村经济社会发展并且辅助社区居民参与社区治理发挥重要作用。

（三）服务优先、管理高效的多元运营机制

台湾地区的农村社区治理是以乡镇市区公所、社区发展协会、农会等其他第三方组织为主体相互配合、运行高效的模式，在整体营运过程中注重提升社区居民自主参与能力，并且以满足居民日常的生产生活为目标。

社区的发展离不开高效便民的服务管理机制。在台湾，基层行政系统主要包括乡、镇、县辖市设乡（镇、市）公所及乡（镇、市）民代表会，乡（镇、市）长及乡（镇、市）民代表由乡（镇、市）民通过乡镇代表大会采用投票

---

① 袁方成、柳红霞：《论基层治理的组织互动与有效模式——以台湾地区村里组织和社区发展协会的"竞合式治理"为参照》，载《河南大学学报（社会科学版）》2015年第1期，第82页。

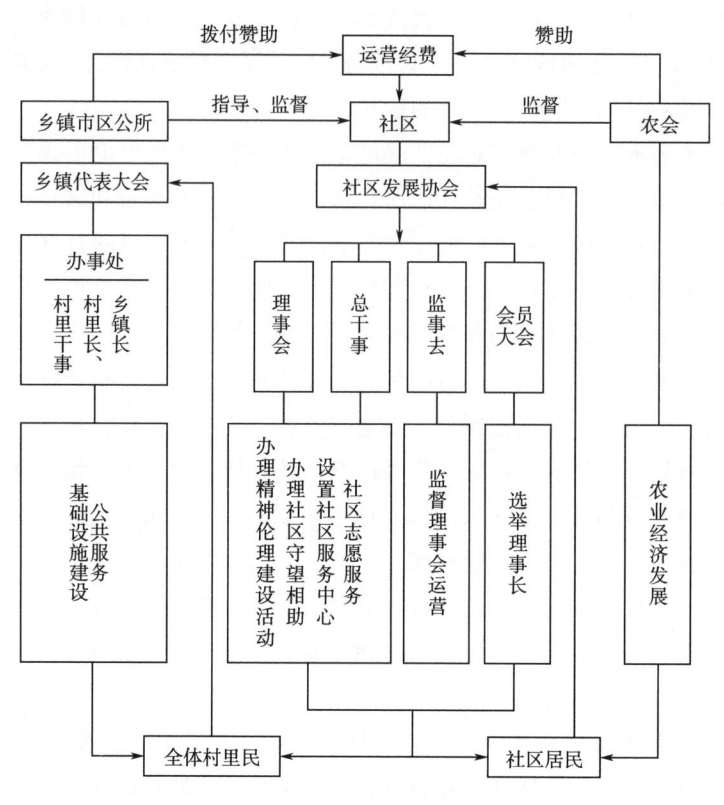

图 4-2 台湾农村社区治理运行机制

形式选举产生，任期四年。乡公所及其科室与社区村里办事处之间具有明显的指挥与监督关系，村里设村里办公室，有村里长、邻长和村里干事组成。村里办事处是上级政府组织的派出机构，负责办理上级政府所交办的村里公务，政府负责基础实施建设和向全体居民提供公共服务。社区发展协会则作为一个从事社区公共发展与服务的非盈利性组织，其理事会、监事会，理事长、监事长和总干事由会员代表大会选举产生，理事会负责协会的日常运转，开展多种活动，包括社区的志愿服务、设置社区的服务中心、办理社区的守望相助服务，开展精神伦理建设方面的活动，而监事会则负责监督理事会的工作，政府的行政部门和社区发展协会之间相互监督，政府指导和监督社区发展协会运作，社区发展协会在当局制定政策等方面提供社情民意，进而实现一个完整的闭环体系。这种社区组织结构体现出鲜明的行政体系与社会体系相结合的特征，一方面，它保证了当局的各项政策能在乡村有力执行；另一方面，通过社区自治组

第四章　中国台湾地区及其他国家农村社区治理的典型经验及其做法

织的功能发挥弥补了政府治理的缺失。[①] 以社区居民健康为主题开展的社区营造活动来看，"社区健康营造以社区为基础单位，藉由民众的学习与参与，激发社区意识与自决能力，建立健康的支持性环境，从而达到共同营造健康社区的目标。这一目标的实现需要通过动员形成"左邻右舍"加入社区健康营造中心，构建"楼上招楼下，厝边招隔壁，阿母招阿爸"的共同参与环境。社区健康营造期望通过社区组织网络建设为社区健康营造提供有利于永续经营的环境，实现人人参与社区健康维持，共同打造健康社区的目标。"[②] 台湾社区治理离不开社区内关心社区相关事务的活跃分子参与，而这些社区活跃分子通常由社区内自治组织和社区内文化团体等协助团体负责人构成。社区健康营造积极分子采取形式多样的动员方式，比如协调沟通、周围邻里传达、口头宣讲或文宣标识等营造活动氛围，动员社区居民踊跃参与。除了对普通社区居民的动员外，社区健康营造积极分子还需要通过活动沟通协商取得社区内其他团体的共同协作和配合从而实现资源的整合，如社区内医疗院所、学校和工矿企业等，进而形成一个完整的组织体系和运行机制。

在经济治理方面，农会作为一个为农民开展综合性服务的机构组织，"构成农会—产销班系统，主要职能是直接服务农民经济活动，如金融服务、技术服务、生产规划、生产资料供应、产品开发、生产管理、产品营销、品牌管理、价格保护等，"[③] 农会具有政治性、经济性、社会性和教育性功能，是台湾当局与农民之间的桥梁和纽带，为农民生产生活提供重要保障。"农会作为法人，其宗旨包括保障农民的权益，提高农民知识技能，促进农业现代化生产，增加收益，改善农民的现实生活水平，进而带动整个农村经济的发展。"[④] 整个社区的运营无不彰显着社区居民的主体作用，而政府的角色转变为居民参与社区治理提供了很大空间，大力培养了社区居民的社区认同

[①] 袁方成、柳红霞：《论基层治理的组织互动与有效模式——以台湾地区村里组织和社区发展协会的"竞合式治理"为参照》，载《河南大学学报（社会科学版）》2015年第1期，第81页。

[②] 周长友、项继权：《健康自治的困境与纾解——台湾地区社区健康营造的启示》，载《医学与哲学》2019年第16期，第53页。

[③] 项继权：《台湾基层治理的结构与特征——对台湾坪林乡和大安成功社区的考察报告》，载《社会主义研究》2010年第5期，第61页。

[④] 参见项继权、袁方成：《域外社区建设与社区发展研究报告》，《国家民政部农村社区建设理论研究课题成果》（李增元参与撰写了本书中的日本农村社区、中国台湾农村社区部分的内容），2011年。

感。为提升民众对社区的归属感和认同感,形成共同体意识,社区营造阶段的社区建设,在当局、社会组织、民间团体多元力量的推动下,以文化活动为切入点,结合不同社区的特点以及各具特色的文化底蕴,通过多种形式的宣传、倡导与服务,开展各种活动,这显然更贴近民众的日常生活,使民众在耳濡目染中了解社区历史、熟悉社区文化,产生亲切感和熟悉感,逐渐形成一种"家"的意识,进而形成强大的社区自我治理机制。

二、第三方力量主导:美国的农村社区治理

美国是联邦立宪制共和国,美国是世界第四大共和国,占世界总面积的7%。截至2019年1月,美国总人口为3.3亿,人口约占美国国土面积的95%。[1] 在行政层级设置上,美国划分为联邦政府、州政府和地方政府三个层级。作为基层社会治理的主要机构,地方政府又分为县(市)政府、镇政府和特别区政府。在美国,农村及农村社区的范围往往就是美国城市以外的区域,由于农村空间范围大,农村布局具有一定随机性,在农村地区规划上,往往取决于当地独特的自然景观或者居民生活现实。美国农村社区是典型自治模式,各级政府仅仅能对其进行宏观的约束和战略性指导,不能直接干涉社区事务。为了能够实现正确治理方向下的农村社区发展,美国政府会出台相应的法律法规保证农村社区治理内容的合理性,对社区治理过程中的多元化群体的民主自由参与行为进行制约和监督,实现美国农村社区自治下的合法性。[2] 总体上来看,美国农村社区治理有其特殊发展历程及治理特征。

(一)美国农村社区治理发展历程

社区自治意味着更好的居民权利保障,为居民提供参与治理的机会和渠道。从历史上来看,美国是最早进行农村社区治理建设和探索的国家之一,通过不断实践成功实现了农村社区经济增长和居民的稳定就业,并在满足物质需求基础上,重视满足居民对公共服务供给和生活质量的需求。具体来说,美国

---

[1] 《美国国家概况》,载中华人民共和国外交部 https://www.fmprc.gov.cn/web/gjhdq_676201/gj_676203/bmz_679954/1206_680528/1206x0_680530/,最后访问日期:2020年3月19日。

[2] 参见项继权、袁方成:《域外社区建设与社区发展研究报告》,载《国家民政部农村社区建设理论研究课题成果》,2011年。

第四章 中国台湾地区及其他国家农村社区治理的典型经验及其做法

的农村社区治理与建设的探索过程共分为四个阶段（如表4-2所示）。

表4-2 美国农村社区治理发展历程

发展阶段	治理目标	治理政策及内容	治理主体	治理效果
18—19世纪：社区睦邻组织运动	以社区福利和社区救助为目标	社区睦邻组织运动：赫尔大厦	教会、慈善组织、基金会发起；社区工作者及居民参与	是美国社区建设的起步，实现社区福利与救助
20世纪上半叶：复兴社区意识、推动社区建设	旨在复兴社区意识，解决社会问题	1. 30年代的"芝加哥计划"、"辛纳西社区组织实验计划"、伍德雷尔社区计划、格雷地区计划 2. 50年代，地方政府成立社会发展部并建立社区组织委员会 3. "反贫困计划"	美国及地方政府社区组织基金会	虽完善了社区治理结构，强化了社区功能，但是并未解决贫困问题
20世纪80年代：社区建设项目的推行	强化特殊需要人群的社区参与以改善社区治理环境	1. 促进计划、福特基金会以反贫困为目标的"家庭邻里改革"计划 2. "社区全面复兴"计划	社区发展公司主导 社区居民自治；地方政府协助	建立了社区关系网络；实现广泛的社区参与；提高社区居民的自我依赖、自我完善、自我发展的能力
20世纪90年代以来："社区发展本位"阶段	实现社区的政治、经济、社会福利一体化发展	1. "授权区和事业社区"法案：提供联邦税收增值投资和灵活拨款援助 2. EZE C项目：扩大就业岗位，平衡预算，提供奖金福利等	美国及地方政府社区治理委员会社区	提高就业率；降低了犯罪率；预算盈余；享受福利待遇；实现了社区本位

18世纪至19世纪这段时期，美国工业化进程不断加快，刺激了经济发展和生产力水平提高，但是由于经济发展速度与社会进程不适应造成贫富差距拉大，在基层出现大批贫困人口，诸多问题冲击着传统以血缘和地缘为纽带建立

起来的农村社区关系网络,需要建立新的社区认同体系,以稳定居民之间的关系和社区发展。为了保证社区建设过程中的各项福利与资源支持,一些慈善机构发起了"社区睦邻组织运动"①,整合社区内外资源实现居民自治,更好帮助社区中的贫困人群提升生活质量,改善社区治理环境,培养居民的自立和帮扶精神。20世纪二三十年代,美国工业化发展速度加快,农村社区建设进程与经济发展水平依旧存在差距,农村社区缺乏基本的医疗条件和服务设施,催生了较多犯罪问题。美国开始重视农村社区管理与服务设施建设,基层政府加强对社区建设支持,通过建立完善的社区机制应对社区出现的各种问题,但是受各种因素影响,这些建设项目成功率不高,社区内部问题并没有得到彻底解决。自1980年代以来,前期的探索并没有解决社区的根本问题,反而造成贫困人口越来越多。为了真正改善社区环境,美国政府将社区建设的重点放在贫困人群身上,解决他们生活中的需求并帮助他们真正参与社区治理。一些经济发展公司也参与其中进行旨在预防贫困的"家庭邻里改革"②以及"社区复兴计划"等社区建设项目,提高居民的社区参与程度和自我管理能力,建立和谐密切的社区关系网络。居民自治组织在社区治理中发挥了极为重要的作用。自1990年代以来,美国国会通过了"授权区和事业社区"的法案,③该法案强调了农村社区建设和发展标准,并实现了政治、经济和社会福利在社区建设中的综合发展目标。④设立社区授权委员会对社区治理进行指导,开展农村社区的复兴改革运动,保证居民能够公平公正地享受社区的各类服务和资源。在保证社区管理服务建设基础上,美国的EZEC项目为居民提供了上万个就业工作岗位,降低失业率,为居民的生活提供稳定的资金输入和精神福利,社区有组织地发动居民进行各项自我治理活动。从美国的社区实践来看,经过一个世纪的发展和推进,美国的农村社区治理体系变更加完整,社区建设与发展能够为居民提供更好生活体验,在促进居民经济收入进而满足居民不断增长的多样化需求方面发挥了重要作用。

---

① 吴晓林、郝丽娜:《"社区复兴运动"以来国外社区治理研究的理论考察》,载《政治学研究》2015年第1期,第47页。
② 王明美:《社区建设的中外比较研究》,载《江西社会科学》2007年第8期,第152页。
③ 徐珣、王自亮:《从美国网络化社会合作治理经验看社会管理体制创新》,载《浙江社会科学》2011年第6期,第90页。
④ 项继权、盛元芝:《会呼吸的生命体:美国农村社区建设的路径及特点》,载《中国社会报》2012年第3版,第1页.

第四章 中国台湾地区及其他国家农村社区治理的典型经验及其做法

(二)"政府—第三方部门—居民"共同参与的农村社区治理组织体制

美国农村社区强调人在治理中的作用,社区的完善目的在于满足居民日益增长的各类需求,在社区内建立人与人和谐稳定的互动关系,最终为实现更好的居民自由与发展空间提供条件。在体制建构中,美国的农村社区治理由经济组织和非营利组织主导实施,同时又通过各级政府管理组织引导社区居民广泛参与,形成了一个完善的治理组织体制,政府间接指导,第三方实施服务和社区居民公平参与,实现农村社区的灵活自治(如图4-3所示)。

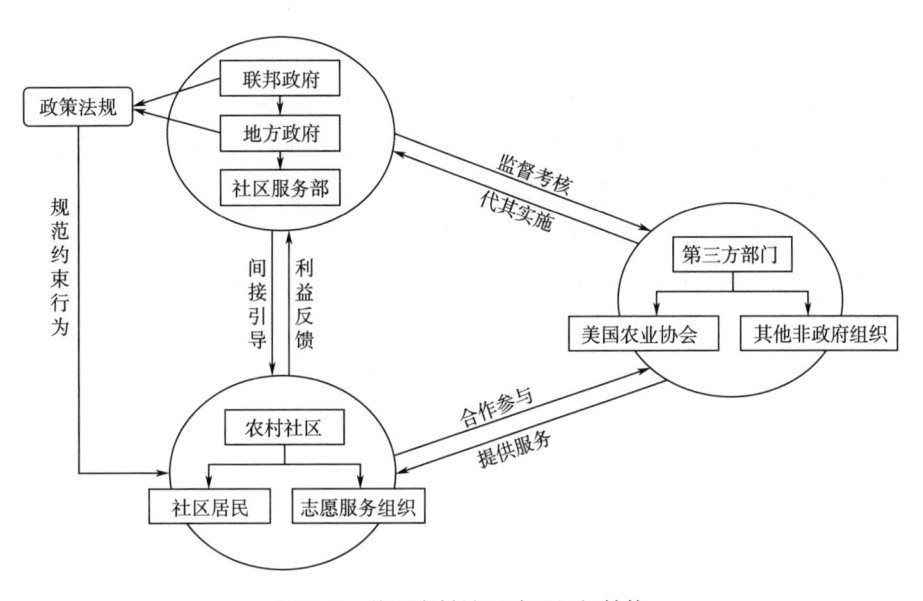

图4-3 美国农村社区治理组织结构

美国社区治理高度重视法律法规体系建设,在社区治理上政府与社区建设相对分离,并通过法律手段对社区治理方向进行约束和引导。各级政府主要是在合法前提下对农村社区各个群体的行为进行规范,帮助协调各方利益以防止产生矛盾,保障社区居民民主参与的合理性,社区内的项目建设和规划完全实现自治,政府在社区治理中属于间接引导方。地方政府能够直接引导社区发展,制定社区治理的政策法规并提供资金支持,对非营利组织的运营和服务进行监督和评估。在社区管理中,政府主要起到规划、指导和资助作用,社区服务局只负责引导和协调社区工作,具体的实施和运作则交由社区自治组织——

社区管理委员会来负责。社区管理委员会负责收集和汇总社区居民意见，向政府反映社区民意，提出解决问题的办法并实施，筹集资金，以及动员和组织居民参与社区管理。其成员都是从社区志愿者中直接选举产生的，义务进行社区管理。① 美国的社区管理总体上就是政府规划、指导、资助，社团具体实施、运作，居民高度自治、参与的模式。② 在自治模式下，政府提供专项资金以供社区项目建设并执行社区发展计划，始终坚持自上而下和自下而上相结合的指导原则。美国为了能够保证在政府放权基础上实现社区治理的高质量发展，引入第三方部门代替政府为社区服务，政府不能直接干预社区事务。第三方部门的职能是帮助社区进行管理并提供多样化的服务，属于社区项目实施者。最具代表性的是美国农业协会，属于具有自发性特点的农民合作经济组织，其成员主要是农民（占全国农民的80%）。③ 该组织的工作内容是举行年度会议，充分采集成员的意见和建议，制定符合大多数成员意愿的政策和措施，代表农民群体与政府进行交涉，旨在将农民群体组织起来并维护他们的共同利益，服务范围涉及方方面面。政府对第三方组织的组建、管理、资金和人员配备等没有干涉权力。美国的社区治理强调各种机构和组织的协调与共存，并且在社区治理的发展和公民权利意识方面发挥了重要作用，具有高度的自治和自组织特征。④ 社区激励居民参与进来并自发组织和产生志愿服务组织实现社区自我管理，将社区、志愿团体和居民相结合以建立良好的社区认同关系网络推动社区的高度自治，在这种自治型模式下，社区居民参与程度高。最终，在法律约束和规范基础上建立起了政府间接引导、第三方部门直接提供各类社区管理与服务项目、社区居民广泛平等参与其中的社区治理组织体制。

（三）管理与服务并重的社区治理运行机制

社区是现代化国家治理和建设的基本单位，是各项政策实施的落脚点，也

---

① 金佩璇：《国外城市社区管理体制对我国的借鉴意义》，载《改革与开放》2010年第10期，第14页。

② 李嘉靖、刘玉亭：《城市社区管理模式评析及中国社区管理机制初探》，载《现代城市研究》2013年第12期，第9页。

③ 参见项继权、袁方成：《域外社区建设与社区发展研究报告》，《国家民政部农村社区建设理论研究课题成果》（李增元参与撰写了本书中的日本农村社区、中国台湾农村社区部分的内容），2011年。

④ 边防、吕斌：《基于比较视角的美国、英国及日本城市社区治理模式研究》，载《国际城市规划》2018年第4期，第2页。

第四章 中国台湾地区及其他国家农村社区治理的典型经验及其做法

是人民稳定幸福生活的载体。完善社区治理并进行一系列的改革旨在为居民提供更加精细化的管理和多样化的服务，提升居民整体生活质量。美国的农村社区治理最突出的特点是高度自治，拥有健全的管理服务系统，强调在保证自治的基础上实现人人平等，保证社区治理机制的良好稳健运行。美国农村社区自治机构包括议事机构和执行机构，① 通过各种全体居民会议实现意见表达和反馈。

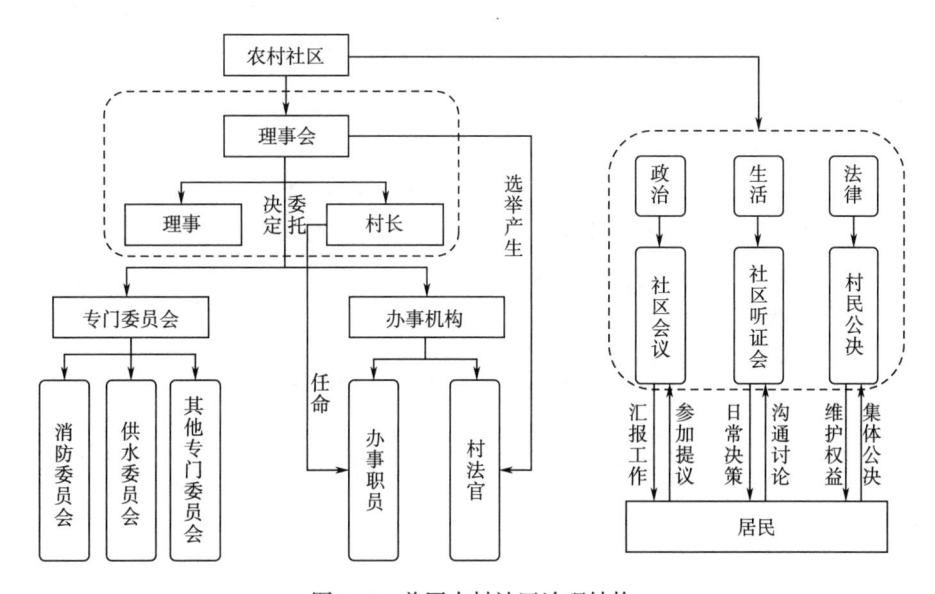

图 4-4 美国农村社区治理结构

美国农村社区治理有着完善的运行机制，具体治理结构可以分为专门办事部门和议事部门。办事机构主要以社区理事会为主，在其下任命理事和村长管理办事机构，任期两年。社区理事会由社区居民选举产生，成员必须具有较强的行政和管理能力。理事会的职能主要是社区管理服务、卫生医疗、资金税收管理和安全保障等，同时社区设有消防、供水和其他方面的专门委员会由理事会管理，这些专门委员会的立废由理事会权衡决定，属于理事会的咨询管理机构，如有特殊情况可以执行理事会授权的特定任务。村长即负责管理理事会，也负责社区行政事务管理，具有双重职能身份，并且为居民提供各种法律咨询

---

① 项继权：《外国农村基层管理体制比较与借鉴》，载《政治学研究》1996年第1期，第77页。

服务和组织各类娱乐文化活动。但是为了能够遵循议政分离的治理方式，防止社区工作人员的职能重叠出现滥用权力问题，社区除了村长以外其他理事成员不能担任其他行政职务。社区内办事机构下设办事职员和村法官，办事职员由村长任命并开展社区公共事务、秩序维护、村规履行和设施维护等各项村务工作的具体执行。村法官由理事会选举产生，因为考虑到法律裁判的专业性和稳定性，所以任期时间为四年，负责社区各类涉及到法律事件的调节和裁判，具有一定的法律效力。① 社区议事机构为保证社区居民意见的有效表达和社区良好自治，在政治方面举行社区会议，社区干部向居民汇报阶段性工作情况，社区居民进行事务内容提议；在生活上举行社区听证会，社区各类日常决策都需要征求居民意见和建议，并作为干部与居民的沟通交流平台发挥作用；在法律上举行村民公决，对于各类涉及社区的立法及法律事件在会上讨论法律权益的维护，并通过社区居民进行集体公决。② 整体来看，美国农村社区治理机制体现出较强的居民参与性与治理弹性。

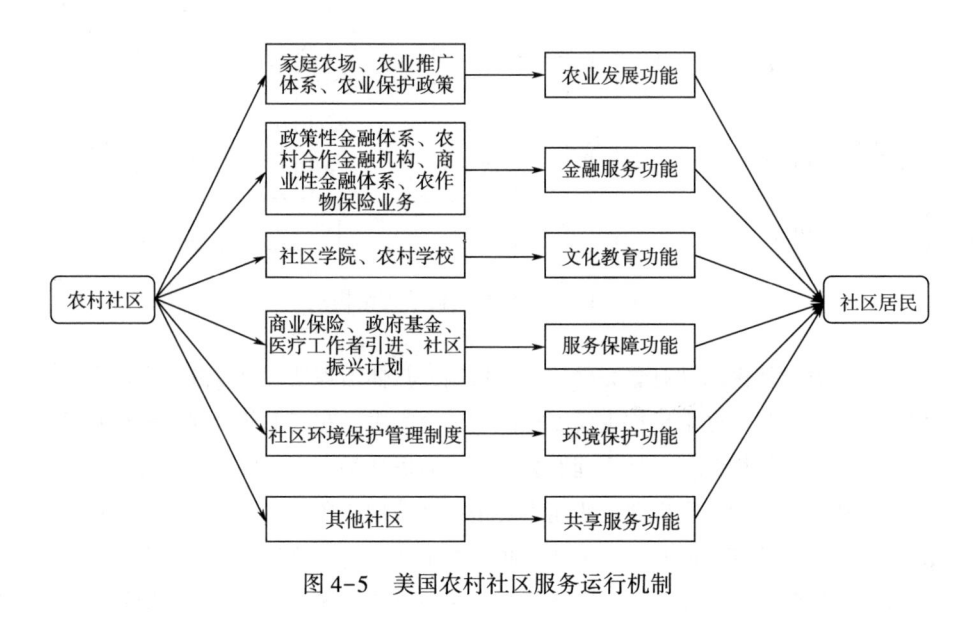

图 4-5　美国农村社区服务运行机制

---

① 参见项继权、袁方成：《域外社区建设与社区发展研究报告》，《国家民政部农村社区建设理论研究课题成果》（李增元参与撰写了本书中的日本农村社区、中国台湾农村社区部分的内容），2011 年。

② 黄辉：《论美国乡村自治法律制度——以〈纽约乡村法〉为例》，载《当代法学》2009 年第 1 期，第 145 页。

美国农村社区以公正平等为原则,拥有完善而强大的服务供给体系,为居民提供全方位服务,社区通过与第三方机构合作进行服务供给。农业发展功能是关系社区民生的根本,美国高度重视农业发展,将农业作为国民经济发展的基石,通过家庭农场、农业推广体系为农业生产设施提供资金,出台农业保护政策保障农业生产稳定,尽力加强农业基础设施建设,协助居民完成农业生产。金融服务功能为农村社区发展提供经济支持。美国为农村社区共同创建了以政府为主导的农村政策性金融体系、农村合作金融机构、商业性金融体系共同发展格局。[1] 在这种金融格局基础上,政府通过自上而下提供相应的资金支持。为了能够防止农村生产受到不确定性因素和各类自然因素的影响,开展农作物保险业务,为农业发展规避风险。[2] 文化教育是社区建设的核心功能。文化教育发展关系到社区文化传承,是社区共同体建设的基础要素,社区学院和农村学校成为重要的教育服务机构,这些学校为社区学生传授相应知识的同时,社区也为学校课外实践提供场地,保证理论与实践相结合。并且,居民可以通过自由选举,加入校务委员会来参与讨论学生管理事务。而完善的农村教育体系还能够吸引各种工商资本投资以提供更多的就业机会。服务保障是关系社区民生的关键职能。美国往往通过政府基金和市场引入(商业保险)的方式为公众提供医疗保障服务,并且政府重点关注弱势群体并提供医疗援助,大力引进社区医疗工作者提供医疗支持。环境保护是社区发展的长效职能,通过制定社区环境保护管理制度提升居民环保意识,将各项破坏环境的行为列入法律范围。社区内无法通过自身或者单个机构提供的服务可以与其他社区进行合作开展共享服务。在社区建设中,基于居民的实际需求和生活质量开展各种项目和计划,强调完善的治理运行机制和强大的公共服务供给体系推动社区发展,在这过程中引入市场化机制保障社区治理更加高效,对当前中国农村的社区治理具有重要学习和借鉴意义。

三、多元一体:英国的农村社区治理

英国是欧洲一个岛国,截至 2018 年,英国人口为 6644 万。[3] 英国城市化

---

[1] 程又中、胡宗山:《国外农村建设的经验教训》,载《当代世界与社会主义》2007 年第 2 期,第 101 页。
[2] 李娅、陈伟:《美国的农村金融体制》,载《产权导刊》2006 年第 6 期,第 20—21 页。
[3] 《英国国家概况》,载中华人民共和国外交部 https://www.fmprc.gov.cn/web/gjhdq_676201/gj_676203/oz_678770/1206_679906/1206x0_679908/,最后访问日期:2020 年 3 月 19 日。

战略",国家的消费价值逐渐转向可持续发展方向,实现国家的全面可持续发展必须把农村社区作为建设的重要部分。再加上经济发展和全球化的融合,人们对于地方发展的需求和生活价值观发生改变。为了应对这种实时性的农村建设挑战,英国引入了"空间规划"的概念,[①] 同样强调以人为本,打破传统农村社区管理界限,努力激活社区空间发展潜力,实现社区的层级规划与建设,调整社区发展政策体系,强化与政府及地方管理机构的互动和联系,以社区为主调动居民积极性,引入民间组织帮助整合各类资源,建立现代化自治型农村社区。

(二)"政府—民间组织及私人机构—社区"的农村社区治理组织体制

英国农村社区治理是"政府引导支持、农村社区和民间组织主办、私人机构通过市场提供服务、居民个人和志愿者积极参与"的主体多元化治理体制,参与主体之间相互依存、相互合作。为了更好地实现社区自治,政府只负责把握好自己协助者的位置,并从公共管理治理、公共福利和社会福利提供者过渡到农村社区中的各种公共服务购买者、促进者和管理者,统筹抓好社区治理。[②] 政府做好农村社区的各种资金支持和方向引导工作,具体的事务管理和服务供给则由社区、志愿组织、盈利机构等合作完成,实现高质量的资源整合,引入市场机制和第三方组织解决相应的社区建设问题。

英国农村社区治理通过地方政府和内政部进行引导,对民间组织和私人机构进行委托。政府与社区是伙伴关系,政府对社区采取的任何措施和制定的法律都以社区自治为中心,在政策制定中,接受居民和非政府组织建议,促进政策制定科学化和合理性。在协助管理过程中,政府接受居民意见和建议,进而推动社区服务能够满足不同群体的需求。地方政府制定法律法规引导社区治理发展方向,通过各项利民政策对社区治理给予支持。内政部下设三个部门负责具体的社区协助事务。积极农村社区司负责基于农村社区的非政府公共福利活动和志愿服务的推进和宣传;社区居民再造司主要负责对新社区居民的教育鼓励和社区居民组织的建立发展;慈善司主要负责促进对慈善法的修正并完善民

---

① 张弢、陈烈、慈福义:《国外空间规划特点及其对我国的借鉴》,载《世界地理研究》2006年第1期,第56页。

② 王红艳:《社区治理的英国经验及其启示》,载《福建论坛(人文社会科学版)》2014年第11期,第153页。

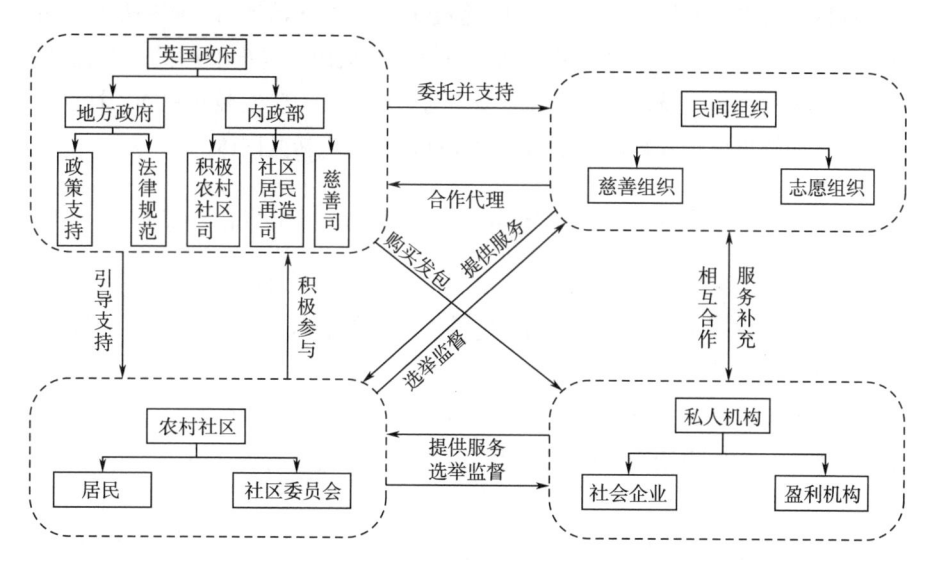

第四章 中国台湾地区及其他国家农村社区治理的典型经验及其做法

图 4-6 英国农村社区治理组织体制

间组织的监督和管理体系。① 这三个部门的重要决策也需要社区居民积极参与并征求意见。

民间组织是协助政府为社区提供服务的合作代理方，它包括各类慈善组织和志愿组织。政府对这些民间组织给予委托和支持，这些民间组织根据自身性质参与公开透明的项目竞标向政府寻求代理，社区居民参与投票决定，之后与政府签订项目合同。在服务供给过程中，民间组织始终坚持以人为本和平等民主原则，为社区提供优质的服务并关注弱势群体的利益开展针对性服务项目，满足不同人群的差异化需求。

私人机构同样是政府向社区提供管理和服务的载体，与民间组织不同，私人机构需要向政府购买项目并发包给他们进行项目运营，融入市场机制帮助社区进行社会类服务的管理与供给。不论是民间组织还是私人机构，确定成为社区服务提供方的时候都需要进行民主投票和结果公示，并在服务供给过程中接受居民监督。政府与这些民间组织和私人机构之间建立起合作关系，它们帮助政府整合社会资源融入社区治理。农村社区则拥有高度自治权，农村社区委员

---

① 参见项继权、袁方成：《域外社区建设与社区发展研究报告》，《国家民政部农村社区建设理论研究课题成果》（李增元参与撰写了本书中的日本农村社区、中国台湾农村社区部分的内容），2011 年。

会为社区日常事务开展工作,居民则能够直接参与社区治理的具体决策中,并且能够自愿成为志愿者亲自为社区做出贡献。在英国,高度透明的公共福利、政府对社区的大力支持以及居民的自我参与志愿,进一步发展和完善了社区民主自治,能够更好增强社区凝聚力并建立社区社会生活共同体。

(三)以人为中心的社区自治运行机制

一直以来,英国有着悠久的地方自治传统。在高度自治背景下,社区往往根据自身情况设立合适部门,不同社区具体的治理结构并不完全相同,但都发挥着相同的治理功能。为了增加政府与社区之间的互动,政府通过社区委员会与社区之间建立联系,方便政府对社区的合理化引导。英国的农村社区治理整体可以看作一个以自治为基础的公民政治联合体,实现高度自治。

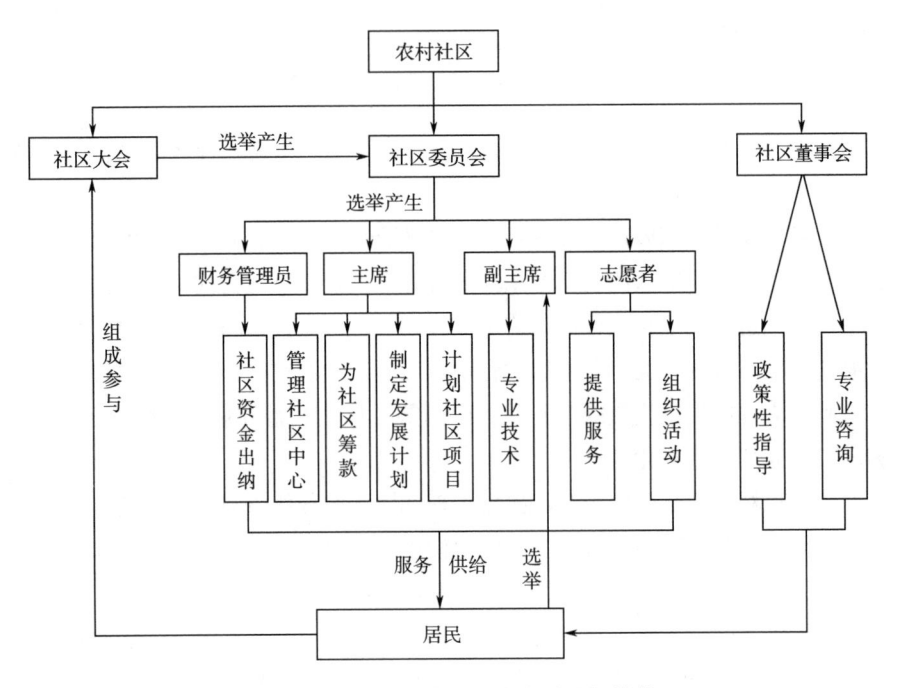

图 4-7 英国农村社区完全自治运行结构

英国农村社区的自治具有自身逻辑,社区不仅要管理自身事务,而且还是国家和地方政府在社区内实施福利政策和社会服务的载体。英国农村社区下设社区委员会、社区大会和社区董事会,有的社区还会根据具体情况由居民选举

第四章　中国台湾地区及其他国家农村社区治理的典型经验及其做法

有能力的人担任副主席，社区委员会是自治的专门机构，由全体居民组成并参与社区大会选举同意后建立起来的。① 社区委员会选举产生主席，财务管理员和居民组成的志愿者。社区主席负责管理社区中心、制定发展计划、为社区筹款以及计划社区各类项目等工作，社区主席与居民有着密切联系和沟通，在日常生活中也需要调节居民之间的关系并提供可行性建议。社区的财务管理员负责社区资金的出纳，同时也可以在此基础上开展志愿者的活动。社区委员会的志愿者主要是由社区委员会成员和社区居民组成，负责为居民提供相应的服务并组织开展各类社区活动。而社区董事会属于指导和咨询机构，负责对社区事务的政策性指导和各类问题的专业咨询，帮助社区居民了解政策和答疑解惑。在农村社区自治运行过程中，地方政府也会就某个具体问题或者具体事务向社区所在委员会提供相应政策指导和建议，而如果社区委员会认为政府所提的建议没有意义可以拒不执行，社区委员会没有义务完全顺从政府决定，这也体现出社区高度的自治特征。但是社区委员会必须对政府向社区提供的服务和管理项目进行监督和支持，保证第三方提供的服务质量和可靠性。

英国农村社区自治过程充分体现着便民性，社区居民的意愿和需求是衡量社区管理服务的标杆，具有明显的包容性和人性化特点，在社区层面完全自治，充分保障居民政治权利。自治型农村社区治理模式下政府进行放权，变管理者为引导者，坚持以人为中心的治理理念，充分发挥社区居民核心作用，第三方部门的市场整合作用，通过多样化的管理和服务供给满足社区居民的各类需求，这种治理模式充分保证了居民的合法权益，有利于实现公正平等、增强社会团结。

四、行政主体：法国的农村社区治理

法国位于欧洲西部，太平洋东岸，是西欧国家中国土面积最大的一个，其面积达到56万平方公里，在这56万平方公里的国土面积上养育着6000多万人口。法国的政治制度从法兰西第一帝国开始逐渐形成，最终确立了中央集权特征的治理制度。但从1982年开始，法国开始实施地方分权改革，将中央过度集中的权力分散到地方政府手中，从而赋予地方较多自主权，地方政府从以

---

① 洪英平：《借鉴英国经验，推动我国社区建设迈上新台阶》，载《探求》2007年第6期，第49页。

151

前的被动协助者转变为主动参与治理者,这其中角色的转变也代表着职能的转变,中央政府的让权有利地调动了地方治理主体的积极性和主动性,有利于制定出更符合当地居民的福利政策,更加贴近民众民情,更加满足当地居民的社会生活需求。地方治理效果更多展现在社区的居民生产生活之中。社区是法国社会的构成细胞,"社区"来源于法国乡村聚居点,是一群比邻而居的居民自发形成的群居单位。社区的建设和治理对于实现社区居民的美好生活有着必不可少的保障,社区更多体现出人与人之间的相互认同、内在维系纽带及自我管理机制。"法国的社区规划既代表着国家权力对社会进行管理的基本手段,并且也是培育地方民主与集体生活的重要方式。"① 良好的社区不仅能够保障社区居民的生活,还能带动社区居民实现创业就业并参与社区治理,通过社区自治推动社会的全面发展。

(一) 法国农村社区治理发展历程

社区的建设与治理是维护社区居民基本生产生活的重要保障,法国农村社区经过漫长发展,逐步发展成集经济、政治、文化、社区福利保障等多种功能为一体的居民生活空间,这离不开政府和社区居民共同努力,也是社区居民对自我管理、自我参与、自觉维护社区环境的意识体现。

表 4-4 法国农村社区治理发展历程

发展阶段	治理目标	治理政策及内容	治理主体	治理效果
20世纪50年代—1982年	形成完整的市镇格局,注重农村发展	市镇合并,建立"市镇联合体"、《土地指导法》,建立农民行业组织	法国政府	市镇不再是分散、孤立、隔绝的基层行政单位,开始整合
1982—1986年	使国家决策中心更加靠近地方,贴近居民,推进民主化	分权改革、《权力下放法案》;私有化改革与社会化的变革	法国政府、行业协会组织、企业、居民	新型乡村空间功能发生变化,社区引入多元主体参与

① 杨辰:《法国社区规划的历时性解读——国家权力与地方民主建构的视角》,载《规划师》2013年第9期,第26页。

第四章 中国台湾地区及其他国家农村社区治理的典型经验及其做法

续表

发展阶段	治理目标	治理政策及内容	治理主体	治理效果
1986年—20世纪末	加强区域间联合，将市镇联合形式科学合理的进行了规范	成立"市镇联合体委员会"	法国各市镇政府	市镇联合体的地位不断提升，发展迅速
21世纪初至今	对治理模式与制度进行不断优化，提高城镇治理水平	街道议会的法律；修改宪法	法国政府、市镇政府、企业、居民	各类社区资源有效整合在一起，更好的帮助社区中的居民提升生活品质

20世纪50年代到1982年法国不断探索区域治理模式。1958年开始进行市镇合并活动，在法国政府的政策鼓励下各个市镇开始自愿合并，合并之后形成单一的市镇政府来进行统一管理，并设立相关附属机构，但由于缺乏相应制度，传统市镇合并最终以失败告终。1960年法国政府开始设立"市镇联合体"，将市镇统一联合组织为"市镇联合体"，在不改变现有市镇的情况下提供更大范围公共服务，并于1966年创立"都市共同体"，促使大城市与周边市镇进行联合治理。1967年出台《土地指导法》利用法律规章对市镇联合进行激励，至此，市镇联合体、都市共同体等多种合作方式开始出现。1982年到1986年，法国进行了"分权改革"运动，对政府与地方权力关系进行调整，促使法国社区治理的不断兴起。1982年开始法国实行"分权改革"运动，利用分权改革使国家决策中心更加靠近地方，鼓励居民参与社区治理；法国还通过了《有关市镇、省和大区的权力和自由法案》（即《权力下放法案》），根据该法案，法国将公共设施建设、社区规划等赋予市镇政府，强化地方自治权。20世纪80年代后期，法国开始探索私有化改革，促使企业与社会团体参与社区治理，推进企业与社会组织参与公共决策，市镇联合体也出现多元合作的运作方式，在这一时期，市镇联合体与企业之间采取混合经济体的合作形式，在保留联合体的宏观控制下，引入私人部门管理技术和资金（市镇联合体的资金通常占大多数）的合资公司，公司拥有经费和机构且不受省长严格

153

监控，这种传统合作形式被广泛应用于市镇联合体的各项建设工程。①

20世纪80年代到20世纪末，法国成立相关组织并颁布法律来规范成立市镇联合体的程序，将市镇联合体委员会作为法定机构，对联合体内的居民进行公共管理服务，强调多元主体参与，同时兼顾所有市镇从而推动联合体共同发展。21世纪至今，法国坚持发展社区治理，对治理模式与制度进行不断优化，2002年通过关于街道议会的法律，强调实行近距离民主，每一个超过8万人的市镇必须成立街道议事会，深入居民的日常生活并与权力机关进行对话，成为社区内居民、组织向权力主体进行交流沟通的桥梁，促进了市镇治理水平的提高。2003年法国对宪法进行修改，强调"从属市镇原则"，此次修改宪法改变了中央领导地位，强调先地方后中央，赋予市镇一定限制下的立法权力，不断扩大市镇的自治性。通过市镇联合体的形式增加多元化的发展渠道，将社区建设过程中的各项资源整合，为提高整个社区居民福利和治理方面提供了基础支撑，并通过完善的社区运营机制应对社区内部的衍生问题，通过各种专业化的社区服务体系建设和运行管理机制，使得各类社区资源有效整合在一起，更好的帮助社区中的居民提升生活品质。至今，法国的市镇不再是分散、孤立、隔绝的基层行政单位，而成为地方治理网络中的连接点，相互联系、相互依存、共同发展。② 由此，法国农村社区的治理进入一个全新阶段。

（二）"政府—市镇联合体委员会—社会组织"多方参与共同作用的体系架构

法国是以行政主导为特色的高度中央集权国家，但是自由的法国文化赋予了法国人民强烈的自由民主意识，"法国为我们展示了一个单一制中央集权国家走向分权化治理的可能路径"③，更好发挥政府在地方治理中的效能，使政府能够更加贴近民众日益丰富的实际需求，在不同的社会团体、不同的阶层、

---

① 郁建兴、金蕾：《法国地方治理体系中的市镇联合体》，载《治理研究》2006年第1期，第26页。

② 参见项继权、袁方成：《域外社区建设与社区发展研究报告》，《国家民政部农村社区建设理论研究课题成果》（李增元参与撰写了本书中的日本农村社区、中国台湾农村社区部分的内容），2011年。

③ 郁建兴、楼苏萍：《近20年来法国地方治理体系变革与新治理结构》，载《学术研究》2006年第1期，第82页。

第四章　中国台湾地区及其他国家农村社区治理的典型经验及其做法

不同的社区角色、不同的利益需求中进行协调规划，进而达到广泛善治。总体上来看，法国进行农村社区治理中，形成了相对完善的治理体系（如图 4-8 所示）。

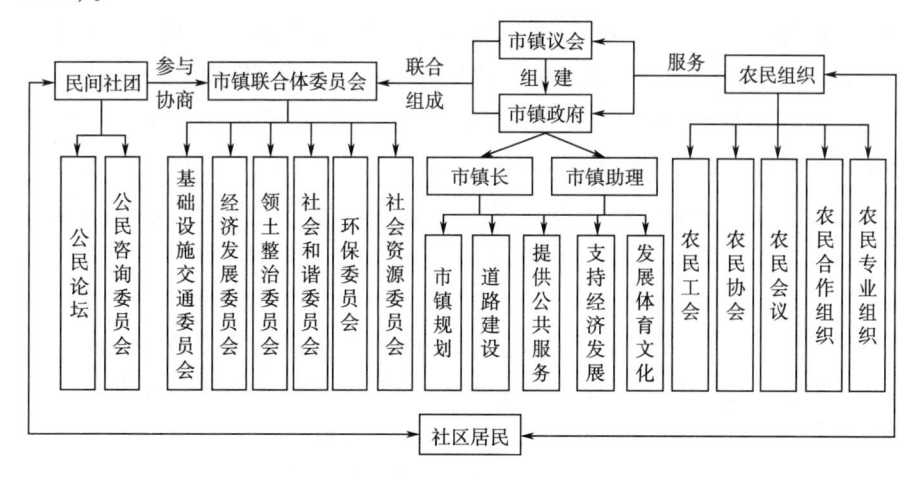

图 4-8　法国治理体系结构

法国政府在整个农村社区社会治理体系中充当政策制定者，而且逐渐由中央集权转变为简政放权，通过政策指引、财政支持引导各类民间组织、协会与公民合作，实现广泛善治，达到建设和谐社区的目的。具体而言，市镇议会和政府是法国的行政组织，其中"市镇议会由市镇选民直接普选产生，每六年选举一次"[①]，它是地方团体的决议机关和权力机关，拥有立法权和社区建设决策权，对市镇内政治、经济、文化、社会等很多领域给予监督和管理，关系民生的重大决策都需要召开市镇议会，由公民选举出来的议会代表表决通过，并由市镇政府具体推动工作开展。市镇政府作为行政组织由市镇议会选举产生，其组织架构为市镇长及若干名市镇长助理组成。市镇政府作为市镇议会的"手"和"脚"，"政府负责管理并执行市镇议会所通过的各项公共事务，包括市镇财政、治安、教育、文化、体育、健康、环保、市镇规划、公共住房、道路建设、敬老院和托儿所等公共事务。"[②] 具体而言，市镇长负责领导市镇的

[①] 郁建兴、金蕾：《法国地方治理体系中的市镇政府》，载《中共浙江省委党校学报》2005年第4期，第40页。

[②] 参见项继权、袁方成：《域外社区建设与社区发展研究报告》，《国家民政部农村社区建设理论研究课题成果》（李增元参与撰写了本书中的日本农村社区、中国台湾农村社区部分的内容），2011年。

行政管理日常工作，实施市镇议会下达的决议。市镇助理由市镇议会在其成员中选举产生，作为市镇长的高级辅助人员，并且对当地市镇的人文、历史、社会有较为全面了解，他们负责管理一个或多个局的工作，其权责来源于市镇长授权。市镇联合体委员会为了方便相邻市镇之间的沟通合作，以联合体委员会的形式搭建交流平台。在联合体内，成立统一的法定公共管理机构用来协调管理各市镇之间的公共事务，按照不同的职能分工和工作任务，设置职责明确的各类专业委员会，共同维护整体联合市镇的发展。委员会直接面向整体市镇社区居民，作为社区居民的利益代表和发言人，站在社区居民的立场提供建议、表达诉求，并且对整个社区的运营起到监督的作用。在多个民间社会组织当中，农会组织作为社区农民重要的经济组织，由农民自发组织而成，不仅能够为社区农民带来经济的利益，而且在社区制定相关政策时也能作为农民发声平台，保护农民切身利益，在政策制定初期，市镇议会充分采集农会成员的意见和建议，制定出符合大多数成员意愿的政策，农会组织作为农民群体与政府进行交涉。它旨在将农民群体组织起来并为维护农民共同生产利益而服务，属于成员共有的组织，负责各类提高社区服务质量和社区治理水平等方面的事务，帮助改善农村社区治理的参与环境和农民个体自由发展的实现，以实现社区自治下的公平公正。总体而言，法国的市镇社区治理体制是在市镇政府主导、各类社团组织、委员会、第三方组织直接提供社区经济社会发展服务，社区居民广泛参与的社区治理体制。

(三) "政府-社区-社会-市场" 联合协同运行管理机制

在法国的社区治理体系架构中，政府作为组织、协调和管理者提供基本保障，市场提供超值服务，社会组织提供广泛善助。这样的运营管理机制不仅使得政府权力下放到社会组织，并且社区居民也有了参与社区治理的平台与空间，不仅有利于融合社会各种资源来发展社区，还有利于满足社区居民的生产生活需求，进而呈现出以政府主导、各类社会组织共同参与的"小社区-大社会"的运行管理机制。

在法国市镇内部，政府的统一领导和各项政策的实施离不开市民参与，市民通过市镇联合委员会和各类民间社会组织作为诉求平台，"公民则可通过自行创立民间社团，组建公民咨询委员会、公民系列论坛等途径，以直接参与的

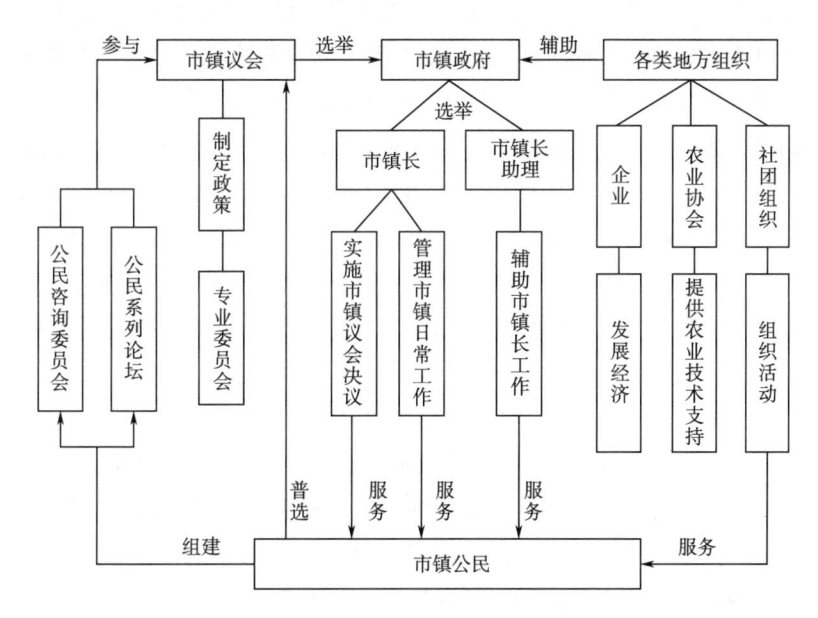

第四章　中国台湾地区及其他国家农村社区治理的典型经验及其做法

图 4-9　法国市镇社区运行管理机制

方式进入公共政治生活领域。"① 市镇政府-市镇议会-委员会、社团组织之间建立相应的社区运行机制，是实现法国社区走向善治的重要组成部分。在涉及与其他市镇之间的发展政策时，其政策制定和执行政府与市镇联合委员会相互协商，妥善处理利益纠纷，力促社区协调发展。议会通过设立专业委员会向市镇政府提供专业性指导，包括社区内部的教育、养老、卫生、医疗等公共服务的建设与完善。政府行政部门不仅给予专业委员会资金支持，而且还会给予设备与技术支持，推动其发挥最大功能以协助市镇政府更好开展各项工作。在整个社区治理过程中，市镇政府还加强与当地企业之间合作，力图利用市场这只"看不见的手"来实现为当地社区提供优质服务，"通过市场机制，以特许委托、招标、投标、兴建混合经济体系 SEM 等方式，或将社会与文化服务委托给民间机构代理，或将政府垄断的公共产品生产权和提供权向私营公司、非赢利组织等机构转让，以企业的经营管理理念解决行政管理的低效率问题，弥补资金缺口，进而改善公共服务的质量，同时也促进非政府部门对公共政策过程

---

① 郁建兴、金蕾：《法国地方治理体系中的市镇政府》，载《中共浙江省委党校学报》2005 年第 4 期，第 42 页。

157

的参与。"① 比如在各社区住房、学校、娱乐基础设施的建设中，采用邀请企业以转包的方式负责工程的某一方面，为整个社区提供优质高效的社会服务。民间社团组织是居民发声的平台和联系市镇政府之间的纽带，民间社团包括公民咨询委员会和公民系列论坛，这些民间社团组织多是由来自政治、工商业、文化、高等教育机构的地方人士构成，它们对于委员会所制定的政策给予前瞻性建议和切实反映居民需求，从而影响政府公共政策制定和公共服务供给。政府通过政务公开、拓展公民参与行政治理渠道提供切实可靠的基本服务保障，市场提供公平高效的各种超值服务，社会广泛参与，建言献策，实现各种资源优势互补，居民接受各种发展效能并向上提出切实意见。

总而言之，法国的农村社区治理是以政府行政机构主导，市镇联合体委员会加强区域合作，通过市镇议会制定政策，市镇政府开展政策实施，并且注入市场提升市镇经济发展活力，各类民间组织、协会发挥各自功能优势，从政治、经济、文化、社会、生态等多个领域参与社区建设，惠及整个市镇的社区居民，市镇居民通过加入各类社团协会参与市镇社区治理，实现政府、市场、社会、居民分工协作、互相补充治理机制和运行格局。法国市镇政府的有机治理模式，注重提升在政策制定、问题探讨、服务完善、利益整合等关键环节的多元利益主体参与导向，将公民纳入政策过程之中，让公民的意见和想法得到实现和满足，不断提升居民的参与感。公民参与也使得市镇服务业和市镇基础设施的建立和发展更加适合社区和居民需求，使政府的政策更具有合法性，更易于被居民和社区所接受和认同，提升了治理的有效性。

五、多元主体共同参与：日本的农村社区治理

日本位于亚洲大陆东部，四面环海。国土面积只有37.78万平方公里，人均可耕田面积仅有0.7亩，人口约为1.28亿。在20世纪50年代，日本粮食产量相当匮乏，"1952年颁布的《农地法》，标志着"碎散的家庭小农私有"的农地制度以及小规模经营的农业生产格局的形成。"② 这是一种以超小规模自耕农为经营主体，个体农户自耕自产自收，效益甚微，使得日本农业和农产品

---

① 郁建兴、金蕾：《法国地方治理体系中的市镇政府》，载《中共浙江省委党校学报》2005年第4期，第43页。

② 许珍珍、赵晓峰：《日本小规模农业的发展经验及启示》，载《世界农业》2019年第6期，第119页。

在国际竞争中处于劣势。日本政府针对这一问题，通过加强农村基础设施建设，加大对农村生产资料投入，兴修农田水利设施，提升生产设备现代化，提高土地生产率，使得粮食提质增量效果明显。但随着城镇一二产业的发展和日本粮食统购统销制度施行，农产品价格上涨趋势被抑制，农民收入水平始终得不到提高，城乡居民之间收入差距不断扩大，为了减少农村青壮年劳动力流失，增强日本农业在国际农产品市场上的竞争力，在农业经营规模狭小的条件下实现农业与农村现代化，日本大力开展乡村振兴运动，推进社区农业产业化发展，结合当地的地形、地貌特征，陆续实现以政府引导支持、多元主体参与，实现民主治理，共同合作，在参与互动中相互尊重彼此利益，共同推动社区的繁荣发展。日本在不断摸索和实践过程中逐渐形成了完善的治理体系、有序的运行机制和丰富的社区治理经验。

（一）日本农村社区振兴运动的发展历程

日本的农村社区治理依托乡村振兴、产业发展，并且在经济发展过程中逐渐满足社区居民的经济文化等多样化生活需求。社区的经济发展直接影响着社区居民生活水平，日本农村社区发展是在日本整个经济快速发展浪潮之下逐渐推进的，随着实践的探索政府和社区居民的角色也逐渐转变，从开始的政府主导到后来的社区居民自主参与，最终实现社区居民的自我发展与管理，经历了多个发展阶段。

表 4-5 日本农村社区治理发展历程

发展阶段	治理目标	治理政策及内容	治理主体	治理效果
1940 年以前	实行政治现代化，普及公共服务	第一次町村大合并；出台《农地调整法》	日本政府	推动农业现代化发展，调动农民的农业发展积极性，振兴农村经济发展
1940—1960 年	日本基层环境的恢复与发展	第二次町村大合并；强调了市町村的自治地位与权力；扶持基层农协	日本政府、社区组织、日本居民	治理模式逐渐由政府主导转变为混合型社区治理模式

续表

发展阶段	治理目标	治理政策及内容	治理主体	治理效果
1960—1970年	对社区内的环境治理、传统文化保护等	对社区内的环境治理、传统文化保护	日本政府、社区组织、日本居民	居民参与社区治理的热情和信心提高；推动社区治理方式向多元共同治理的架构体系转变
1970—1990年	促进市民参与社区营造；促进各方参与社区治理	造村运动；调整社区管理机制；基层农业协会进行合并	日本政府、社区组织、日本居民	市民参与社区营造的程度提升；市民组织和地方自治组织的合作与协商；历史文化街区的保全得到进一步落实
1990年至今	促进和规范第三方参与社区治理；提升社区服务水平和质量	第三次町村大合并；《地方分权法》；《特定非营利活动促进法》	日本政府、社区组织、日本居民	社区营造向"市民主体"转变；社区营造法律体系趋于完善；社区治理参与主体不断增加

明治维新之后，日本进入资本主义社会，开始向工业国家转变，城市人口开始缓慢增加，在农村范围内逐渐开始实行政治现代化，普及公共服务。1888年政府主导第一次町村大合并，即"明治大合并"，合并之后，传统的自然町村转化为行政体，被政府赋予征税、义务教育等职能，形成了日本近代社会自治的基础。在一战期间日本进入重工业发展时期，人口大量向城市集中，1938年日本出台《农地调整法》，开始进行农地改革，实行土地私有，为以后农业现代化的发展奠定了基础。1946年日本政府制定了"市制、町村制法"，促使町内会的产生与合法，但是在当时，町内会被纳入右翼政治组织，成为日本军国政府进行统治的基层组织，这个期间的日本社区完全处在政府的领导之下，本身没有自主权。1947年日本颁布了《地方自治法》，强调市町村的自治地位

第四章 中国台湾地区及其他国家农村社区治理的典型经验及其做法

与权力,并于1953年开始第二次町村大合并,即"昭和大合并",町村的治理规模继续扩大,并将一系列公共事务处理下放到市町村。

20世纪60年代开始,日本进入高速城市化阶段,大量人口开始流动,町内会虽然比之前具有较强的自治性,但还不是真正意义上的自治组织,在这一时期日本社区治理模式逐渐由政府主导转变为混合型社区治理模式。1960年到1970年间,日本逐渐开始引导以市民参与社区治理的探索时期。这个阶段日本社区治理主要进行环境治理、传统文化保护等工作,社区居民在这个阶段发挥了巨大贡献,利用自身优势对社区内的文化遗产等进行保护、宣传与研究,居民对社区产生了归属感,也提升了日本政府部门、居民、社会组织等多元主体共同参与社区治理与发展的积极性。在1970年到1990年间,日本社会组织与居民参与社区治理水平不断提高,日本社区治理重点放在了居民参与度、环境治理等方面。20世纪70年代末,政府开始在保护当地风土特色基础上大力发展"造村运动",即立足本地资源,挖掘开发当地特色,传承社区文化,由线织网,从而实现乡村持续发展的软支持,吸引农民留在乡村,调动居民发展生产积极性,随着社区治理水平的提高,居民参与社区治理的热情逐渐增加,逐渐在社区内形成了一套具有组织性的自治参与体系。面对这种情形,日本政府及时调整社区管理机制,将自治权力更大赋予区町内会,政府负责政策、技术支持,市民与町内会等组织成为社区治理的自治主体,但治理深度与广度依然具有一定局限性,同时农协在此阶段也不断变化,专业化农业生产快速发展,基层农业协会进行合并,不断推动农业发展生产,提高了农业经营规模。

1990年以后,社区治理与居民自治进入成熟期。随着日本社会基本情况改变,日本政府开始强调居民与自治组织的共同合作,1995年阪神大地震成为日本社区营造的转折点,日本政府和市民认识到非营利组织、非政府组织、市民团体和市民的积极作用。随后市场和社会力量开始承担提供公共服务的责任,而政府的主要职能是通过制定政策、监督、执行和法律等方式来确保公共利益和服务的平衡。① 1998年,日本政府通过《特定非营利活动促进法》,赋

---

① 边防、吕斌:《基于比较视角的美国、英国及日本城市社区治理模式研究》,载《国际城市规划》2018年第4期,第99页。

予社会组织在社区治理的合法身份，促进其健全的发展。① 由此，社区开始吸纳越来越多的社会力量参与治理，标志着居民自治进入成熟期。在1999年至2010年间，日本进行了第三次町村大合并，即"平成大合并"，进一步扩大社区治理权限，强化行政能力，同时《地方分权法》不断推进社区自治实践，确保政府处在指导、监督的地位，加大社区自治力度。在日本农村社区治理中，政府行政组织、非营利组织包括各种协会组织、市民团体、社区居民之间正在形成一种互助、互动、协商的良性治理关系。

（二）"政府—町内会—社区民间组织—居民"多元共同治理的架构体系

"20世纪70年代以前，日本社区治理主体是政府行政组织，社区组织町内会扮演行政末梢角色。70年代以后，日本社区逐渐走上了自主化、民主化、法制化道路，政府行政组织、社区自治组织、社区其他组织、社区居民共同治理社区公共事务。"② 当前，日本农村社区治理结构是由政府行政组织、町内会作为社区载体、社区民间机构组织包括各种社团、委员会、协会、居民等多元主体共同构成（如图4-10所示）。

日本农村社区治理体系由中央政府、地方政府和基层政府三层治理架构组成，中央对地方发挥指导和监督作用，并且给予相应财政支持。基层政府机构则主要从事公共服务及公共管理，并且指导和监督社区整体发展，政府根据不同发展规划制定不同政策，并且引导当地社区自治机构及民间组织共同谋划社区发展。不仅如此，政府还重视依靠法律建设来对社区治理进行硬约束。总体来说，"基层政府对町内会进行业务指导和监督；企事业单位、第三部门对町内会进行资金和技术支持；其他社区组织协助、支援町内会的自治活动；町内会代表并领导社区居民治理社区公共事务，进而实现了町内会与政府行政组织、社区内组织、社区外组织、社区居民合作共治。"③ 日本町内会作为通过社区居民投票选举产生的最基层社区自治组织，不仅具有社区居民自治组织特征，而且对于行政组织的治理起到互相协调，互相支持功能。在组织结构上，

---

① 于海漪：《日本公众参与社区规划研究之三：社区培养的起源与发展（下）》，载《华中建筑》2010年3月，第163页。
② 卢学晖：《日本社区治理的模式、理念与结构——以混合型模式为中心的分析》，载《日本研究》2015第2期，第52页。
③ 卢学晖：《日本社区治理的模式、理念与结构——以混合型模式为中心的分析》，载《日本研究》2015年第2期，第52页。

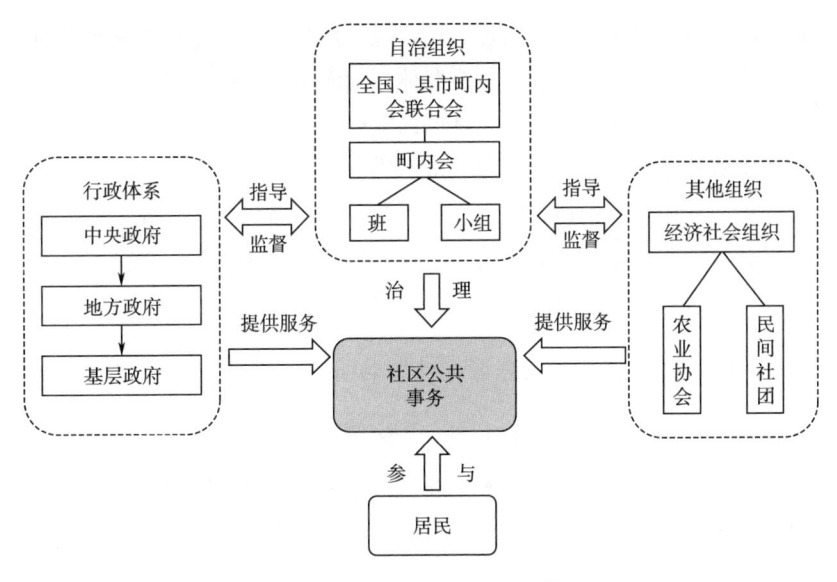

第四章 中国台湾地区及其他国家农村社区治理的典型经验及其做法

图 4-10 日本社区治理架构体系

町内会设有议会组织，设有议长和副议长，作为居民的代表行使居民所赋予的权利和职责，在议会中负责反映支持者的意见，日本市町会所拥有的权利很广泛，包括对市町村长及行政委员会的检查权；拥有向有关行政厅提出意见和批评并且给予指导和监督的权利；拥有居民上访请愿的受理权；还有针对居民所反映的问题进行参与调查权利。并且在各类决策中维护选民利益，进而对行政机构起到监督作用，可以说这是作为最高的决策机关，总体负责社区规划与建设。町内会以下设置"班""小组"等细分组织，并相应设置"班长""组长"等职务，具体实施社区制定的各项措施，其服务对象为社区全体成员，正是由这些班组长通过组织社区全体成员，共同支持社区的整体运营。

社区内其他组织包括农业协会和民间社团，是居民参与社区治理的重要渠道和载体，即社区居民可以自行加入社团组织或成为农协会成员获取自身社区需求，并且对于社区的发展建言献策，社区居民借此参与社区发展和治理。整个社区发展离不开政府的统一协调和监督指导，离不开社区各类组织平台载体的推动与完善，也离不开居民的有效参与。社区的发展与运营不仅有输血式的来自上级政府的财政支持，还包括经济社会组织提供的自主造血能力。日本的社区内有很多经济社会组织，其中最重要的就是农业协会，分为基层-县级-中央三层，由驻会理事、不驻会理事、监事等构成管理层，它对推动农业发

163

展、提高农协事业经济效益、增加农民收入、推动社区自治具有重要作用。在社区发展中，它也逐渐成为农民发声载体，为农民争取切身利益。其他社区组织，包括企事业单位和民间社团是社区的重要组成部分，在社区发展中承担重要角色，企事业单位为当地居民提供就业岗位，并且缴纳税款用于当地社区建设。其他民间社团组织则通过组织活动，开展各种形式的文化节、民俗节，不仅营造了社区的文化氛围，而且培养了社区居民之间的感情，营造了和谐社区大家庭，让社区居民参与整个社区发展的责任感逐渐提升。

（三）政府引导、多元主体联合参与的自下而上的社区治理机制

日本农村社区治理是自下而上的，社区居民作为整个社区治理主体，通过社区内各种组织、企事业单位和第三部门共同支持町内会运行，政府在町内会运营过程中负责指导监督，满足社区居民的公共服务需求。

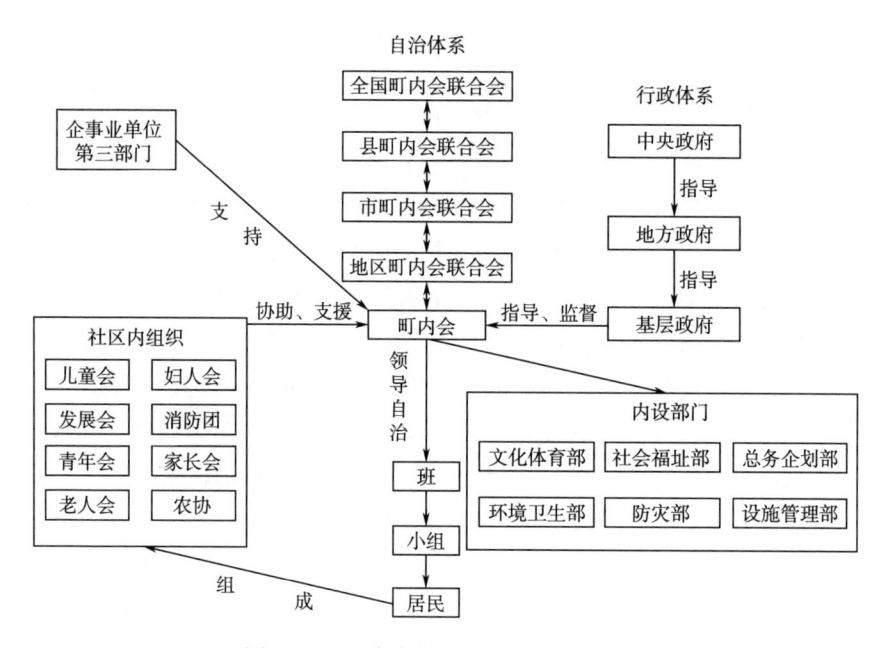

图 4-11　日本农村社区治理运行机制[1]

---

[1] 卢学晖：《日本社区治理的模式、理念与结构——以混合型模式为中心的分析》，载《日本研究》2015 年第 2 期，第 55 页。

第四章　中国台湾地区及其他国家农村社区治理的典型经验及其做法

日本农村社区的自治机构是町内会，町内会是以会长为主要负责人，会长由社区居民投票选举产生，也可以通过由町内会的内部干部推荐候选人，入选成功后任期2年，在入选时制定社区发展规划目标，任期时间届满，在达到社区居民的任职要求和阶段性规划目标之后可以再次连选连任。町内会干部一般由本地区的退休人员和家庭主妇担任，也可以是在职人员兼任，他们不领取薪资报酬，可以说是属于自愿服务，通过对社区的发展提供力所能及的贡献自觉实现对社区发展。社区居民参与的热情和意识也不断高涨，逐渐从'官督民办'转向'民督官办'。[①] 行政机构的公共服务职能在居民的监督与辅助之下，更加贴合居民日常生活，大大提升了行政公权力的运行透明度，赢得了社区居民的支持与拥护。在町内会组织与行政公权力互相支持下，整合社区资源与市场资源，"实现日本社区自治是法制化的治理过程，政府向社会分权实现了社区及社区居民自主管理社区公共事务的愿景，促使了町内会从服从政府完成基层行政任务到辅助行政职能并主动服务社区共同体的转变，在"准自治"的原则下实行自主管理和自主监督，政府起主要监督作用。"[②] 大部分町内会有组织章程，町内会的活动经费来源主要包括财政资金拨款补助、也有参会人员自觉缴纳的会费收入、通过社区开展活动实现的社会募款等，由于日本具有集体主义的文化观念，所以居民一般不会拒绝参加町内会。町内会定期召开社区会议，由议长主持，社区居民参与，议长将向社区居民汇报阶段性的工作完成情况以及下一步工作安排，社区居民给予相应的建议和支持。

政府由以前的集权管理转变为分权管理，政府的角色也由以前的主导者变为协助者和监督者。政府与各自治组织机构以社区居民为服务对象，通过职能互补，促进人的发展。町内会在行使自治职能的同时协助地方政府履行行政职能，帮助政府制定政策过程中提供符合居民意愿的建议，制定政策完成后向居民传达政策内容，町内会又根据居民反馈上来的民意诉求提供给地方政府，从而起到整合社区民意与安定基层社会的作用。在居住社区的建设与改善工作及各种活动中，行政单位与町内会等自治组织应当是对等的合作关系，也就是说，彼此的立场，一方面是各自独立的个体；另一方面，为了提高居民生活的

[①] 边防、吕斌：《基于比较视角的美国、英国及日本城市社区治理模式研究》，载《国际城市规划》2018年第4期，第98页。

[②] 范建红、梁肇宏：《资本、权利与空间：日本社区营造的经验与启示》，载《城市发展研究》2020年第1期，第107页。

水准，在改善居民生活的工作上，有必要相互配合。① 政府的行政职能在社区运营过程中逐渐转向引导并鼓励社区居民主动参与整体社区治理，社区运营过程中坚持以人为中心。社区委员会和各种民间社团组织是中介平台，儿童会、青年会、妇人会、老年会等通过开展各种活动，增加了社区居民参与社区营造氛围。儿童会定期举办以营造社区和谐大家庭为主题的儿童漫画展览，从小教育孩子对社区一草一木的爱护；青年会则定期举办社区文化节，通过展览走廊、社区文化馆展现当地特色的文化风貌，让社区居民了解当地社区文化，实现对社区文化认同，间接实现对当地社区文化特色保护。不仅如此，各种协会还举办各种饱含民俗风情的节目吸引更多游客观光旅游，从而带动当地旅游业发展。提高社区居民福利水平，还需要在教育、就业、养老、医疗、生态等多个方面共同发力，这就需要社区居民通过社区各种专业委员会与行政机关、第三方社会组织协调配合，行政内部的社会福祉部、文化体育部、医疗卫生部、人力资源部等多个专职部门共同建构成为横向的合作网络结构。社会福祉部对社区居民的养老、医疗提供专业性的服务，人力资源部通过联合社区委员会共同制定人才培养政策和就业创业培训活动，社区居民也可根据自身发展需要向各类组织机构提出要求，这样不仅实现了社区居民的平等参与，而且社区各种服务性政策和措施的落实进一步提高了居民参与的积极性和主动性，良性的社区运营机制能够促进社区与居民的共同发展。

六、典型地区的经验做法对中国农村社区治理的启示

尽管美国、英国、法国、日本等发达国家及中国台湾地区，历史文化传统、社会资源条件、自然环境因素、行政体制构成、经济发展水平等不同，但在推进农村社区建设及治理过程中都进行了因地制宜探索，形成了多样化的治理实践模式，并具有诸多共性特征，对推进我国农村社区治理体系和治理能力现代化，实现乡村全面振兴具有一定借鉴意义。

（一）政府在农村社区治理中发挥着重要作用

中国台湾地区和发达国家的农村社区发展早期带有较强的自发性质，随着工业化、城市化、现代化发展，农村社区在应对乡村社会问题和社会挑战中的

---

① 参见高泉益：《安定日本社会的力量：社区组织町内会》，台湾商务印书馆1999年版，第102页。

第四章　中国台湾地区及其他国家农村社区治理的典型经验及其做法

作用日益提升，政府开始重视农村社区治理，并在其中扮演不可替代的角色。在农村社区治理实践中各地虽然将大量具体事务赋权于社区、非营利组织及企业，但政府从不缺位，充分运用经济税收、劳动政策、服务合同、法律法规等手段进行管理监督，并通过法治保障、社区规划、服务供给、资金支持等措施深度参与社区治理实践。一方面，政府始终主导农村社区建设与治理的进程，以乡村的有效治理来缩小城市与乡村的差距，扫清制约现代化发展的主要障碍，实现乡村社会的现代化转型。如，中国台湾地区无论是社区发展阶段，还是社区营造阶段，政府都是贯穿始终的治理主体，通过出台《改进台湾省各级农会暂行办法》《社区发展协会章程范本》《社区总体营造计划》等，引导多元主体参与，强化公共服务供给，推动农村社区建设，改变城乡发展失衡的局面。英国的农村社区治理过程始终离不开政府的推动，特别是进入21世纪，为应对乡村治理新挑战，2004年英国政府提出了"农村社区战略"发展，将加强农村社区治理，建立现代化自治型农村社区作为国家的全面可持续发展重要内容，引发了乡村治理的新一轮改革。

另一方面，政府作用的发挥体现在对农村社区治理的各类保障上。一是法治保障，政府通过制定相关法律法规，出台各类政策章程，确定农村社区治理的法治基础，实现农村社区治理的法制化、规范化。如，法国的《有关市镇、省和大区的权力和自由法案》、日本的《特定非营利活动促进法》、美国的《授权区和事业社区法案》等都规定了农村社区建设的参与主体、权力边界、建设路径等，为农村社区治理提供了法理基础。二是规划保障，农村社区建设与治理是个系统工程，需要加强顶层设计，明确发展目标、治理主体、建设机制等核心问题，以提升农村社区治理成效。如，中国台湾地区政府根据乡村治理面临的不同问题和背景，及时调整农村社区建设规划，通过"基层民生建设阶段""民生主义阶段""社区总体营造计划阶段""新故乡社区营造计划阶段""健康社区六星计划阶段""新故乡社区营造第二期计划阶段"等，提升了乡村治理的水平，推动了乡村社会的发展。三是财政保障，与城市相比，农村经济发展落后，仅凭基层单位自身经济基础难以满足农村社区建设与治理所需的资金，加之农村社区大量基础设施等建设带有公共性，对企业等市场主体吸引力不强，这需要政府进行大量的资金投入，以弥补建设资金缺口。如，日本对农业进行财政转移支付补贴，同时为了帮助农民提升抵御市场风险，建立了农产品价格风险基金。除此之外，中国台湾地区、美国、英国、法国等都

167

在农村社区建设与治理过程中给予大量的财政资金支持,以实现乡村的可持续发展。① 四是机构保障,通过设立农村社区治理的专门机构,构建稳定体制机制来指导和推动乡村发展。如,美国设有社区服务部,明确了与农村社区组织和第三方部门的合作机制,实现乡村治理机制和主体的稳定性;英国内政部下设积极农村社区司、社区居民再造司等,明确了与农村社区组织、民间组织、私人机构等共建共治社区机制,形成促进农村发展的合力。

(二) 多元主体深度参与农村社区治理

中国台湾地区和发达国家的农村社区是一种开放性社会形态模式,社区治理主体较为多元,既有居民个体、各类民间组织、非盈利性组织,还有各类企业,并在此基础上形成了稳定的、分工明确的多元主体协同治理体制机制,社区多元主体通过社区参与来决定与自身利益密切相关的各类公共事务。农村社区治理十分注重调动农村居民主动性,积极引导农村居民参与到乡村发展过程中来,将农村社区打造成为农民生产、生活、发展的特定公共空间,让广大农村居民成为社区治理的主体和最终受惠者。

在开展社区治理实践中,中国台湾地区和发达国家大多设立专门机构,将农村居民组织起来。如,英国设有社区委员会、社区大会和社区董事会,社区委员会是专门的自治机构,组织农村居民实施社区自治,而保障农村居民的自治权也是政府制定涉及社区法律、政策的核心依据,政府在出台法律、政策及与农民利益密切相关的措施,进行管理服务过程中经常性听取农村居民意见建议,确保公平、公正、科学、合理、有效。正是因为政府高度重视农村居民意愿,积极推动农村社区民主自治,调动了农村居民参与农村社区事务的积极性、主动性,增强了社区凝聚力,实现了社区有效治理。法国在农村社区设有农会,借助农会组织,农民既可以享有经济收益,又可以通过农会与政府进行沟通,事实上,农会除了具有经济功能外,还承担着自治的政治功能,将农民群体组织起来捍卫自身权益。政府在制定有关社区政策时,市镇议会会充分收集农会会员的意见建议,以确保制定出符合大多数成员意愿的政策,服务农民共同利益,满足农民多样需求,改善农村社区居住环境,推动农民个体自由发展。事实上,无论是英国的社区委员会、日本的町内会、美国的社区理事会,

---

① 孙涛:《国外新型农村社区治理模式及其对我国的启示》,载《金陵科技学院学报(社会科学版)2016 年第 3 期,第 65 页。

还是法国的农会、中国台湾地区的社区发展协会，都是为了将农民组织起来，深度参与到乡村治理和建设之中，实现乡村的繁荣。

各地在推进社区治理过程中十分注重发挥社区民间组织和市场主体作用。社区民间组织及市场主体是地方社团的重要组成部分，对实现有效治理具有重要的现实意义。日本在农村社区治理过程中探索实施"小政府、大社会"管理体制，政府只负责职权范围内工作，将大量事务交于民间组织等承担，形成了"政府—町内会—社区民间组织—居民"多元共同治理的架构体系，民间组织作为乡村治理的重要一环发挥着重要作用。社区民间组织主要由各种社团、委员会、协会、居民等多元主体构成，协助、支援町内会的自治活动，其中农业协会是最主要的经济社会组织，战后日本在造村运动中构建起了由三级农协组成的管理服务网络，成为集农业、农村、农户三类组织三位一体的综合社区组织，既为农民提供了必需的服务、坚定维护了农民的权益，又在农村地区推广农业技术、农业知识、先进文化，有力促进了乡村振兴。[①] 法国在农村社区治理实践中重视市场主体的力量，形成"政府—社区—社会—市场"联合协同运行管理机制，通过引入企业等市场主体，弥补建设资金缺口，解决行政管理的低效率问题，让非政府部门参与公共政策过程，提升了乡村治理成效。总之，诸多地区都十分注重民间组织和市场主体的力量，通过多元主体协作共治解决社区发展过程中资金不足、效率低下、参与度不高等问题，推动乡村现代化发展。

（三）积极培育农村社区的内在发展动力和可持续发展能力

中国台湾地区和发达国家在促进农村社区发展时，除了在法律、政策、资金等方面加以支持外，更为重要的是积极培育农村社区内在发展动力，获取可持续发展能力，以更好地保证与乡村发展密切相关的各类主体自发、主动参与到乡村事务之中，乡村建设能够源源不断的获取资金支持，享有良好的法律和政策环境，促进乡村全面发展。

中国台湾地区和发达国家的农村社区治理注重多元主体特别是农村居民的民主参与，以民主的参与来培育共同体意识，形成对农村社区的强烈认同。民

---

① 邱春林：《国外乡村振兴经验及其对中国乡村振兴战略实施的启示——以亚洲的韩国、日本为例》，载《天津行政学院学报》2019 年第 1 期，第 81—88 页。

主是"承认大家都有决定国家制度和管理国家的平等权利",① 是广大成员自发、平等表达、参与、决定与自身利益相关的各项公共事务的具体实践。农村社区作为一种地域性社会,是连接公民个体与社会的桥梁与纽带,是微观社会重要组成部分,农村社区要想实现良好发展内在驱动力的关键还是公众参与即居民的自治精神培育。中国台湾地区和发达国家在治理农村社区时,将多元社会主体纳入民主参与范畴,推动参与主体从单一性转向多元性,同时,各项公共事务从决策到执行都特别强调社区主体的参与性,对涉及社区政治、经济、文化、社会管理等各类公共问题,基本上实现了社区主体从利益表达、决策制定、决策执行的深度参与,从而使社区每项公共事务决策都经过了各主体共同的深度探讨、共同决定。民主的有效实施极大提升了社区内主体的公共参与精神,各类民间组织、协会得到进一步发展,农民得以组织起来,个体的参与意识、协作意识、共同体意识得到强化,在互动中形成对农村社区的内在认同,在表达自身利益时更会考虑到集体利益,形成有序的利益表达机制及理性的决策机制,使自治精神得到进一步延伸与扩展。事实上,美国、英国、法国等涉及农村社区建设规划的编制、土地使用法规的审批,都要召开听证会,认真听取并吸纳市民意见,并通过媒体向大众公布。在日本,民众通过町内会将有关诉求转达给政府,并就社区重大问题与政府磋商,以维护农民的利益。在中国台湾地区,则以社区文化为切入点,挖掘社区各具特色的文化底蕴,引导农民参与各类文化活动,构建共同体意识,让群众自发关爱社区、支持社区,形成推动社区发展的强大内在治理机制。社区居民从来不是社区事务的"旁观者",而是积极行动起来以"社区人"的角色处于社会中,成为推动社区发展的源动力。

乡村发展与治理是个庞大的系统工程,需要大量的资金支撑、需要连续的政策扶持、需要完善的法治保障,乡村治理能否取得预期效果,关键在于能否得到不断发展的资源和保障。中国台湾地区和发达国家在乡村治理实践中十分注重乡村可持续发展能力的获取,不仅向农村投入大量资金进行"输血",更加注重乡村的"造血"能力,以获取建设所需的巨额资金。同时,不断完善与乡村相关的法律、政策,强化体制机制等制度性建设,以确保乡村的持续发展。如,英国为了发展农村社区,出台了耕地和农村社区发展法,旨在吸引其

---

① 参见《列宁选集》,人民出版社1995年版,第201页。

第四章　中国台湾地区及其他国家农村社区治理的典型经验及其做法

他产业投资并支持多样化的农业发展，夯实农村的经济发展基础；进入新世纪，英国进一步提出"农村社区战略"，更加注重农村的可持续发展能力。中国台湾地区则借助农会将农民组织起来，农会直接服务农民经济活动，范围覆盖了金融、技术、生产、产品开发及营销、价格保护等农业生产经营全流程①，有力促进了农业现代化生产，增加了农民收益，增强了农业抵御市场风险的能力。事实上，除了进行经济造血外，发达国家和地区在治理乡村时，高度重视法理基础，都以法律形式明确了乡村治理的主体、管理体制、资金来源、运行机制、实现路径、发展目标等，保证了农村社区建设与治理的连续性和稳定性，为乡村实现更好发展提供了稳定的制度和法律保障。

(四) 注重提升农村社区公共服务供给水平和能力

事实上，完善的基础设施和有效的公共服务供给是实现农村社区有效治理不可缺少的重要组成部分，使社区成员享受到便利的生活、生产等各类服务是政府应有的职责和应尽的义务。中国台湾地区和发达国家通过不断加强农村社区基础设施建设，构建比较完善的服务体系，涵盖教育、医疗、金融、卫生、安全等民众密切相关的方方面面，以满足农民的公共服务需求，提升乡村治理现代化水平。如，美国农村社区拥有完善而功能强大的公共服务设施及供给体系，强化农业生产金融服务功能，打造完善的农村教育体系，以政府基金和市场引入方式提供医疗保障服务，加强社区生态环境保护，与其他社区合作开展共享服务等，构成起社区完备优质的服务功能模块和供给机制，为居民提供全方位服务。又如，日本政府及自治组织机构围绕以人为中心，服务社区居民，提高农民生活水准，加强相互配合，全面促进人的发展。② 日本农村社区的各种专业委员会与行政机关、第三方社会组织及行政内部的社会福利部、文化体育部、人力资源部等专职部门密切合作，形成严密的服务供给基本网格，从教育、就业、养老、医疗、生态等多个方面提高社区居民服务质量和水平，促进社区的和谐。

中国台湾地区和发达国家注重多元主体参与公共服务供给，提升公共服务

---

① 项继权：《台湾基层治理的结构与特征——对台湾坪林乡和大安成功社区的考察报告》，载《社会主义研究》2010年第5期，第61页。
② 参见高泉益：《安定日本社会的力量：社区组织町内会》，台湾商务印书馆1999年版，第102页。

水平和能力。为克服仅依靠政府机构提供公共服务所导致的高成本、低效率、服务面窄等问题，通过投资非营利组织以增强其服务能力、直接购买社会公共服务等方式，引导多元主体参与到公共服务供给中来，为社区居民提供广泛而多样的社区服务。如，英国的农村社区民间组织、私人机构在社区公共服务中扮演着重要角色，协助政府为社区提供公共服务。民间组织可通过项目竞标的方式向政府申请代理公共服务供给权，经社区居民投票认可后，以项目合作的方式从政府方获得委托权，并在公共服务供给中秉承以人为本、平等民主原则，在为社区居民提供普惠性、多样化、高质量的服务同时，为弱势群体提供针对性服务项目，满足不同人群的差异化需求。

总体来看，农村社区是微观社会的重要组成部分，农村社区治理涵盖政治、经济、文化、社会等各个领域。中国台湾地区和发达国家的农村社区治理实践高度重视政府作用发挥，构建多元主体协同参与农村社区治理机制，民主赋能农村社区发展内生动力，帮助农村社区获取可持续发展能力，提升农村社区公共服务供给水平和能力，最终实现乡村社会的全面繁荣与有效治理，这无疑为提升新时代我国农村社区治理体系和治理现代化能力，推进乡村治理现代化，实施乡村全面振兴，提供了有益借鉴。

第五章 新时代中国农村社区治理面临的新形势

一、新型城镇化

改革开放以来,中国城镇化水平加速推进,党的十八大更是确立了以人为核心的新型城镇化建设,并坚持落实以人为本、城市可持续发展能力提高及城乡一体化发展重要任务。在新时代,新型城镇化建设亦是农村社区治理实践创新面临的新形势。

(一) 高质量发展的城镇化

"城镇化是人类社会发展到一定程度的必然结果,其发展过程是维护、保障广大农民权益、推动个体全面自由发展的过程"[①],一直以来受到党和国家的高度重视。据国家统计局统计数据显示,1978年我国城镇化率为17.92%,2017年我国城镇化率上升为58.52%,袁方成教授根据Logistic曲线估算法推测"2030年城镇化率为72.36%"[②]。我国城镇化发展取得了巨大成就,但同时也造成农村发展滞后于城市、城乡分离、大城市病等系列问题,农村人口也难以真正融入城市,农村社区治理面临严重挑战。一些就地城镇化发展的农村普遍存在城镇化建设过于注重发展速度忽视城镇化发展质量,农村土地城镇化快于农村人口城镇化,城镇规模结构不合理,农村社区治理、服务水平及基础设施建设不到位等问题,农村居民原有的生产、生活及居住环境等被迫改变,超前于乡村社会发展实际。为解决城乡社区发展困境,真正实现城乡融合发

---

① 参见李增元:《新型城镇化背景下的农村社区治理——基于农业型、非农型、工商型地区社区治理改革的比较分析》,社会科学文献出版社2017年版,第1页。

② 袁方成、陈泽华:《新时代新型城镇化的要素结构及其优化路径》,载《华中师范大学学报(人文社会科学版)》2020年第3期,第23页。

展,我国确立了以人民为中心、面向现代化的新型城镇化,并以城乡治理体系和治理能力现代化为主要抓手,走出一条以人民为中心、高质量发展的新型城镇化道路。

新时代,我国农村社区面临新型城镇化高质量发展新形势。为加快城乡融合,提高农村社区治理能力和治理体系现代化水平,中共中央、国务院印发了《2020年新型城镇化建设和城乡融合发展重点任务》,要求逐步推进新型城镇化建设加快步伐向高质量发展,加速实现农村社区治理体系及治理能力现代化。"城镇化过程导致的经济社会变化将引起农村社区管理、服务方式的转变,对农村政治、文化等方面产生重要影响"[1],新时代农村社区治理在新型城镇化高质量发展过程中其治理方式将逐步完善,治理能力、治理体系现代化将逐步提高。尤其是市场在资源配置中起决定性作用的新时代,高质量发展的新型城镇化形势下,阻碍劳动力、人才等自由流动的不合理制度体制壁垒将被打破,伴随户籍制度的深化改革,农业转移人口落户城镇门槛进一步放宽,从而促成更有效的人力资源市场,使劳动力、人才等人力资源要素在市场上流动变得更为灵活、便利,同时也有助于推动流动人口在子女教育、就业、医疗卫生、社会保障等多个领域享受市民化待遇,实现农村与城市之间人力资源要素在城乡融合格局下实现平衡,更进一步推动新型城镇化纵深发展。

高质量发展的新型城镇化形势下,农村社区公共服务供给机制需要更加完善。农村社区治理最终目标是实现城乡社区治理一体化,完善的公共基础设施服务供给机制及高水平公共服务质量是农村社区治理创新的重点和核心,"应推进公共服务,走服务之路来重获农民的归属感与认同感,以重建农村社区认同"[2]。新时代城镇化新形势下,农村社区不仅要建立完善、系统的社区服务基础设施,还要根据居民实际需求,提供完善系统的服务内容。另外,农村社区公共服务供给机制的完善还需要充分发挥地方政府、市场机制与社会机制的共同作用,既推动新型城镇化高质量发展,也真正促进城乡一体融合发展。

高质量发展的新型城镇化需要农村社区治理模式的优化。自改革开放以来,农村社会利益结构、社会结构等诸多领域已发生深刻变化,农村社区治理

---

[1] 项继权:《城镇化的"中国问题"及其解决之道》,载《华中师范大学学报(人文社会科学版)》2011年第1期,第3页。

[2] 项继权:《中国农村社区及共同体的转型与重建》,载《华中师范大学学报(人文社会科学版)》2009年第3期,第9页。

愈来愈复杂、艰难，新型城镇化形势下原有农村社区治理模式面临巨大挑战。另外，随着改革开放程度的逐步深化及新型城镇化建设的逐步扩大，城乡开放流动程度进一步加大，"在一定条件下，原有农村治理形式会被打破，实现由村民自治向居民自治转变，向开放型村民自治模式转变"①。新型城镇化形势下的新时代农村社区治理是以政府引导为核心、群众自治组织、市场体系、社会组织等多元主体共治的农村社区治理结构；同时不再仅仅依赖村民自治及农村风俗习惯治理，而是实现农村社区居民自治、法治与德治三治融合的治理模式；进一步促进新时代农村社区治理朝高质量新型城镇化治理发展方向转变。

(二) 新理念引导的城镇化

新时代新型城镇化需要实现人的全面发展、城乡协同发展、绿色健康发展等目标；是以城乡统筹、城乡一体化、产业互动、节约集约、生态宜居与和谐发展为基本特征的城镇化，是大中小城镇及新型农村社区全面协调发展、互促互进的城镇化。在中国特色社会主义新时代，作为一个复杂系统工程，新型城镇化坚持以创新、协调、绿色、开放、共享的先进发展理念为引领，以实现人的现代化发展为核心。

新时代农村社区面临以创新理念为动力的新型城镇化发展新形势。创新是发展的第一动力，推动新型城镇化发展的第一动力也是创新，在新时代农村社区治理将突破传统粗放低效的城镇化发展道路，坚持开拓创新理念，走出一条城乡融合发展的新道路。新型城镇化核心是人，良好的人居环境是推进新型城镇化应有之义，尤其是实现农村社区人居环境的改造，将其建设成和谐、绿色、包容的新型城镇化至关重要。而新型城镇化的灵魂和纲领是城镇规划，科学合理制定城镇规划对新型城镇化发展具有提纲挈领的引领作用。新时代需要根据当地实际情况要求和生态环境情况树立科学理念，科学规划城镇化建设，推进就近城镇化、建设新农村、新社区等符合自身发展的城镇化模式，合理规划城市布局。在创新理念引导下，农村社区逐步从保障功能为主的传统城镇建设向以服务为主的新型城镇化转型，逐步突破农村社区自身发展中的资源和效率瓶颈，通过创新不断提高其新型城镇化数量和质量，真正实现城乡融合发展。

---

① 卢福营：《回归与拓展：新时代的村民自治发展》，载《政治学研究》2018年第5期，第78页。

新时代农村社区面临以协调理念促平衡的新型城镇化发展新形势。坚持协调理念是坚持工业反哺农业、城市支持农村，建立健全城乡一体化发展体制机制，推进城乡要素平等互换、合理配置城乡基本公共服务，促进基本公共服务均等化，并坚持发展特色县域经济，培育中小城市和特色小城镇发展。农村社区治理要不断趋于以协调理念为核心，注重推动城乡协调发展，将便民利民服务切实落实到实处；农村新型城镇化发展道路上，城镇管理须走向文明有序，在多元主体共存的新时代农村社区，通过共治、共建、共享管理模式改变以往存在的乡村治理顽疾等。另外，以协调理念为中心的新型城镇化不仅要鼓励农业转移人口和创业者到中小城市，促进大中小城市全面协调发展；而且在城乡两种人类生存系统中，城与乡在资源、产业、所发挥的功能和所承担的任务等各不相同，但在生活于服务上，农村社区治理将朝着新型城镇化趋势发展，最终推动形成城乡协调发展、互补互促、互动双赢的新格局。

新时代农村社区面临以绿色理念为前提的新型城镇化发展新形势。以绿色理念为前提的发展就是要注重资源节约与环境保护，强调发展可持续，保障人与自然的和谐共生；强调要构建科学合理的城镇化布局，根据农村社区自身资源环境承载力调解城镇化规模，依托山、水等地貌优化城镇形态与功能，以主体功能区规划为基础统筹各类空间性规划，走生产生活发展富裕、生态环境良好的文明发展道路，致力于建设以自然规律为基础的环境友好型的农村社区城镇化建设，形成人与自然资源的和谐可持续发展，实现城乡整体生态化发展的新型城镇化目标。"新型城镇化是绿色生态的城镇化，是经济社会环境和谐共生的城镇化，由以物为本的'非生态'城镇化向以人为本和生态为本相融的生态宜居城镇化"①，是从粗放发展走向精细化发展的过程。以绿色生态建设理念为前提，发展绿色、节能、环保建筑，打造天蓝、水清、地绿的自然家园，是新时代农村社区新型城镇化的发展方向。塑造与生态资源环境相适应的新型城镇化发展新格局，不仅促进农村社区资源集约、高效、循环发展而且利于推动农村社区向新型城镇化推进过程中的成本降到最低，推动整个社会经济集约高效发展。

新时代农村社区面临以开放理念促发展的新型城镇化发展新形势。开放发展要求新型城镇化建设与国家的开放战略相结合，推进城市之间、地区间的城

---

① 杨佩卿：《新发展理念下新型城镇化发展水平评价——以西部地区为例》，载《当代经济科学》2019 年第 3 期，第 93 页。

镇化合作，使基础设施互联互通，走大中小城镇合作发展之路。新型城镇化发展是开放发展的城镇化，以开放促发展的理念建设新型城镇化能够促进各种要素市场化流动，构建城乡经济利益共同体，更进一步增强城市综合实力，提高对外开放的广度和深度，应对来自外界的各种挑战促使我国新型城镇化在对外开放中得到更好发展空间。另外，在以开放促发展的理念引导下，可通过吸引资金、资源与技术等，利用大中小城市各自的优势拓展新型城镇化发展空间，打破区域壁垒积极推进城乡间交通设施全面对接，加强互联互通基础设施建设。鼓励农村社区资本、农产品、劳动力与城市技术、资金、人才等交流、沟通、互助，促成城乡基础设施、社会事业、公共服务等现代文明互通互联，是新时代农村社区治理创新的必然要求。新时代农村社区以开放理念促发展，实现全方位市场化要素双向自由流动，促进城乡双向开放的新型城镇化发展是农村社区治理发展的新形势。

新时代农村社区面临以共享理念为目的的新型城镇化发展新形势。新时代农村社区致力于打造以共享为目的的新型城镇化治理目标，使城乡全体居民在新型城镇化共建、共治的过程中感受到更多的幸福感，改善农村社区居民的生产生活，保障城乡社区公共服务供给均等化、可持续化，打破城乡、地区、行业分割，打破身份和性别歧视，建立一个更加公平公正、可持续发展的新型城镇化治理平台。"新型城镇化是由'物本'转向'人本'，以成果是由全体人民共享为目的"[①]，推动城乡基础设施建设和公共服务均等化，满足社区内全体居民需求、改善民生、利民惠民，并依靠城乡社区居民共同推进新型城镇化建设，体现人人参与、人人共享的发展理念，真正实现发展成果上的利益共享。新时代农村社区治理为保障全体社会成员共享发展成果，将会通过制度创新、政策创新等给予流动人口、农村弱势群体等低收入群体相对公平的发展机遇，并建立参与决策、协调沟通、共建共享的长效保障机制，把共享理念作为新型城镇化发展的出发点和落脚点。

总之，新时代农村社区治理面临新型城镇化发展新形势，其治理方式、治理主体等皆在逐步向新型城镇化方向转变。作为以人为核心的新型城镇化具有高质量服务功能，且发展理念较为先进，能够满足新时代社区多元主体多层次、多样化利益需求，是新时代农村社区治理发展的新方向、新形势。

---

① 杨佩卿：《新发展理念下新型城镇化发展水平评价——以西部地区为例》，载《当代经济科学》2019年第3期，第93页。

二、乡村振兴战略

为有效解决农业农村农民问题，促进城乡融合发展，国家实施乡村振兴战略，并提出到 2035 年乡村振兴将取得决定性进展，农业农村农民基本实现现代化；2050 年，乡村全面振兴，农业强、农村美、农民富将全面实现。在党的十九大报告中，"治理有效"被列为乡村振兴战略的总体要求之一，夯实基层治理是乡村振兴的根基，实现有效治理是乡村振兴的重要内容。

（一）乡村振兴战略的提出

改革开放后，随着国家经济体制转换，基层自由发展权利空间进一步拓宽，户籍制度松动及市场化、工业化、城镇化发展等促使农村社会由封闭状况逐步走向开放，"不仅使农村人口向城镇集中，也涉及农民生产和生活方式的转变、农业及农村经济社会结构的变化、以及农村人居空间、生存环境的改变"①。随着改革开放的日益深入，城乡社会流动加快，大量农村青壮年劳动力流向城市，留守农村的多为老弱病残人员，农村社会空心化现象严重。部分村庄精英借助权力和资源的双重优势搞集权式治理，借助村集体经济为私人谋福利，信息垄断和规则变通导致村庄内部利益分配不均，外出务工人员权益受损。另外，城市边缘区村庄被城市吸纳，远离城镇的村庄在过疏化、老龄化、少子化背景下慢慢走向没落。在城镇化进程中，整个乡村社会在内外力量的作用下发生质性变革，呈现出"去传统化"特征，从封闭、同质走向开放、异质，从熟人社会逐步向半熟人社会或陌生人社会转型，无论是乡村社会关系、还是乡村社会的内在联系机制都在发生变迁。新时代我国社会主要矛盾已经转化为人民日益增长的美好生活需要和不平衡不充分发展之间的矛盾。

农业农村农民问题是关系国计民生的根本性问题，党的十九大提出了实施乡村振兴战略，乡村振兴战略的提出是党在新时期的重大决策部署，是决胜全面建成小康社会、全面建设社会主义现代化的重大历史任务，是新时代做好"三农"工作的总抓手。习近平总书记指出，"农村美不美，农业强不强，农民富不富是决定全面小康社会的成色和社会主义现代化的质量，要充分认识实

---

① 参见宋亚平、项继权：《湖北新型城镇化与治理转型研究》，湖北科学技术出版社 2014 年版，第 2 页。

施乡村振兴战略的重要性和必要性"①。乡村振兴战略是新时代解决三农问题的关键，是促成农业现代化转型升级的关键决策，是农民获得幸福感、获得感的着力点，是农村与城市融合发展的必然途径。振兴乡村要夯实农业产业基础，农业强，产业必须强，要围绕农村一二三产业融合发展，实现产业兴旺，并把产业发展落到促进农民增收上。新时代深化农业供给侧结构性改革，加快构建现代化农业产业体系、生产体系、经营体系，以便不断提高农创新力、竞争力和全要素生产率，加快实现由农业大国向农业强国转变。新时代振兴乡村则需强化人才支撑，事靠人做，业由人兴，实施乡村振兴战略可破解人才瓶颈制约，让愿意留在农村、建设自己家乡的人留的安心，激励各类人才在农村广阔天地各施所长、各尽其能。

在城镇化大规模推进过程中，农村逐步走向城镇化、农业趋向现代化、农民日趋市民化，甚至是一些小村庄因为合村并居等各种原因而走向消失，但城镇化建设是个渐进性过程。农村与城市在经济、社会、生态、文化等各方面所承担的功能不同，两者互补互助、要素流通方能促进整个社会的健康发展。正如习近平总书记在2013年12月中央工作会议上指出的，"我国幅员辽阔，人口众多，大部分面积在农村地区，即使将来城镇化水平达到了70%，仍有四五亿人生活在农村地区"。如此庞大数量的农村人口同样需要与城市人口相同的政治、经济权益和福利待遇、公共基础设施和服务等，城乡需要实现融合发展。党的十二大报告指出"全面推进乡村振兴""坚持农业农村优先发展，坚持城乡融合发展，畅通城乡要素流动。"，乡村振兴战略的提出及实施是新时代解决三农问题、促进城乡融合发展的重要举措，也是激活农村社区发展活力的新动力，亦是新时代农村社区治理面临的新形势。

（二）乡村"五大"振兴战略

乡村振兴战略是总结反思中国城乡发展经验的必然产物，是在城乡差距扩大、城乡统筹发展、城乡一体化建设与城乡融合发展的演化模式中日益成熟的国家战略，以"产业兴旺、生态宜居、乡风文明、治理有效、生活富裕"为总要求，聚焦产业、人才、文化、生态和组织振兴，对于推动新型农村社区全面发展具有重要作用。

---

① 习近平总书记在2018年中央农村工作会议上的讲话。

新时代农村社区治理面临乡村产业振兴新形势。"产业兴旺"是乡村振兴的重点，是实现农民增收、农业发展和农村繁荣的基础。而土地是产业的基本支撑，农村土地的规模、数量、质量及经营方式决定农业产业特征，推进产业振兴是乡村振兴的重要支撑。新时代，我国将确保国家粮食安全放在首位，并实施了"藏粮于地、藏粮于技"的战略，深入推进农业绿色化、优质化、特色化、品牌化，调整优化农业生产布局，推动农业由增产导向转向提质转向，提高农业的创新力、竞争力、全要素生产率等，新时代农村社区发展也需要推进农村土地规模化、市场化、经营化、精细化生产，提高农业质量、效益、整体素质。"农村产业振兴既是社会发展大势所趋，更是满足人民向往美好生活的现实需要"①，产业振兴的关键是市场，而农产品的生产与消费因地制宜、因需而定，农村社区产业振兴既要看市场需求，又要看市场前景，政府不能以行政力量替代市场，市场的发展同样需要政府的积极引导，新时代农村社区围绕发展现代农业促使农村一二三产业融合发展，实现农村产业兴旺、乡村繁荣是产业振兴的重要表现，农村产业振兴也必然推动农村经济社会结构变革，经济社会基础变革也对农村社区治理结构带来相应影响。

新时代农村社区治理面临乡村人才振兴新形势。乡村产业的发展与振兴离不开人才，而随着改革开放程度的逐步深化，农村大量人才外出导致农村社区治理人才缺失。应大力推进城乡一体化建设，在农村社区建设高标准生产生活设施，建设现代化医疗、教育、交通及养老等服务基础设施，确保人才队伍在基层留得住。并且，加强农村人才引进和人才队伍建设，依托城乡各种农业高校及科研院所等培养"三农"人才，激励各类人才在农村广阔天地大显身手，培育新型职业农民，并在如何发挥返乡人才的能动性及夯实农业产业发展人才支撑方面进行政策制度创新，打造人才友好型工作环境，不断提升农村人才数量与人才质量。

新时代农村社区治理面临乡村文化振兴新形势。农村文化振兴是促进我国三农问题发展的内生动力，是解决新时代我国社会主要矛盾的必然要求。加强农村思想道德建设是以社会主义核心价值观为引领，深挖优秀传统文化，培育文明乡风。文化振兴是乡村振兴的重要支撑，新时代农村社区建设文化场馆、营造新型农村文化业态是推行新思路、新举措及繁荣乡村文化的重要步骤。2020年是全面建成小康社会目标实现之年，是全面打赢脱贫攻坚战收官之年，

---

① 周文波：《找准乡村产业振兴的"支撑点"》，载《学习时报》2020年6月3日。

第五章　新时代中国农村社区治理面临的新形势

"我国将正式进入以社会资本投资为主导的政府、市场、社会共同参与的多元主体协同乡村振兴促进农村政治、经济、文化健康发展的模式"①。农村文化深刻体现着农民生活的意义和价值，如果农村文化凋敝，农村社区则将失去灵魂。新时代农村社区面临文化振兴的重任，有效吸纳传统文化和外来文化精华，整合农村文化与城市文化、传统文化与现代文化的制度体系，培养鼓励农村文化能人联合社会力量参与农村文化建设，统筹规划农村文化产品和资源等，是新时代农村社区文化振兴的必然趋势，也是为新时代农村社区治理注入活力、注入灵魂的重要途径。

新时代农村社区治理面临乡村生态振兴新形势。一直以来农村治理鲜有兼顾人与自然和谐共生的例证，以开发、破坏自然环境为条件发展经济等人为造成自然资源破坏现象较多，人与自然之间矛盾激化；在人与自然和谐共生的新时代农村社区治理中，生态振兴迫在眉睫。习近平总书记指出，在当前我国社会主要矛盾面前，"只有建成'人与自然和谐共生的现代化、提供更多优质生态产品，'才能在物质与精神财富之外满足人民日益增长的优美生态环境需要"②。坚持绿色发展，把绿色作为发展的永恒底色，生态生产，实施乡村绿化美化工程，鼓励引导农民发展特色生态产业，依托山水生态、田园风光、传统村落、民俗文化等因地制宜发展生态产业，振兴乡村生态是新时代农村社区治理发展面临的新形势。扎实实施农村人居环境整治，推进农村厕所革命，完善农村生活设施，打造农民安居乐业的美丽家园是新时代农村社区生态振兴的支撑点；推进农村绿化美化的同时，打造不同农村区域特色突出、品牌效应显著的特色生态产品或农业生态产品，也是新时代农村社区生态环境治理的新命题。

新时代农村社区治理面临乡村组织振兴新形势。乡村振兴战略的实施离不开整体治理体系的建设，而整体治理体系的建设离不开组织间的协作，组织振兴是乡村振兴的根本保障。组织振兴的关键是党组织振兴，打造千千万万个坚强的农村基层党组织，加强基层党组织建设，突出政治功能、加强服务功能、补短板强弱项、夯实根基促进提升，把农村基层党组织有效嵌入各类基层组织

---

① 靳永翥、丁照攀：《贫困地区多元协同扶贫机制构建及实现路径研究——基于社会资本的理论视角》，载《探索》2016年第6期，第78页。
② 习近平：《决胜全面建成小康社会夺取新时代中国特色社会主义伟大胜利——在中国共产党第十九次全国代表大会上的报告》，人民出版社2017年版，第50页。

181

中，把基层党组织触角延伸到农村各个产业链中，加强农村基层组织建设并坚持党的领导、充分发挥党员先锋模范作用。培养千千万万名优秀的农村基层党组织书记，根据现实条件通过外引内培发展一批乡村人才队伍进入各类组织，发挥专业优秀人才的价值，解决农村空心化、农业边缘化、农民老龄化及集体经济空壳化等，聚焦农村基层党组织建设存在的突出问题，聚焦乡村组织振兴目标任务，切实把组织优势转化为乡村振兴优势，强化农村各种组织建设既是乡村振兴的重要内容，也是新时代农村社区治理的重要组织保障。

三、城乡社会开放、流动

在现代社会快速发展进步中，农村社会日益走向开放、流动，城乡二元分割状况也逐步得到改善。市场经济深入发展中城乡各种要素得到释放，各种生产要素在城乡之间、区域之间的自由流动日益显现，对农村社区治理产生深远影响。

（一）城乡资源要素双向自由流动

改革开放以来，在内外力量推动下，人力、资本、技术、信息等要素在城乡之间流动日益加快，大量城市要素更为顺畅地流入城市地区，城乡社会各种资源要素双向流动的进程持续加快。齐格蒙特·鲍曼指出，随着现代化的发展，我们日益进入了流动的现代社会，人们生活的流动性与社会的流动性，相互依赖，相互促进。[①] 现代化社会发展日益削弱传统农村社区的社会基础，推动传统城乡关系向现代化关系转型。城乡间要素流动不断深化，尤其是人口流动速度加快，据国家统计局发布的我国农民工调查监测报告数据显示，2018年全国外出农民工17266万人，增长0.5%；本地农民工11570万人，增长0.9%；2019年我国外出农民工17425万人，增长0.9%；本地农民工11652万人，增长0.7%，流动人口2.36亿人。大量农民从传统农业、农村中解放出来，发生职业身份的转变，进入农业劳动者、农民工、雇工、农民知识分子、个体劳动者和个体工商户、私营企业主、乡镇企业管理者、农村管理者等阶层。[②] 党的十八大以来，党和国家高度重视以人为核心的城镇化建设，又提出

---

① ［英］齐格蒙特·鲍曼：《流动的生活》，徐朝友译，江苏人民出版社2012年版，第1页。
② 陆学艺：《重新认识农民问题——十年来中国农民的变化》，载《社会学研究》1989年第6期，第3—8页。

第五章 新时代中国农村社区治理面临的新形势

乡村振兴战略等政策，短短几年间新型城镇化建设取得重大进展，农村居民进城落户政策有序推进。除了向城市聚集，部分农民也开始在农村社区内部实现横向流动。部分城市人口去农村养老、在农村办工厂、开发旅游业等。新时代的农村社区治理中，在城乡开放流动程度逐步深化背景下，城乡人口跨区域流动将要或已经成为现代化社会发展的新常态。城乡人口的快速流动使农村社区日益转变为居民身份多元，更加具有开放、包容的现代社会生活共同体，推动社区治理的创新与发展。

新时代土地要素在城乡间自由流动将成为一种新趋势。农村的解放不仅仅是劳动力的解放，更是土地要素的解放。土地流动实质是财富的流动，在我国土地改革历史上，第一轮土地改革是农村土地要素内部循环，促进了农村经济增长；第二轮农村土地改革是城市土地要素内部循环，促进了城市的经济快速增长。历经两次土地要素改革后，我国土地制度却还是城乡二元分割结构，严重制约着城乡住房建设：一方面是城市缺乏建设用地、土地供应弹性较低；另一方面是农村土地无法顺利上市，需要通过国有土地收储的方式进入市场，农民得不到合理公平的补偿，又无法承受城市高昂的居住成本，极大阻碍了城乡一体化发展。另外，越来越多的农村人口外出，农村土地、宅基地等土地要素在集体经济制度束缚下无法得到合理使用，导致资源浪费。在不能有效发挥市场调节作用背景下，第三轮农村土地改革势在必行。土地要素在城乡间自由流动，实现城乡土地市场一体化，建立城乡统一的建设用地市场，将农村集体经营性建设用地纳入现有城市建设用地市场，实现国有建设用地和农村集体经营性建设用地在交易主体、交易范围、交易条件和交易方式一体，真正做到两种权利、一个市场，并促进各种土地要素指标交易的常态化、公开化和透明化；在产权清晰、明确的情况下通过转让、承包、入股、合作、租赁、互换等方式出让土地经营权，积极引导外来人员来农村土地上开设工厂、承包土地进行规模化经营，鼓励农民将承包地向专业大户、合作社等流转，真正让土地资源转化为发展资本，激活土地活力，释放土地权能等，是我国新时代土地要素自由流动的重要发展方向。总体来看，土地要素的自由流动与优化配置将深刻改变农村经济社会结构，改变传统的农村社区治理结构，推动社区治理更加趋于现代化发展。

新时代农村社区面临资本要素在城乡之间自由流动的新形势。城乡资本要素的不平衡不充分发展制约着全面建成小康社会和城乡一体化的有效实现。城乡融合发展过程中，城乡之间人员流动不畅、土地制度不完善、农村金融要素不合理等极大削弱了农村经济社会发展基础。尤其是城乡资本要素的流动对农村社区及城市社区的发展都有着直接作用和影响，对农村社区来说，将资本要素运用于农村社区将会进一步改变农村社区落后的生产技术面貌，促进农村社区产业结构升级，甚至改变农村社区治理体系、治理制度、治理方式等。大量资本在城乡间流动，将会促进机械设备的改善、产业技术的革新，更好地实现城乡一体化发展。一直以来，农村与城市处于资本不对等的状态，农村人力资本大量流入城市，城市金融资本、技术资本等要素却无法有效流入农村，随着改革开放程度的加深及城镇化建设的不断加快，农村流出的人力资本逐年增加，而人力的流失进一步影响了农村的可持续发展。新时代乡村振兴战略的提出给农村社区发展带来机遇，同时能够有效实现资本要素在城乡间的均衡流动，增强农村社区基本要素的自身发展活力，引导城市要素逐步向农村社区聚集，全面推动城乡社区治理从分治走向一体。总体来看，新时代的农村社区已经改变了要素从农村单向流入城市的状况，不断向城乡资源双向流动转变，尤其是以劳动力、土地、资本、信息、技术等要素的流动势必将对农村社区治理产生深刻影响。

(二) 城乡基层治理从分治走向一体

开放、流动已经成为当代农村社区治理面临的重要特征，也是我国城乡融合发展面临的外部环境。在开放与流动程度逐步深入中，传统农村社区治理经济社会基础正发生质性变化。然而，在现实实践中，村社一体、政经不分、组织封闭等现象限制了各类要素的自由流动。同时，由集体产权制度、户籍制度、村庄组织制度所构筑的社区具有较大封闭性与排外性，不同身份居民共同生活的乡村社会是一个内在分割的圈层社会结构，开放、流动社会中的外来人员很难自由进入本地社会生活居住，这些新问题都亟需快速解决。新时代开放流动发展中的农村社区治理更加趋向城乡社区一体化治理方向发展。

开放流动背景下城乡管理服务制度一体化是新时代农村社区治理发展面临的新形势。在社会流动与开放发展中，个体与集体之间的联系更为直接地体现为经济利益关系，个体对集体的认同逐步降低，"人们的存在方式由'稳固性'转变为'流动性'，人们正在从一个前设的'参考群体'时代走向一个

'普遍关照'的时代"①。随着服务型政府建设的提出及深入推进,农村社区日益成为强化基层治理的重要载体。为强化农村公共基础设施建设及提高公共服务水平,同时实现规模化效应,对农村社区治理单元进行了重构,健全村庄社区化服务管理组织体系,推进村庄社区化服务管理。新时代农村社区治理面临构造新型乡村组织体系、强化农村社区管理与服务功能的重任,并将农村社区建设成政府、社区、社会、市场等主体多方合作的共治平台,促进城乡管理服务制度的融合发展。

开放流动背景下城乡社会保障制度一体化是新时代农村社区治理发展面临的新形势。社会保障制度作为我国一项重要的制度安排,对于我国社会民生改善、社会公平保障具有重要的意义。推进城乡社会保障制度一体化既是加快我国农业转移人口市民化进程,提高我国城镇化质量的重要制度条件,更是让全体城乡社区居民共享改革发展成果的客观要求。一直以来,我国农村社会保障制度相较城市而言缺乏经济基础,长期处于缺失处境,土地几乎承担了农村社会的所有社会保障及公共服务功能,农村社会保障项目在公共财政汲取能力减弱的情况下被长期搁置,"新的社会保障项目又让位于城镇社会保障制度搭建"②,城乡社区居民所享受的社会保障在条件、待遇、服务水平等各方面存在较大差异,一定程度上阻碍了我国城乡一体化发展进程。而新时代,随着城乡社会开放流动程度的逐步加深,为能有效满足城乡社区居民的利益需求,城乡社会保障制度逐步走向一体化。党的十八大明确提出统筹推进城乡社会保障体系建设要求和举措,以适用于城镇职工养老保险和新型农村社区养老保险等,逐步建立起保障方式多层次、管理服务社会化的养老保险体系。党的十九大报告提出全面建成覆盖全民、城乡融合、可持续的多层次社会保障制度。城乡社区如何走向城乡融合,"关键在于'通''融'和'合',把城乡之间这堵墙拆掉"③,破除城乡制度桎梏才能有效实现城乡融合。应充分发挥政府主导作用,加快农村社区社会保障制度的社会化进程,分步骤、分阶段在广大农村地区逐步建立起能够替代家庭和土地社会保障模式的广覆盖、多层次、可持续、面向全体农村公民的社会保障制度。另外,还应建立健全相关法律法规,

---

① [英]齐格蒙特·鲍曼:《流动的现代性》,欧阳景根译,生活·读书·新知三联书店2002年版,第Ⅱ页。

② 邓悦、郅若平:《新时代下城乡社会保障制度整合现状与路径分析》,载《理论月刊》2019年第6期,第131页。

③ 刘守英:《城乡融合催化剂是体制创新》,载《北京日报》2020年3月16日。

按照兜底线、织密网、建机制的要求，全面建成城乡一体化、权责明确的社会保障制度。在城乡保障制度一体化趋势下，重点完善失地农民社会保障制度，保障农民公平分享土地带来的增值收益；完善农民工社会保障制度，把社会保障扩面作为重要抓手；按照"推行全覆盖、保障高标准、管理重服务"的目标，不断扩大以养老、失业、医疗、工伤、生育为主要方面的社会保障，切实保障弱势群体基本生活尊严，使社会保障在城乡之间趋向一体化发展，使发展成果人民共享。因此，随着城乡社会开放、流动程度逐步加快，城乡公共管理、公共服务、社会福利制度等都将从二元逐步走向一体，城乡基层治理也将打破原来分治状态，走向协同治理状态，这是新时代农村社区治理面临的的新形势，也是需要不断创新发展的新环境。

四、农村空心化

农村空心化问题是城乡经济转型过程中乡村人地关系异化造成的不良后果，是社会经济发展不协调不充分在村庄物质形态中的呈现，表面上是农民的离土进城，实际是农村经济的发展阻滞以及由此引发的社会不稳定。[①] 农村空心化在国际上具有普遍性，许多发达国家同样经历了农村人口大量减少而导致的农村地域过疏、萧条的现象。但较之于其他发达国家，中国农村空心化问题远比其他国家更为复杂，而且近年来还呈现出"范围扩大、问题增多、速度加快、程度加深"[②] 的多重趋势。农村空心化问题不仅影响了我国乡村地域自身可持续发展，还对我国经济社会健康发展产生了巨大冲击。农村空心化是由农村人口流动引起的农村社会经济功能衰退的过程，有多种表现形式：一是人口空心化。即农村大量青壮年劳动力流入城市，农村常住人口不断减少，并且呈现老龄化、贫困化态势，人口空心化是其最明显、最根源的表现。二是农村科技空心化。近年来，我国持续推进农业科技下乡进程，先进的技术提高了农业收益，节约了大量生产力，但在此过程中也暴露出诸多缺陷，如缺乏专业的科技推广队伍、缺少专门的推广部门以及对接能力不足等。三是社会服务空心化。社会服务主要包括医疗、教育、文化等资源，紧缺的医疗服务满足不了留

---

① 参见刘彦随、龙花楼、陈玉福等：《中国乡村发展研究报告——农村空心化及其整治策略》，科学出版社2011年版，第25页。

② 冉光和、张林、田庆刚：《城乡统筹进程中农村空心化形成机理、现状与治理——基于重庆市54个村1236户农户的调查》，载《农村经济》2014年第5期，第3页。

守老人需求，匮乏的教育资源也无法满足青少年长期发展的要求，且由于人口长期外流村庄内很多基础设施出现老化现象。在当代社会快速发展进程中，农村空心化给农村社区治理造成诸多不利影响。

(一) 人口空心化

农村空心化问题是历史长时间演进的结果。改革开放以来，根据农村劳动力流动情况，农村人口空心化进程大致可以分为三个阶段。第一阶段是改革开放初期，乡镇企业异军突起，为农村劳动力从第一产业向二、三产业转移提供了条件。伴随着家庭联产承包责任制的实行，农民拥有了更加充分的农业自主权利，农业生产技术也取得了较大进步，大量农村劳动力得以从土地上解放，乡镇企业的快速发展在很长一段时间内消化了较多农村劳动力，这时的农村劳动力外流情况可以概括为"离土不离乡"。第二阶段则是随着市场竞争的日益激烈，多数乡镇企业因经营管理后继乏力、创新能力不强、技术人才匮乏、产品科技研发滞后、结构不合理等弊端变得难以为继，对农民吸引力也不断下降。与此同时，在工业化和城镇化快速发展背景下，城市经济发展体系日渐健全，对劳动力需求也不断增多，这些都为农民进城发展提供了较多机会。农村青壮年劳动力开始向大城市转移，从而形成一股"下海潮"，形成"离土又离乡"的状态。第三阶段是目前"离土离乡不守土"① 阶段。进入 21 世纪以来，乡镇企业发展乏力，大量农村剩余劳动力离开农村进城，农村劳动力转移由过去的"只身前往"发展到整个家庭外出，不少农户家庭已经形成了对外出打工的严重路径依赖。在农民不断外流情形下，大量土地被抛荒撂荒，大量农村基本公共建设停滞不前，留守群体生活困苦难题日益加剧，传统文化不断衰落，最终形成了严重的农村空心化问题，阻碍农村建设发展进程。

人口空心化已成为影响广泛而深远的长期历史性问题。近年来，农民进城步伐不断加快，农村人口流失严重，从事农业生产的劳动力不足，城乡发展差距也开始逐渐加大，农村逐步被边缘化。据国家统计局数据显示，与 2010 年相比，2019 年乡村人口数量减少 1 亿多。大部分年轻人因思想活跃，敢冒风险，勇于开拓，具有脱离农村、进入城市的强烈愿望。相较于年轻人，一些年龄偏大的农村人口常年在当地生活，已经形成浓厚的乡土情感，在短期内很难

---

① 席婷婷：《农村空心化现象：一个文献综述》，载《重庆社会科学》2016 年第 10 期，第 77 页。

适应一个不熟悉的环境,城市化的直接结果是引起或加剧农村人口老龄化趋势,导致农村人口数量、结构发生巨大变化。农村青壮年人口比例不断下降,留守老人、妇女和儿童比例相应增加,先前的"386199部队"(妇女、儿童和老人)主要变成儿童和老人,这些社会现象通常被概括为人口空心化。① 改革开放初期的1980年代,乡城迁移人口规模比较小,农村年轻人口的外迁对农村老龄化的影响还不是很明显。如1982年农村地区和城市地区的老龄化水平分别为5.00%和4.56%,前者仅比后者高出0.34个百分点。② 但自1990年开始,乡城迁移人口规模及其对农村人口老龄化的影响开始逐年增大,到1999年农村地区较城市地区先行进入老龄化社会。进入21世纪以来,城乡迁移人口规模进一步增大,对农村人口老龄化的影响也相应更加显著。农村人口空心化、老龄化一方面造成农村经济社会发展主体不足,另一方面造成农村社会活力不够,农村社区治理缺少充足人才,社区治理事务更为复杂,社区治理运行面临诸多困境。

(二)农业科技空心化

进入新时代,随着工业化发展和科技革命推进,我国城市进入快速发展时期,加之限制农民进城就业不合理政策的清理和取消,劳动力和非农业经济活动开始不断向城市空间集聚,逐渐转化为城市经济要素。与此同时,沿海地区经济崛起和城市经济、工业经济高速发展也对劳动力产生了大量需要,农村劳动力向城市、向沿海地区迁移。推进农村剩余劳动力转移是统筹城乡经济社会协调发展的重大举措之一,但实际情况是,从农村转移出去的劳动力通常是那些拥有一定文化科学知识、身体强壮的农村人口,而不是通常意义过剩人口。研究表明,越是年轻人、越是文化程度高、来城市的时间越长,越是倾向于不回家乡。③ 现有在乡农业从业人员知识结构、年龄结构严重失衡,不仅对农村生态、经济、社会产生深刻影响,也对现行农业科技推广体系产生了全面冲击。

我国自古以来就有以农立国的传统,农业发展史实质上也是农业科技发展

---

① 周祝平:《中国农村人口空心化及其挑战》,载《人口研究》2008年第3期,第45页。
② 王桂新:《高度重视农村人口过快老龄化问题》,载《探索与争鸣》2015年第12期,第28页。
③ 吴兴陆、亓名杰:《农民工迁移决策的社会文化影响因素探析》,载《中国农村经济》2005年第1期,第26页。

史，其最终形成了中国灿烂辉煌的农业历史文明。重农固本是安民之基、治国之要。改革开放以来，我国越来越重视科学技术在农业领域中的运用，21世纪以来我国农业发展由传统型农业向现代型农业转型升级，农业技术不仅是引入新生产要素的过程，更是农业资源得到优化配置和新型生产关系适应新生产力发展的过程。农村科技人才队伍建设直接影响农业科技推广体系的运行成效，但就现阶段大部分农村而言，农村科技特派员数量少，农业科技服务种类少且质量偏低，农业产前、产中、产后技术服务供不应求，农业科技推广体系受到极大影响，尤其是乡镇、村（组）两级受冲击最大。农业科技推广体系从中央到省市县都有专业机构（如农技推广中心），有稳定的财政支持和成熟的体制机制，但到了乡镇和村组，农业科技推广体系基本名存实亡，尤其是村（组）农技员队伍已基本瓦解，多数农技站的技术服务职能形同虚设，有站无人、一人一站，影响了农业技术服务的数量和质量。① 乡镇农技服务是基层农业科技推广的重要手段，技术与物质结合是其最佳服务方式，但是在实际过程中，服务方式逐渐演变成出售化肥、农药、种子、农膜等农用生产资料，技术服务成了空壳。农民专业合作组织是农业科技推广的重要载体，但农民专业合作组织目前仍然发育不足，真正覆盖一般农户、惠及普通农户的专业协会不多。农业科技推广体系因村农技员配备不足、农村专业协会发育滞后、科技示范流于形式等问题更为突出。

经济社会快速发展带来了农业产业化的快速提升，现代农业发展及高新农业技术的应用为我国农业现代化奠定了坚实基础。但是自家庭联产承包责任制实施以来，农业长期采取分割式小块经营无法实现规模效益，更无法开展大规模现代农业技术应用。并且农业生产极易受气候、市场等影响，相较于其他产业部门而言，农业生产风险大、收益低，务农收益大多只能满足农民家庭成员基本的生活需求。再加上大量农村青壮年进城务工，留守农村的基本是老人、女性及儿童，难以从事高负荷的农业生产活动，只能从事维持其温饱的基本农业劳动。虽然国家出台了各项政策鼓励农民生产，但是农业生产仍然是外延式扩大再生产、粗放型生产经营方式，要素投入集中于土地和劳动，农业机械装备投入较少。加之农村居民从事农业生产往往成本过大，无法实现规模化经营，现代农业技术不足，农业发展退化。农村居民对技术的需要就是实践的需

---

① 张庆、刘成玉：《"空心化"对我国农业科技推广体系：影响与对策》，载《中国科技论坛》2007年第5期，第114页。

要，这种需要可以推动农业技术发展，农业、农村和农民对农业技术需求不足，是农业技术的空心化主要症结所在。在诸多农村地区并没有系统性开展农民现代技能教育培训，农民限于农业生产技术、信息管理等知识的不足，难以适应现代农业快速发展要求，农业科技不足带来的农业发展不足进一步带来农村社区治理经济基础、社会基础薄弱，农村社区治理绩效难以有效提升。

（三）社会服务空心化

农村社会服务是构建社会主义和谐社会、全面建设小康社会的基本要求，关系到亿万农民生活质量。自党的十八大以来，以习近平同志为核心的党中央以全面建成小康社会为战略目标，提出一系列新思想、新理念和新战略，加大惠民政策力度，增加社会公共服务投入，我国乡村地区公共服务状况得到了很大改善，城乡公共服务均等化水平得到较大进步。尽管如此，由于人口流失，少数农村地区的公共服务设施基本处于闲置状态，个别村庄的道路、水电管网、乡村卫生所、文化服务中心等公共设施也基本荒废，无法为有需要的村民提供公共服务，这使得少数农村地区的公共服务处于虚无化。① 同时，由于大量农村青壮年劳动力外出，农业基础设施以及农村公共服务设施等处于无人维护状态，如农业水利灌溉设施、防洪抗旱设施、村庄公共道路设施等，很难集中人力进行维护与改造，导致农村基础设施使用效益不高。当前快速城镇化和人口流动深刻侵蚀着村庄，农地、宅基地大量闲置，农村服务设施不足、服务水平不高是诸多乡村地区面临的普遍现状，偏远山区情况更不容乐观。实际上，公共服务缺失是导致农村空心化的重要原因之一，基本公共服务供给改革还只停留在简单层次上的调整，农民权益得不到充分保障。

进入 21 世纪，广大农村居民对公共服务需求呈现出多样化、差异化、层次性特征。农村居民作为乡村公共服务供给对象，是直接受惠者和利益相关者。传统垂直线性行政的管理模式很难提供深入细致的公共服务，这种供给机制在农村社会结构转型的背景下，难以满足农村日益增长的多元化公共产品需求，存在供需错配的问题。② 现实中，诸多农村居民对自己应享有的公共服务权利并不清楚，也不能很好地反映公共服务诉求，公共服务需求与供给不匹

---

① 李博、赵树宽：《农村空心化困局怎么破》，载《人民论坛》2017 年第 31 期，第 94 页。
② 郑风田、王旭：《新型乡村治理：挑战及破解之道》，载《人民论坛·学术前沿》2015 年第 3 期，第 12 页。

配，容易造成资源浪费。工业化和城镇化发展依赖于乡村人力资本和原材料供给，而农村社会公共服务供给也离不开各种资源的输入。农村青壮年劳动力外流，农村空心化使得留守在农村的老人、儿童和女性缺乏应有照料、关爱、陪伴及精神安慰，他们在心理、教育、安全、思想等方面容易出现问题，危及家庭和谐与社会稳定。总体来说，农村空心化与公共服务供给相互交织、相互影响。一方面，农业的进步、乡村的发展以及村民生产与生活都离不开公共服务的供给，乡村公共服务供给普遍不足严重制约了乡村经济发展；另一方面，人口空心化影响乡村公共服务需求和消费，对乡村经济社会发展带来消极影响，制约着农村社会治理的现代化水平。

总而言之，随着中国特色社会主义进入新时代，新型城镇化进入高质量发展新阶段，同时乡村振兴战略深入推进，聚焦产业、人才、文化、生态、组织振兴五大内容。在新时代我国开放流动程度更加深化，城乡资源要素双向自由流动更加明显，城乡基层治理趋向一体化模式，同时在现代社会深入发展中，农村社会面临人口空心化、科技空心化、服务空心化等诸多问题。在新时代农村社区治理面临诸多新的形势，机遇与挑战并存，创新农村社区治理，实现社区治理体系和治理能力现代化必须统筹考虑这些问题。

第六章 新时代中国农村社区治理发展趋势及重点

一、新时代中国农村社区治理发展趋势

习近平总书记指出"社区虽小，但连着千家万户，做好社区工作十分重要"①，社区既是社会的细胞，也是国家治理基层社会的载体。在中国特色社会主义新时代，农村社区治理水平直接关系到国家治理现代化进程，关系到广大农村居民日益增长的美好生活需要满足程度。创新农村社区治理，实现社区治理体系和治理能力现代化发展已经成为时代发展的必然选择。

（一）治理主体多元化

当前，中国特色社会主义制度建设已经进入了新阶段，对国家治理能力提出了新要求。在国家治理能力现代化的具体实践路径方面，社会治理的重心必须落实到城乡社区。新时代国家治理更为注重社区功能发挥，通过体制机制创新发挥多元共治作用，有效吸引更多主体参与社区治理，避免政府在社区治理中失灵，以此推动社区治理的民主化、科学化水平。

21世纪以来，我国社会发展步入了一个新阶段，社会阶层不断分化，社会矛盾日趋复杂，基层治理面临极大挑战。与此同时，随着社会经济快速发展，社区建设中公共事务的繁杂和社区居民对于公共服务的多样化需求，使得政府在社区服务中力不从心，迫切需要社区建设及治理中充分发挥社区居民、社会组织、企业等多元主体共同协作作用。党的十九大报告明确提出，"加强

---

① 《习近平在福建调研时强调：全面深化改革全面推进依法治国为全面建成小康社会提供动力和保障》，载《人民日报》2014年11月3日。

社区治理体系建设，推动社会治理重心向基层下移，发挥社会组织作用，实现政府治理和社会调节、居民自治良性互动。"① 由此可以看出，就社区治理而言，党中央重视发挥社会组织和居民作用，将政府、社会组织以及社区居民有效组织起来，发挥集体智慧，群策群力，优化社区治理机制。党中央对社区治理的新要求，预示着社区治理将逐步改变传统的治理模式，政府包揽全责的格局将被打破，社会组织、社区居民在社区治理中将发挥越来越重要的作用，进而形成新型社区多元共治模式。② 传统政府治理模式被视为政府单向度的运作过程，其逻辑出发点是管控社会；现代政府治理更要突出民众意志，代表广大民众的利益诉求。政府治理的现代性在于民众参与广泛性，发扬民主成为政府基层治理现代化的内在要求。

从本质上而言，多元共治是指根据法律相关规定，多元参与主体之间采取协商方式，制定统一的方案，达成一致的意见，共同参与社区治理。多元共治理念的提出顺应了党中央对加强社区治理体系建设的基本要求，是新时代我国社会治理的重要方向。"多元共治"下的社区治理与传统社区管理有着明显的区别。一是治理主体的地位和作用转变。政府改变了"全能型"政府角色，从政策的制定者改变为政策制定的催化者和调制者。政府从原来大包大揽的管理方式逐渐转变成推动社区多元主体共同合作、共议社区事务、共谋社区发展的治理方式。二是治理目标上突出为居民提供优质公共服务。政府、社区居民、社区团体、辖区单位组织、企业等主体都有各自的优势，多元主体的融合能发挥各自优势，为社区提供优质高效的公共服务，满足社区居民日益多元化的服务需求。三是治理模式上突出合作共治、平等协商。多元共治强调各主体间良性互动，是一个上下互动、多维度多向度合作的过程。各主体基于平等协商共同治理社区公共事务。

多元共治与社区治理现代化之间有着不可分割的关系，二者相互影响、相互制约。政府是社区治理的重要主体之一，但是其提供的资源是有限度的，实现社区治理现代化必须引入其他多元主体，构建起多元主体协同共治机制，促使各方主体各担其责，这是农村社区治理发展的基本趋势。

---

① 习近平：《决胜全面建成小康社会夺取新时代中国特色社会伟大胜利——在中国共产党第十九次全国代表大会上的报告》，人民出版社2017版，第33页。
② 宋海霞：《社区治理现代化呼唤多元共治》，载《人民论坛》2018年第20期，第66页。

(二) 治理方式法治化

农村社区治理创新是社会治理创新的具体化,是落实国家治理体系和治理能力现代化战略任务的重要举措。农村社区治理既体现了基层政权与村落社区的互动协作,又凸显了村民自治的参与空间。但在市场化、城市化等多重因素的作用下,城乡社会结构流动性、多样性和异质性不断增强,这对社区治理体制、方式和手段提出更高要求,如何最大限度调动城乡社区各相关组织以及普通民众参与治理实践,实现城乡社区治理法治化是城乡社区治理创新的重要内容与关键环节。

自20世纪30年代"社区"概念被引入中国以来,伴随着传统社会向现代社会变迁,村落结构逐渐转化为社区制社会结构,传统熟人社会逐渐演变成半熟人或陌生人关系,原有借助宗族和长老身份进行的权威治理方式逐渐被消解。与此同时,农村社区与传统的人民公社和村民自治制度不同,不仅肩负着国家治理体系和治理能力现代化的建构重任,还承担着改善农村民生和健全农村基层民主建设的重大任务,这些都需要依靠法治的引导与规范功能予以落实。① 农村社区建设及治理的深入推进工作逐渐趋向实现理性化与法治化的轨道。

良法乃善治之前提,完备的社区治理法律规范和自治规范为社区治理法治化奠定了基础。中共中央、国务院及相关部门为农村社区法治建设提供了丰富的政策指导。2015年中央一号文件《关于加大改革创新力度加快农业现代化建设的若干意见》(中发[2015]1号)要求,"必须加快完善农业农村法律体系,同步推进城乡法治建设",首次提出农村社区法治建设的政策框架。2016年中央一号文件公布《关于落实发展新理念加快农业现代化实现全面小康目标的若干意见》(中发[2016]1号),更进一步将农村社区建设聚焦于法治建设。党的十八大报告着重强调"法治保障",要求用法治保障社会管理体制创新;同时还特别突出要用"法治思维和法治方式"来替代过去的管理思维、行政思维。党的十九大也重点强调全面依法治国是国家治理的一场深刻革命,必须坚持依法法治。农村社区建设已经实现了"地方自发试点时期(2001—2006)"向"建设实验时期(2006—2008年)"的阶段性跨越,正

---

① 颜慧娟:《民生法治:十八大以来农村社区治理创新的法治保障研究》,载《社会主义研究》2016年第4期,第129页。

处于"社区治理全面推进（2009年至今）"的关键时期。① 目前，现代农村社区正以开放性的方式展现出来。

面对社会转型所伴随的社会矛盾凸显、农村流动性大等现象，中央和地方政府以全面推进农村社区法治建设为凭借，将法治作为"行动准则"与"最后防线"，构筑良性互动、有效衔接的基层治理状态。现实中，部分农村社区普遍存在自我角色定位不清，服务农村居民效率降低以及行政任务承担许多等问题。法治是农村社区社会关系与行为的基本准则，在推动农村社区有序治理方面发挥着重要作用。例如，山东省根据省委省政府通过打造公共法律服务实体、网络、热线三个平台，建设"农村一小时法律服务圈"，实现"一站通""一线通""一网通"，确保居民更加便捷地享受公共法律服务。与此同时，在新时代推进农村社区治理必须充分运用现代信息技术，激活传统组织资源、文化资源、制度规范，这是推动社区治理法治化的重要保障。

（三）服务模式高效化

中国特色社会主义进入新时代，我国社会主要矛盾已经转化为人民日益增长的美好生活需要和不平衡不充分发展之间的矛盾，这种结构性矛盾在基层社会治理显现为服务需求与服务能力的不匹配。当前，社会治理体系不够完善和治理能力有待加强，社会治理实践中的管理思维仍然浓厚，共建共治共享治理格局没有真正形成，优质公共服务没有很好实现。

综观中华人民共和国成立以来农村社区服务模式变迁过程，可以分为四个阶段：一是村民互助供给的社区服务模式。新中国成立之初，政府颁布了《土地改革法》，规定废除地主阶级封建剥削的土地所有制，实行农民的土地所有制，促使原有乡绅、宗族以及地主等主导下的自然村落彻底瓦解。国家将行政权力向下延伸，农村逐渐形成了行政权力控制下村民互助供给的社区服务模式。② 二是"村集体为主，国家补助为辅"的社区服务模式。1956年底"三大改造"完成以后，农村初步形成了"三级所有、队为基础"的制度安排。在此背景下，农村公共服务形成了以农民集体为供给主体、通过集体提留与"一

---

① 袁方成、杨灿：《当前农村社区建设的地方模式与发展经验》，载《青海社会科学》2015年第2期，第9页。
② 杨逢银：《需求导向型农村社区服务网络化供给模式研究——基于浙江舟山"网格化管理、组团式服务"的分析》，载《浙江学刊》2014年第1期，第210页。

平二调"的筹资渠道提供社区服务的模式。① 三是家庭联产承包责任制背景下以农户为供给主体的社区服务模式。1978年自家庭联产承包责任制在广大农村推行以后，土地所有权与使用权分离，原有集体生产生活方式逐渐被以户为单位的家庭取代，农村服务供给也开始从村集体逐渐变为市场化和分散化的供给类型。但是，税费改革后多数县乡财政成了"吃饭财政"，缺少为民服务的能力和资源，农村集体经济发展缓慢，"空壳化"现象比较突出。② 四是政府主导下多方参与的社区服务模式。21世纪以来，国家积极引导社会力量和市场力量参与供给农村社区服务，形成政府为主导的社区服务多元主体参与供给格局，农村基本公共服务、社会事业以及基础设施供给效率得到明显改善。

总体来看，随着工业化、市场化、城镇化和信息化迅猛发展，农村利益关系格局和社会结构发生了深刻变化，农村社区面临着管理与服务工作不协调、服务资源有限、服务对象异质化以及需求碎片化的挑战。服务体系的构建与完善成为现实中提高服务能力的重要发展思路。这一发展思路主要是农村公共服务除了具有一般公共品的属性外，还有地域性、分散性、多层次等特殊属性。这种特殊性就决定了农村公共服务不可能由单一主体供给，服务供给主体的多元化已经成为必然趋势。③ 目前，市场力量、社会力量以及农民自身开始在农村公共产品供给中发挥越来越大的作用。例如，山东省青岛市经济技术开发区探索建立"三会共治、三园协同、三社联动"的社区社团化治理和项目化运作模式，通过"社区党组织领导、社区居委会主导、社会组织协同、社区公众参与、民主法治保障"的社区治理新体系提高社区综合服务能力。在服务过程中，专业化和社会化的人员选用成为提升服务能力的重要支撑。为此，各地区通过政策支持提升服务人员的薪资待遇、发展空间、社会地位、能力发展力来增强吸引力，实现服务人才下乡。乡村始终存在着众多"闲置"的人才，包括退休干部、教师、医生、网格长等，他们是提升服务效率和水平的重要力量。例如，湖北省秭归县以村落为单元，以村落理事会为组织载体，以"一长八员"为骨干队伍，使经济得到发展、民生得到改善、环境得到保护、设

---

① 程又中、李增元：《农村社区管理体制：在变迁中实现重构》，载《江汉论坛》2011年第5期，第15页。

② 伊庆山：《新时代我国农村社区网格化服务管理创新研究——基于S省网格化政策实践调查》，载《兰州学刊》2020年第9期，第173页。

③ 赵大朋：《城乡一体化背景下的服务型村级党组织建设——基于有效服务供给的视角》，载《探索》2017年第6期，第97页。

施得到建设、乡风得到净化、正义得到伸张、矛盾得到化解、困难得到帮扶、权益得到保障。

信息网络技术的发展为农村服务提供了有力技术支撑。运用信息互通技术消除社区治理部门壁垒；通过数字化技术推动社区治理数据的整合，构建起智慧服务模式；利用"天网"、"地网"的信息化监控技术实现及时预警防控及风险排查，通过微治理强化服务，促进社区和谐稳定。信息网络技术打破需求多样化及差异化背景下的信息收集困难，社会矛盾、风险加剧下的预警防控机制落后，开放、流动下的社会管理、服务力不从心，民众权利意识觉醒下的政府回应不足等多重困境。现实发展过程中的服务体系重新塑造、服务人员质量化选配、信息网络技术的技术支持作为服务模式创新的重要内容，促进了服务过程的便民、规范，是以实现服务过程的高效的目标导向。服务模式高效化是以充分满足居民需要为目标，通过改革与完善服务流程、提升服务人员质量、增加技术支持、明确供给责任等服务过程的具体要素，使服务更加全面、及时、准确。这些以服务高效化为指向的服务改革与创新适应国家治理能力发展需求，不断得到国家的承认与各种政策的保障。2018年中央一号文件《中共中央 国务院关于实施乡村振兴战略的意见》提出，"以现代信息技术为支撑，实现基层服务和管理精细化精准化"。2019年6月中共中央办公厅、国务院办公厅印发《关于加强和改进乡村治理的指导意见》提出，"建立健全党委领导、政府负责、社会协同、公众参与、法治保障、科技支撑的现代乡村社会治理体制"。党的十九届四中全会指出，"必须加强和创新社会治理，完善党委领导、政府负责、民主协商、社会协同、公众参与、法治保障、科技支撑的社会治理体系，建设人人有责、人人尽责、人人享有的社会治理共同体，确保人民安居乐业、社会安定有序，建设更高水平的平安中国"。无论党和国家政策还是地方实践探索，都为新时代破解农村社区治理困境服务提供了有力支撑，为农村居民提供更加优质的服务成为农村社区治理发展的必然趋势。

二、新时代中国农村社区治理应遵循的基本原则

中华人民共和国成立后，我国农村社区治理经历了人民公社体制下的社队治理、乡政村治时期的村庄治理，以及以农村新社区为基础的社区治理等多个阶段，在不同的历史阶段，不同形态的农村社区都是国家治理基层社会的重要

载体，在不同历史时期的农村治理中发挥了重要作用。随着中国特色社会主义进入新时代，农村社区治理也需要不断完善与创新，新时代的农村社区治理应该遵循人的全面发展、共建共治共享、治理单元多样与分类治理并举的原则。

（一）人的全面发展原则

"每个人的自由而全面发展""自由人的联合体"是人类发展的最高价值追求目标。人的全面发展在不同历史阶段有不同的衡量标准，呈现出不同时代特征，人的全面发展是具体的、历史的、实践的、现实的。在新时代，我国始终坚持把人的全面发展作为发展的出发点和落脚点，党的二十大报告提出"必须坚持人民至上"，实现农村社区治理现代化发展也必须以人的全面发展为指导原则。总体上看，实现人的现代化与公平正义构成了人的全面发展的重要内容。

第一，人的现代化原则。农村社区发展的核心是人，人的现代化是社区发展和治理现代化的关键所在。人的现代化发展是一个全方位过程，既呈现出时代性，又具有历史进步性，体现着人的自由全面发展进步程度。进入新时代，党中央高度重视人的现代化，牢固树立"以人民为中心"的发展理念。作为基层劳动者的广大农民，其现代化程度体现着人的全面发展实现程度。随着现代社会深入发展，当代农村社区逐步转变为包容多元身份居民共同生活、居住、社会交往的基础性公共单元，社区既呈现出国家性，也呈现出社会性，为个体更好的发展与进步提供了基础场所。

人的现代化是绝对性与相对性的统一，绝对性即人的现代化发展目标是实现人的全面发展；相对性是相对于特定历史条件下的政治、经济、文化、社会以及生态而言，人的现代化水平与其相适应。实现人的现代化是一个系统且复杂的过程，新时代人的现代化体现在政治、经济、社会、文化等多个层面。新时代人的政治现代化是人们对自身民主政治诉求的有效表达、政治权利权益的维护及有序积极的政治参与，民主思想及民主意识的提升。农村社区作为由生活、居住其地域范围内的所有居民共同组成的公共生活领域，在社区生活中的每个居民理应具有平等的民主权利，平等地参与社区公共治理活动，各项权利及权益都应受到公平对待与保障，实现公民权利待遇与社区居民权利待遇的协调统一。经济现代化意味着农民经济发展自主化、经济权利的高度享有与保障程度，农民经济发展能力与技术的不断提高，综合经济发展能力的提升，"所谓现代人，就是具有现代知识、现代观念和现代行为方式的科学化的人。"①新时代的新兴职业农民应具有爱农业、懂技术、善经营的基本特征，拥有与时俱进、敢于创新的时代精神。社会现代化更多体现为各种社会权利得到良好的保障，社会生活条件逐步得到改善，有尊严的生活，等等。当然，人的现代化还包括思想、文化、精神等方面的发展。新时代更应该重视农村居民基础教育，坚定文化自信，在继承和发扬原有优秀传统文化的基础上，也要重视与新时代中国特色社会主义文化相结合，不断形成正确的人生观以及价值观。与此同时，人的现代化发展还需要良好的外部生态环境，具有绿色发展理念，拥有生态生产、生活以及发展的意识。作为基本治理单元，农村社区发展应当提高居民生产、生活、发展和竞争等能力，以为居民发展提供良好的环境与条件、促进各种权益的保障为核心，为实现人的现代化发展提供坚实基础。

第二，公平正义原则。公平正义是理想政治制度或体制设计必须遵循的基本原则，也是人们生活中不可或缺的核心价值观。在现代民主国家，公平正义更是当今社会的重要价值追求。习近平总书记指出，"要把促进社会公平正义、增进人民福祉作为一面镜子"②，新时代实现人的全面发展必须遵循公平正义原则。总的来看，在公平正义的社会，每个人才可以有效凭借自身的努力获取平等的发展机会，获得同等的权利及待遇，社会才能有序发展，社会才能充满内在活力与生机。党的二十大报告强调指出，"着力维护和促进社会公平正义，着力促进全体人民共同富裕，坚决防止两极分化"③。公平公正决定着人民生活的获得感和幸福感，是维护社会公平正义的行动指南及满足人民美好生活需要的重要保障。

一个人只有在公平正义的社会中，亦即存在于社会中的每个人都有机会尽其所能做出努力的同时并取得他理应所得之物时，才能更有效实现新时代人的现代化。改革开放以来，农村经济社会发生历史性变革，城乡二元体制逐渐被打破，个体的发展空间不断得到扩展，农村居民由传统农民向现代公民转变。但就实际而言，农村居民身份限制很难被打破，在城乡开放中进入城市社会难

---

① 薄忠信、何明、姜铁敏：《科学发展的人文思考》，中央编译出版社2001年版，第214页。

② 习近平：《切实把思想统一到党的十八届三中全会精神上来》，载《求是》2014年第1期，第3页。

③ 《高举中国特色社会主义伟大旗帜　为全面建设社会主义现代化国家而团结奋斗：在中国共产党第二十次全国代表大会上的报告》，人民出版社会2022年版，第22页。

以享受公平的待遇与机会。另外，基于传统集体产权制度、户籍制度以及由村庄内在的封闭性和排外性，导致外来人口难以融入村庄生活，无法有效参与社区治理。公共服务的不均等和社会福利的不平衡，不断引发各种社会矛盾。随着现代化进程不断加快，住房、就业、医疗卫生及公共服务设施、养老保障等问题也不断凸显，直接涉及新时代社区治理的公平正义及人的全面发展的有效实现。保障居民基本权利平等、利益诉求受到同等重视，公平对待社区内的每个居民，既是农村社区治理发展的内在要求，也是"以人民为中心"发展理念的根本体现。坚持公平正义原则是实现新时代人的全面发展的基础，只有实现社区各方面的公平正义，让广大社区居民能够获得公平发展机会、平等的发展权利与生存尊严，才能够在新时代提高农村社区治理水平过程中更好促进人的全面发展。

(二) 共建共治共享原则

近年来，国家高度重视社会治理，党的十八届五中全会提出"构建全民共建共享的社会治理格局"，党的十九大报告从统筹推进"五位一体"总体布局、协调推进"四个全面"战略布局高度，明确提出打造共建共治共享的社会治理格局。党的二十大明确指出"健全共建共治共享的社会治理制度，提升社会治理效能"。城乡社区是社会治理的基本单元，其治理效果如何事关党和国家大政方针贯彻落实，事关居民群众切身利益，事关城乡基层和谐稳定，新时代农村社区治理也必须遵循共建共治共享的基本原则。

第一，多元主体共建原则。农村社区是农村居民生产生活、自我发展的场所，离不开多元主体共建。在新时代农村社区是居民从事生产劳动的单元，农业更是其主要的产业，因此农业生产基础设施建设极为重要。同时新时代农村社区是居民的基本生活、交往单元，这就要求应该具备完善的生活基础设施、公共服务设施、公益性设施，文体娱乐设施、教育、医疗公共服务设施及其他便民服务设施等，来满足居民的基本需求。同时，良好的生态环境也是农村社区建设的重要方面，需要做好农村社区的垃圾管理，环境绿化等，营造良好的生活环境。只有农村社区具备各种完备的软硬件设施，才能提升居民对农村社区的满意度与认同感。

新时代农村社区建设是一项系统性、全面性、基础性工程，需要各方力量参与建设。农村社区作为国家治理乡村地区的治理单元，特别是在农村社区建设的初、中期阶段，各种建设仍十分薄弱，政府更应该承担起建设主导责任，加大对农村社区各项建设的财政投入力度，明确和细化各级政府主体责任，确保农村基础设施建设的财政投入。同时应充分实现政府部门间资源的最大配置，明确部门职责及协同供给机制。政府主导是农村社区建设的重要保障，但是只依靠政府很难实现社区建设的效率与水平的提升，应充分发挥其他多元主体的作用。政府可以通过购买服务的方式将市场力量引入农村社区建设中，通过市场机制发挥其自身优势。同时，积极引导市场力量通过捐赠、项目搭建等方式积极主动参与建设。充分发挥企事业单位的作用，既要发挥其作为社会力量进行捐助、帮扶作用，同时发挥诸多驻社区的企事业单位，或者与社区有密切联系的企事业单位参与社区建设。另外，充分引导社区内外各种非营利性组织、公益性组织等社会组织以政府购买服务、支持帮扶、志愿服务等方式参与社区建设。农村社区居民是社区建设的最终受益者，居民的参与也是社区建设成败的关键。农村居民等社区力量更要积极主动建设家园，在社区党组织的带领下做好生产生活、公益性基础设施的日常管理与维护，对环境的有效保护等。最终，通过多种力量共同参与社区建设，提高社区发展质量及社区治理水平。

第二，多元主体共治原则。从人类历史发展进程来看，社区根本上体现为人的关系的外化，是人的实践活动的结果。从实践来看，社区是人的生活居住单元、生产单元。在新时代，以社区为基础的农村基层治理面临多重任务，社区化治理突出强调多元主体参与。共治即多元主体通过沟通、协商、调和、合作的方式共同参与公共事务治理，妥善解决矛盾纷争，进而达成一致性意见、采取一致性行动。① 从我国当前农村社区发展进程来看，社区不再是过去单一的熟人社会，更加突出开放性、包容性，必须强调多元主体共同治理。突出强调各参与主体的多元性、参与主体地位的平等性，坚持采用共同协商、探讨、合作以及沟通的方式解决问题。此外，共同参与、协商治理的方式为相关利益主体平等参与与合作提供了平台，不仅有利于消除居民之间的矛盾分歧与冲突，在差异性基础上形成公共话题，同时推动新型社区逐步发展成为一个和谐、融合以及具有自我认同性与自我治理能力的基层自组织社会。

良好的社区治理，是"在一定的地域范围内，由政府与社区自治组织、

---

① 夏锦文：《共建共治共享的社会治理格局：理论构建与实践探索》，载《江苏社会科学》2018年第3期，第58页。

非营利组织、辖区单位以及社区居民共同管理社区公共事务，推进社区持续发展的活动，并体现了为社区范围内不同主体依托各自资源进行的相互作用的模式"①。在推进农村社区合作型治理中，要发挥好政府引导者、组织者、策划者、监督者角色，同时发挥企事业单位的重要作用。企业与社区之间存在着密不可分的联系，两者具有共生共融性，也正是这一属性，在现实中有力地推动了农村社区经济社会的不断发展与进步。社区治理的主体既可以是公共机构，也可以是私人机构，还可以是公共机构和私人机构的合作。② 在社区协同治理中，社会力量独立于政府之外是社区治理的重要主体。社区内自治组织、企业、社会组织等社会力量参与社区治理，能够改变社区重管理轻服务、重形式轻服务，重从上往下看、轻从下往上看的行政管理思维，形成政社互动良好局面。社区居民是社区的主人，也是社区治理的最终受益者，社区治理需要社区居民的积极参与。社区共治通过合力共同解决社区发展中的各种问题，将分布和活跃在基层社会中的多元主体吸纳到治理过程中，形成以赋权、协商、参与为核心的民主治理方式，协调不同的利益诉求并凝聚为社区的共同利益，最终实现社区公共利益最大化，促进个体更好发展。

第三，多元主体共享原则。社区建设与治理同群众的衣食住行、医疗养老、文化休闲、生活息息相关。党的十九大报告强调要始终坚持以人民为中心，社区治理的目标在于通过各方共同努力创造良好的条件与环境，促进人的全面发展，最终实现发展成果由百姓所共享，最大程度的满足居民对美好生活的多重需要。"共享"是目标，也是"共建共治"的保障，③ 而"共享"是以"共建共治"为基础，"共享"不仅意味着软硬件基础设施、社区生态环境、公共服务等物质成果的共享，同时也包括着公共利益、公共价值、公共治理秩序的共享。但是共享并不意味着绝对平均主义，其实质是以居民实际需求为导向，通过合理制定并遵循有效的制度安排，增进公共福祉，使更多利益相关主体公平、合理、有效的共享治理成果。

从"共建共治共享"的流程来看，共享强调的是"事后"对建设与治理

---

① 魏娜：《我国城市社区治理模式：发展演变与制度创新》，载《中国人民大学学报》2003年第1期，第135页。

② 徐丹：《西方国家第三部门参与社区治理的理论研究述评》，载《社会主义研究》2013年第1期，第87页。

③ 陈晓春、陈文婕：《习近平国家治理思想下"三共"社会治理格局：概念框架与运作机制》，载《湖南师范大学学报（社会科学版）》2018年第3期，第18页。

成果的共同享有。总体上看,"共享"的实现需要提供有利于多元主体参与社区治理的政策、制度和平台,宣传共享理念,让多元主体有序、有效地参与社区治理,达成共识。只有采取相互配合的治理行动,才能实现治理成果共享。① 具体来说,要以共建、共治促进共享。只有政府、社会组织、企业、居民在事前共建、事中共治,"自己的事情自己做主",才能实现事后成果共享。如议事平台、调解平台等既是实现共治的渠道,也是居民通过议事决事体现自身意志的治理成果共享机制。居民通过议事会对社区事务进行提议、评议、商议,对社区基础设施不足、停车不便、矛盾激发焦点等问题进行议决,参与社区建设与治理秩序的主动供给,从而才能使其共享社区治理成果。其次,要提高共享意识。共享对象通常为公共资源与公共治理秩序,因此共享的实现有赖于共享理念的形成、共享意识的维护以及共享文明的保障。社区的公共设施都依赖于社区多元主体的共同维护,社区的各种制度与良好的秩序也需要各主体的共同遵守来不断保障与自我强化。政府也应当发挥好宣传教育和引导自治的功能,加快健全共享服务监管制度,普及文明共享理念,推进社区居民形成关于公共资源与秩序规则的共享理念和文明共识,使多元主体在共建共治中实现共享。最后,明确社区共享主体。新时代农村社区更具流动性与开放性,农村社区建设与治理主体更加广泛,包括政府、社会组织、市场组织、户籍居民、外来居民、流动人员、社会内部企业等,这些主体都通过自己的力量参与社区建设与治理之中,因此这些主体也必然成为社区建设与治理成果的共享主体。

(三) 治理单元多样与分类治理并举原则

"中国农村基层的基本单元是国家治理的基础,其组合与选择决定着基层治理的成效"。② 纵观中国历史发展进程,因不同历史时期政治、经济以及文化等多种因素的影响,农村基层治理单元在不同历史时期有着不同的治理方式,呈现出不同的治理状态。基层治理单元承担着便捷管理、有效公共服务、促进人的发展、维持政局稳定、强化政权建设等多方面任务。③ 总体来看,当

---

① 肖丹:《打造共建共治共享的社区治理格局》,载《人民论坛》2018 年第 16 期,第 79 页。
② 邓大才:《复合政治:自然单元与行政单元的治理逻辑——基于"深度中国调查"材料的认识》,载《东南学术》2017 年第 6 期,第 25 页。
③ 李增元:《农村基层治理单元的历史变迁及当代选择》,载《华中师范大学学报(人文社会科学版)》2018 年第 3 期,第 31 页。

代农村基本治理单元设置呈现多样性，涉及层次多，涉及范围广泛。

第一，村组（网格）单元的自治型治理。村组（网格）单元的自治型治理是基于人们在生产、生活及相互交往中自然形成的村组（网格）为基础单元的自我治理，主要目标是促进基层群众参与自治，即激发居民自助、互助能力和参与公共事务的积极性。自治型治理内涵着一个基本要求，能够自我解决基本公共问题。在治理内容上主要是通过集体行动解决生产、生活中的基本问题，比如，环境卫生整治、车辆停放、弱势群体关怀、公共服务设施管理与维护、宠物扰民、社区绿化、公共安全、社区文化传承、矛盾调解等问题，通过开发利用村组内资源来满足公共需求。村组（网格）单元划分的地理空间要与院落、门栋、单位大院、住宅小区、居民小组、街巷、胡同等传统邻里网络吻合，坚持划分规则植根于地方实践和地方性知识，符合人们日常社会交往和行为习惯，使居民在面对村组（网格）内公共事务中，能够规避"搭便车"和其他机会主义风险，进而开展集体行动和合作治理。经济因素在现代化的社区治理中起到关键性作用。村组（网格）单元的自治型治理要建立在共同产权和共同利益的基础上，使村组（网格）内成员基于共同产权和共同利益的激励，增强利益关联度和同质性及居民间的联系，推动人们的参与从私人利益向公共行动转变。① 村组（网格）单元划分和设置能够细化集体行动的空间和群体，也要将村组（网格）单元与原有的社会资本网络相连接，使各成员具有较强的内生性意识认同。人员规模较小，人们之间互动频率较高，组织成本、协商成本、沟通成本等较低，集体行动更容易形成，民主协商方式是其主要治理方式。

第二，新型社区单元的共治型治理。"国家治理与乡土社会的双重变奏中，乡村基本治理单元保持着简约治理的基本形态"。② 在传统社会向现代社会转型发展中，中国农村社区逐步从封闭、排外走向开放与包容，社区的治理需求更加多样，不仅包括生产、生活中的基本问题和自治保障，还包括获得基础设施建设、基本公共服务以及政策的公平公正的满足。这意味着新型社区单元在治理单元划定要求便于群众自治，自治是落脚点，服务效率是保障。基于

---

① 孔娜娜：《网格中的微自治：城市基层社会治理的新机制》，载《社会主义研究》2015年第4期，第93页。

② 印子：《乡村基本治理单元及其治理能力建构》，载《华南农业大学学报（社会科学版）》2018年第3期，第107页。

第六章 新时代中国农村社区治理发展趋势及重点

服务供给、自治落地的新型社区单元划定既要考虑服务供给的规模效应,也要兼顾自治的便利性,这就要求考虑各地区地域特点、资源配置和村(居)民生活习惯等因素,科学设置农村社区建置方式、组织结构、权力配置及机构设置等。新型社区单元的共治型治理强调治理主体的多元性,它既包括政府,也包括非政府组织、志愿性组织、经济组织、社区组织等。多元主体的参与并不意味着政府"甩包袱",由于政府在支配社会资源方面所拥有的实力优势,新的共治型治理中政府依然要发挥主导作用。这种主导更多体现在制度设计,即社会良性运行的规则制定上。政府部门利益纠缠和复杂的乡村利益格局影响着共治合作的进行。中国共产党作为统筹全局、协调各方的执政党,应站在全局的、整体的、长期的利益角度看待问题,以自身建设促成"政府自觉"。对于不同的私人物品、公共物品、准公共物品,应该按照资源配置最优化的原则,科学合理地界定供给主体,明确各自的职责,避免任何一方责任虚化。共治型治理的治理手段是多样的,更倾向于协商的方式。治理是一个上下互动的管理过程,它主要通过合作、协商、伙伴关系、确立认同和共同的目标等方式实施对公共事务的管理。① 这就是说在治理主体多元的前提下,政府不再作为高高在上的命令发布者,而是作为治理的"一极",与其他的治理主体呈一种合作伙伴、相互依赖关系,政府保留一小部分必要的社会管制职能,管理方式上要更多地依靠协商、合作。多元主体之间是互动的,多元主体可以通过信息共享、协商等方式实现互动。

第三,行政村单元的治理。不同性质的单元具有不同的治理逻辑。与现代民族国家的建构要求相一致,要求社会权力向国家聚集,国家权力纵向渗透到底,在实践中行政村单元治理改革无不将"行政村"引向进一步"行政化"的方向。但是现代国家建构又是一个内生民主国家建构的过程,要求国家与社会之间相互塑造、相互保障、相互完善、相互纠错。② 行政服务的强化不是行政命令的强化,而是以民主治理的方式通过利用行政村规模合理、组织健全的优势提供公共管理、行政审批、社会保障等服务。从行政村单元的整体与部分来说,行政村是一个相对较大的建制单元,内部有多种单元共同构成,行政村内部不同基本单元也具有不同的诉求。单元性质与治理逻辑之间具有"一对

---

① 参见赵旭东:《公司资本制度改革研究》,法律出版社 2004 年版,第 143 页。
② 任剑涛:《在"国家—社会"理论视野中的中国现代国家建构》,载《天津社会科学》2012 年第 4 期。

一"的属性,而难以均衡"一对多"的要求。① 行政村以行政服务为主要功能,意味着其他功能需要在新的单元实现。其中,村民小组以农村集体土地产权为基础,是农村集体经济经营、组织的基本单位。村落是以农民居住相近的屋场为基础,是农民日常生活交往的基本单位,承担着卫生维护、矛盾调解、邻里守望等自我治理功能。这都要求行政村治理要注重行政村内部单元的引导、规划与建设,通过内部单元的建设实现行政村整体治理的有效。"有序推动民主,是国家治理现代化的正确方向"②。"行政村"单元的现代化意味着乡村社会治理民主化的不断丰富与实践。"没有群众自治,村民的公共事务和公益事业不由他们直接当家作主办理,我们的社会主义民主就还缺乏一个侧面"③。"行政村"治理将由单一的村民委员会治理转变为行政组织、社会组织、市场组织、居民等共同参与的治理,不同治理主体通过竞争、合作共同参与治理实践。

(四) 传统治理规则与现代治理规则相结合原则

党的十九大报告提出健全自治、法治、德治相结合的乡村治理体系,实现乡村治理有效。党的二十大报告指出,"健全共建共治共享的社会治理制度,提升社会治理效能"。推进农村社区有效治理必须形成良好的治理规则。不同时期的农村社区治理都遵循着一定的治理规则,改革开放以来既有国家正式法(硬法),还有非正式法(软法)。④ 改革开放以来,国家规则与民间规则两种形式的治理规则在促进社会发展,维护社会秩序稳定方面发挥着重要作用,"随着不同区域的人口融合,农村社区俨然形成了一种新的、人口多元、职业多样的复杂社会"⑤,原有治理体制赖以存在的"经济、社会、文化及城乡结

---

① 胡平江:《乡村振兴背景下"行政村"的性质转型与治理逻辑——以湘、粤等地村民自治"基本单元"的改革为例》,载《河南大学学报(社会科学版)》2020年第2期,第26页。

② 俞可平:《沿着民主法治的轨道推进国家治理现代化》,载《求是》2014年第8期,第36页。

③ 参见彭真:《论新时期的社会主义民主与法制建设》,中央文献出版社1989年版,第368页。

④ 李增元、李艳营:《论改革开放以来农村社区治理的法治历程与新时代法治需要》,载《社会主义研究》2019年第3期,第108页。

⑤ 吕青:《"村改居"社区秩序如何重建?——基于苏南的调查》,载《华东理工大学学报》2015年第6期,第135页。

构变化被冲击，致使其产生了不适应性"①，建构与时代发展相适应的农村社区治理规则迫在眉睫。

第一，国家法律法规与公序良俗相结合。法律是经过社会认可、国家确认并由立法机关制定的行为规则，对社会成员具有普遍约束力。国家法律法规是由国家创设并由外在强制力保障实施的行为规则②，运行于国家有效控制区域；而公序良俗包括家族或民族习惯、风俗等，作为产生于民间的规则在日常生活中约束社会成员行动，运用于某一地域并与国家正式法相交叉。国家正式法与民间法虽然有不同的表现形式却有共同的价值目标和文化传统。国家法使基层治理的制度化不断提高，为提高治理成效提供了根本遵循。但同时，"国家的法律在农村社区等团体中不能过量运用，因为这样会伤害社会有机体，无法实现我为人人的社会局面"③。传统民间法一般以国家主导意识为基础，倡导社会公德、家庭道德、职业道德，规约人的行为，为社会运行提供基础性规范，是自治与德治的重要体现。新时代实现农村社区有效治理需要国家法与民间法相结合，以适应新时期农村社会发展的现实需要。"国家法是解决社会纠纷和社会冲突的最终手段，具有无上权威和最高效力"④，公序良俗应作为国家法律法规的补充。"在社会行为调整中，国家法的缺陷体现为调整范围的有限性和对程序的过分重视"⑤，在农村社区治理需要民间法作补充，通过实现国家法与民间法的融合、补充共同推动社区治理有效发展。当然，国家法与民间法的融合是以国家法为主导，民间法的优良成分也会逐步被吸纳进国家法中。总之，新时代中农村社区的有效治理既离不开国家法主导性引导与保障，又离不开民间法的调解，需要两者相互结合补充。

第二，正式规则与非正式规则相结合。在当代中国，乡村社会治理与法治发展具有自身独特的历史品格，是一个交织着正规化与非正规化的双重治理机理的运动过程，深刻地反映了来自国家规则与制度的正规化机制与渊源于乡土

---

① 项继权、刘开创：《城镇化背景下中国乡村治理的转型与发展》，载《华中师范大学学报（人文社会科学版）》2019年第2期，第1页。
② 郑永流：《法的有效性与有效的法：分析框架的建构和经验实证的描述》，载《法制与社会发展》2002年第2期，第36页。
③ 徐勇：《推进自治法治德治融合建设，创新基层社会治理》，载《治理研究》2018年第6期，第8页。
④ 刘旺洪：《论民间法及其与国家法的关系》，载《江海学刊》2007年第4期，第130页。
⑤ 高其才：《当代中国法治建设的两难》，载《法制现代化研究》1999年第2期，第221—232页。

社会法则或法理的非正规化机制之间的对立统一关系。① 新时代农村社区有效治理需要实现正式规则与非正式规则的相互融合与嵌入，推动两者共同发挥作用。农村社区治理中正式规则具有重要作用，但正式规则也不可能规范社区居民全部社会生活细节，单纯利用正式规则将无法妥善促进农村社区有效运转。大量游离于正式规则之外的非正式规则，在社区治理中能够发挥有效作用，甚至正式规则的落实是以一套合乎国家权力又可淡化国家权力的非正式规则来取得自身合法性认同，新时代的农村社区治理规则需要正式规则与非正式规则相结合。党的十八届四中全会就指出要提高基层社会治理法治化水平，发挥乡规民约等社会规范的积极作用。以乡规民约为代表的非正式规则作用的良好发挥对乡村法治、治理现代化有着重要的作用，"乡规民约既包括规定，体现国家意志，又包括约定，体现民众愿望"②。充分发挥新时代乡规民约为代表的非正式规则作用，也要认识到其存在不足之处，如"《村民委员会组织法》将乡规民约作为村民自治的一种规范形式，但是对其性质及定位并不明确"③。新时代充分发挥以乡规民约为代表的非正式规则作用需要正式制度对其进行规范，保留传统乡规民约中合理优秀成分，摒弃和规避现存乡规民约中落后、不合时宜的内容，发挥乡规民约等非正式规则灵活、经济、实施效果好等优点对正式规则的有益补充，通过正式规则与非正式规则的结合，发挥其对社区治理的规范作用。

第三，自治法治德治"三治"融合。"伴随着社会转型的加快，乡村社会从封闭不断走向开放，各自为战的治理工具已经无法应对差异化和多元化的治理需求"④，急需要治理工具的融合发展。党的十九大报告明确指出，"加强农村基层基础工作，健全自治、法治、德治相结合的乡村治理体系"，发挥自治法治德治融合的优势是新时代农村社区治理创新的重要内容。自治是"三治融合"的基础，新时代乡村自治主体更加多元化，依托村委会、民主选举、村民代表大会、村务监督委员会等多元载体，真正将村干部、党员干部、村庄

---

① 公丕祥：《新中国70年进程中的乡村治理与自治》，载《社会科学战线》2019年第5期，第10页。
② 孙玉娟：《我国乡村治理中乡规民约的再造与重建》，载《行政论坛》2018年第2期，第48页。
③ 高其才：《通过村规民约的乡村治理——从地方法规规章角度的观察》，载《政法论丛》2016年第2期，第22—23页。
④ 陈文胜：《以"三治"完善乡村治理》，载《农村工作通讯》2018年第5期，第61页。

能人和普通村民及外来居民囊括在自治之中；在重大事项上，推行"党员提议、村民代表商议、村两委商议、村代表大会决议，"保证过程公开、结果公正的基层自治的良性机制；开展以村民小组或自然村为基本单元试点，形成多层次、多元化的乡村自治格局，提升村民自治水平。① 法治是"三治融合"的保障，在新时代农村社区治理中要强化法治地位，遵循法治规范增强法治意识，推进依法立规、以规治村，使法治成为社区运行的重要方式。同时，以法治下沉的方式促进党员干部和村民学法、信法、用法，形成"办事依法、遇事找法"的思想和行为。德治是"三治融合"的支撑，在新时代德治以多样的、日常性的、传统风格、喜闻乐见的形式来融入百姓日常生活发挥基础作用。自治、法治和德治不是并列的三种治理模式或手段，自治、法治、德治相结合的乡村治理体系创新经验的精髓是"融合"。② 这种相互融合以党建引领为前提，"党组织在'三治融合'实践中始终处于领导和核心地位，强调以党的领导保证基层治理的正确方向，以精准服务强化基层党组织政治功能，以党组织为核心构建共建共治共享格局"③。新时代农村社区"三治融合"倡导群众参与，夯实自治、增强法治、激活德治，以机制创新作为保障，通过体制创新来实现有效分工与相互配合，最终实现乡村善治目标。

第四，传统文化与现代规则相融合。习近平总书记指出，"要重视中华传统文化研究，一个国家的治理体系和治理能力是与这个国家的历史传承和文化传统密切相关的……我们推进国家治理体系和治理能力现代化，当然要学习和借鉴人类文明的一切优秀成果"④，传统文化是中华文化的历史结晶，"乡村传统文化治理体系曾经在传承与发展乡村文化、维护乡村社会秩序、伦理道德方面发挥积极作用"⑤。新时代农村社区有效治理发挥必须融入传统文化，实现传统文化的现代化建构。现代治理应实现传统文化与现代规则的动态平衡，同时有效推动政府、社会、市场与乡村政治精英、经济精英、文化精英相互配

---

① 熊万胜、方垚：《体系化：当代乡村治理的新方向》，载《浙江社会科学》2019年第11期，第48页。
② 何显明：《以自治、法治和德治的深度融合推进乡村治理体系创新》，载《治理研究》2018年第6期，第9页。
③ 姜晓萍：《乡村治理的新思维》，载《治理研究》2018年第6期，第11页。
④ 习近平：《解决中国的问题只能在中国大地上探寻适合自己的道路和办法》，载《中国党政干部论坛》2014年第11期，第1页。
⑤ 李晶：《乡村传统文化治理体系的现代性构建》，载《图书馆论坛》2020年第3期，第16页。

合，形成治理合力。实践中，充分发挥乡村传统文化空间的作用，"传统乡村公共文化空间是由文化活动场所、文化活动事项等构成的，它既是乡村文化生长、存在的摇篮，也是乡土文化以及非物质文化遗产传承、播散的主要载体和空间"①，在乡村治理中发挥着重要作用，要进行挖掘、保护与传承，使文化载体成为传承文化、塑造农村公共价值观，强化居民精神认同的重要依托。同时，推动传统文化价值体系的现代性发展，实现其与社会主义核心价值观的统一，通过社会主义核心价值观引领传统文化价值指向赋予传统文化现代性价值，通过传统文化与现代文化的高度融合使其在基层治理中发挥重要作用。

第五，治理规则灵活性与多样性并存。现代化冲击下传统村庄社区的经济社会条件都发生巨大变化，乡村经济结构分化，在推进乡村振兴战略中乡村内外各种力量主体也逐步被引导参与乡村治理，村庄社区利益关系更为复杂、社会结构已经超出传统村庄社区范畴，传统村民自治制度不能很好适应多元主体参与，面对新时代社会组织、外来居民、入驻农村社会单位等多元主体需要形成多元主体共治规则。再者，随着集体产权制度的深度改革，政经分离后需要通过集体经济组织管理社区经济，探索适宜市场经济发展规律要求的经济治理规则。另外，政经分离后的村庄将转变为能够适合各种身份居民共同生活的公共单元，也是国家治理农村社会的组织单位，并成为推动城乡融合发展，实现城乡基层治理一体化的重要载体。新社区将承载多重功能，以新社区为基础将衍生出多种层次的治理单元及治理层级，不同治理单元与治理层级的治理都需要构建与之相适应的治理规则。改革后的社区事务也更加分化，不同类型的社区事务需要进行分类治理，需要形成不同的治理规则。总体上来看，新时代的农村社区治理面临新的条件与环境，承载新的任务与目标，只有不断创新多样化、灵活性的治理规则，才能保障基层社会活力，促进农村社会和谐稳定有序发展。

三、新时代中国农村社区治理创新的重要内容

随着中国特色社会主义进入新时代，农村社区治理面临新的外部环境与条件，为适应新时代基层社会发展新需求，必须对农村社区治理内容和治理体制创新，实现乡村社会的有效治理。总体来看，新时代实现农村社区现代化、全

---

① 梁君健：《"群众文化"：乡村振兴的历史资源与当下价值》，载《江淮论坛》2018年第6期，第21—25页。

面化、人性化发展目标，需要通过实施政经分离与分类治理、形成城乡一体型治理模式、实现全覆盖管理与服务等，创新新时代农村社区治理的重要内容。

党的二十大报告提出"完善社会治理体系""健全城乡社会治理体系"新时代我国农村社区治理创新内容的确定是时代发展的必然结果。农村地区的治理结构中党组织、自治组织、经济组织及各类社会组织往往混合在一起，村民自治极易与集体经济问题交织在一起，产生群体纠纷，进而影响基层的正常运转。同时，集体资产是农村居民共同的财富和实现文明新形态的重要保障，必须改革传统的政经关系以适应新时代农村社区社会发展。城市与乡村作为人类发展的两个区域，两者除了生产、生活方式存在不同，本质上并不存在发展的隔绝和相悖。基于马克思主义城乡关系运动发展的历史规律，城乡关系的发展大致可以分为混沌一体、分离对立、融合发展三个阶段。新时代随着社会生产力的不断提高，我国城乡联系日益密切，已经具备建构城乡一体治理模式的条件，需要把城乡当作一个有机整体置于开放、公平、公正的发展环境中，让城乡资源要素对流畅通、产业联系紧密、功能互补互促，推动城乡的共同发展。

在新时代，农村社区变得更加开放，现代化发展中的社会主义新型农村社区是社区居民的社会生活共同体，是具有多主体、多身份成员的现代社会生活共同体。传统自上而下的管理与服务模式已经不能满足覆盖所有成员，实现居民的高效参与和精细化服务供给。在新时代满足社区成员的基本管理和服务需求要求农村全覆盖管理与精细化服务，这都需要创新我国农村社区治理内容。同时，新时代农村社区的有效治理是以人的全面发展为目的，需求满足及权益保障是人的全面发展最基本的表现形式。人的需求和权益并不是一成不变的，是一个从低层次向高层次，从单一向全面的发展演进过程。新时代农民的需求和权益也从生存权益向生存权利丰富、发展权利和享受权益不断扩展发展。养老、医疗等保障类服务，就业技能培训等发展类服务，文化娱乐享受类服务都将成为新时代农村社区治理中所要保障的内容。通过良好的社会治理来实现农村地区的和谐与稳定，日益成为中国政治生活中的重要议题之一，而多元力量参与则被视为在农村地区实现良治的重要途径，多元力量的参与需要治理体系与治理方法的保障。权力构成的多元与权力结构的关联成为新时代社会发展的内在表现，为乡村治理体系与治理方法的时代性转化奠定了基础。

政经分离与分类治理、城乡一体型治理模式、农村全覆盖管理与精细化服务、多样化服务需求满足及权益保障、治理体系与治理方法有效不是孤立、零散的，而是相互联系的有机整体。政经分离与分类治理是新时代农村社区治理创新的前提与基础，能够夯实农村社区治理经济基础，通过经济基础的强化促进多元主体的发展，为治理体系和治理能力的现代化奠定基础。城乡关系不断融合一体是农村社区治理创新的宏观大环境，城乡一体化为农村社区治理走出封闭和孤立，实现治理创新提供了条件，改变原有治理创新过程资源短缺、创新方案单一、外来支持力量不足的尴尬局面，实现农村社区治理的活起来与动起来。治理体系与治理方法是农村社区治理创新的制度条件，通过治理体系与治理方法创新能够形成良好的资源与权力配置机制、社区链接机制和社会合作机制，为农村社区治理创新提供保障。农村全覆盖管理与精细化服务是农村社区治理创新践行和落实的过程，是农村社区治理创新各方面直接或间接的融入过程，在实现的过程中也促进着其他创新方面的实现。多样化服务需求满足及权益保障是农村社区治理创新的重要目的，是衡量农村社区治理创新成效的关键，同时也对其他方面的创新发挥重要作用。

（一）政经分离与分类治理

21世纪以来，我国农村社会实现深刻转型变迁，政经一体模式不仅阻碍了农村集体经济的快速发展，也制约着农村社区的现代化治理。"围绕着以农村土地制度为核心的集体产权治理，对社区的政治及经济具有决定性的影响"[1]。适应时代发展要求，推进政经分离与分类治理是新时代农村社区治理创新的重要内容。

第一，变革农村集体经济组织为股份化组织。在新时代实施政经分离与分类治理，需要理清村庄集体经济组织与村庄之间关系，实现集体经济组织与社会组织、自治组织分开。通过改革，将集体经济组织逐步转变为有明确产权边界、人员边界的特定农村经济组织，在此基础上适应市场经济发展要求对集体经济组织进行股份制改革，将农村经济组织转变为独立的法人组织。股份制改革后，集体经济组织按照现代企业制度建立组织体制，"股东（代表）大会为股份经济合作社的最高权力机构，董事会是股东（代表）大会的执行机构和日常工作机构，监事会是常设监察机构。董事会、监事会成员均由股东（代

---

[1] 《多省市强行撤村换取建设用地以扩大土地财政 二十多个省农民正在被上楼》，载《新京报》2010年11月2日。

表）大会选举产生,对股东（代表）大会负责,接受全体股东民主监督"①。股份制改革后的集体经济范围更加确定,经营制度更加明确,经营方式更加灵活,如"浙江温州将集体资产的内容限制在本村的经营性资产,已经发包给农户家庭经营的土地,山林等资源性资产不在资产量化范围,公益性资产未经批准不得随意改变用途,变卖处理"②。通过股份制改革,农村集体经济组织的成员权不再局限于本村户籍的村民,扩大到包括居住达一定期限的外来居民、对村庄发展有突出贡献的居民,等等。通过股权设置与股份量化,经济组织成员转变为股民,依法享受集体经济发展产生的福利,村民不因后续居住地变更、身份变化等丧失享有的权利。与此同时,农民将被赋予更多的集体资产股份权限,股民能够对股份具有占有、收益、有偿退出、抵押、担保和继承的权利,农村集体资源要素被盘活,可以通过与其他生产要素相结合,以灵活多样的形式发挥最大经济效益。改革后的村庄转化为能够容纳多元身份居民共同居住的公共空间,利于推动形成开放包容的治理机制。

第二,推动农地产权制度改革。长期以来,农用地是农民赖以生存的重要生产资料,随着工业化、市场化快速发展,大量农地被抛荒,农地的经济发展潜力被忽视。在新时代,通过农地产权制度改革激发农地活力成为政经分离与分类治理的重要内容,即在保障农村承包经营土地集体所有权基础上,进一步推进承包权与经营权、使用权"三权"分离,在确权认证基础上,确保承包经营者对经营土地的经营权与使用权,任何政府部门、集体组织及个人都不能随意收回、剥夺法定期限内的个体承包经营土地,对于侵权行为会受到法律的惩罚。农民可以使用承包经营土地的占有、使用、流转及收益权利,通过入股、出租、转包、转让等方式获得经济收益。同时也可以将土地流转给种粮大户、承包大户,通过土地、人力、技术、机械等要素结合实现集约化、规模化管理,如"承包农户+新型农业经营主体"的运营模式;对于长期脱离农村的广大农民,可以其将承包土地入股土地合作社,使确权农地集中,以股份的形式加入合作社,由合作社来进行市场化规模化经营,也能够更好的吸引各种资

---

① 农业部农村经济体制与经营管理司调研组:《浙江省农村集体产权制度改革调研报告》,载《农业经济问题》2013年第10期,第6—7页。
② 参见李增元:《新型城镇化背景下的农村社区治理——基于农业型、非农型、工商型地区社区治理改革的比较分析》,社会科学文献出版社2017年版,第216页。

本下乡,更有利于增加产出。① 农民也可以和企业合作,以土地的经营权为资本来入股企业,实现土地的高效利用,实现农地使用方式更加多元、高效。这样不仅能够盘活农地资源,还能推动农业的现代化发展。

第三,深化宅基地制度改革。随着农村人口的大量外流,农村宅基地出现大量闲置现象。由于宅基地属于农村集体所有,在历史上很长一段时间内农民对宅基地仅仅有使用权,宅基地的用益物权性质很难体现出来。"制度性的缺陷也使宅基地闲置"②,在法律上对农村宅基地的流转只允许在村经济组织内部进行,一定程度上造成宅基地无效利用。新时代农村宅基地改革需要厘清宅基地所有权、资格权、使用权,推动"三权分置",在保障宅基地集体所有的基础上,维护宅基地农户资格权和农民房屋财产权,放活宅基地和农民房屋使用权,允许农户将多余的房屋或闲置的宅基地出租,既为有需求的城市居民或企业单位租赁、入股合作等方式盘活闲置资源提供了条件,同时能为乡村经济发展注入活力,推动乡村发展方式转型。另外,"村集体、村民可以把闲置房产、宅基地入股,与社会资本合作,共享居住、商住或经营,采取'农户+村集体+社会资本'的形式,由村集体统一组织"③,将农民的存量宅基地及闲置房屋以入股的方式引入外部社会资本投资开发经营,农民在享有一定宅基地使用权股份的同时分享股金收益。同时,面对一些长期在外居住的居民或者一户多宅居民,也可以通过有偿退出机制放弃对房屋的所有权与使用权,进行盘活流转。通过系列改革,深入释放宅基地经济活力。

第四,推进集体建设用地制度改革。农村集体建设用地是新时代农村经济发展的重要引擎,在城乡要素双向自由流动与优化配置下,当前的建设用地产权制度限制着农村建设用地价值的发挥。同时,在制度约束下农村建设用地盛行于隐形的交易市场,主要是在农村集体经济组织内部流转或城乡结合部大规模的小产权房建设,且在隐形流转过程中,无法实现公开、透明、竞争性的市场优化配置。近几年,国家逐步放开农村建设用地市场,如2019年《中共中央国务院关于建立健全城乡融合发展体制机制和政策体系的意见》明确指出,

---

① 李增元:《集体产权背景下的农村社区治理:困境及出路》,载《理论与改革》2014年第2期,第70—74页。

② 钟在明:《农村宅基地闲置原因与治理探析》,载《农业经济》2008年第6期,第57—58页。

③ 张勇:《乡村振兴背景下农村宅基地盘活利用问题研究》,载《中州学刊》2019年第6期,第40—41页。

到 2022 年城乡融合发展体制机制初步建立，"城乡统一建设用地市场基本建成"。通过深度建设用地制度改革，推动农村集体建设用地使用权直接经营、租赁、入股、转让或出租。村集体经济组织作为出租人可以将集体建设用地出租获取租金，也可以入股企业或其他经营组织获取入股收益，还能以建设厂房等出租实现集体经济收益增值。具体而言，农村集体将建设用地建设厂房、仓库、店铺后出租，或将遗留的乡镇企业用地短期租赁给外来工商业企业，收取出让金、租金；另外村集体也能够将建设用地与资本、技术、人力等多种要素结合，创建旅游业、商贸物流业等多种形式新业态，使村集体得到长期、稳定收益，村民获得经济收益。"同时农村集体经济组织和农户以参与联营、联建、入股等方式参与存量建设用地的开发，发展房地产行业，农民也可以通过各种合法方式直接参与土地开发"①。另外，进一步完善城乡接轨的建设用地使用权制度，包括村委会、经济合作社等主体，可以选择包括就地入市、调整入市、整治入市等多种方式进行入市投资。通过改革，集体建设用地的潜质将得到释放，农民的经济收益将得到提升。

第五，推进集体公益性资产使用制度改革。集体公益性资产包括集体公共用地及设施、公用型基础设施、公共物品以及群众自治组织为保障自身运行而使用或出租的各类资产，是用于农民集体公共服务具有教育、文化、养老、卫生等公益性质的资产。与其他集体资产相比，公益性资源资产由于分散性、零碎性、模糊性等特征，实践中基本没有发放确权证书，这种没有确权在一般不会产生太大问题，但是如果土地性质改变，常会引发利益矛盾。为此在具体实践过程中首先要进行确权，可以通过为集体颁发"大产权证"的形式予以确认，"大产权证"记载集体名下所有的土地面积，包括以上各类公益性资源资产占地面积，"大产权证"登记面积减去各户产权证记载合法面积即为集体所有的公益性资源资产产权面积，由村集体负责管理、行使权利。在过去，一部分集体公益性资产往往被当作经营性资产使用，通过外租等形式获取利益，但是公益性资产不以资产增值为优先目标，同时也不具有资源性资产的有益物权的属性，经济效益不高。在新时代，农村集体公益性资产的任务是在公平优先、兼顾效率的运行原则下，在基层治理、公共服务和社会保障等方面发挥作用。探索集体统一经营的运行管护机制，根据各种资产情况，上级政府部门设

---

① 陆雷、崔红志：《农村集体经济发展的现状、问题与政策建议》，载《中国发展观察》2018 年第 11 期，第 36—38 页。

立了标准化长效管理专项资金，建立管护经费长效保障机制，积极推行公益性资产的专业化、标准化、信息化管理，初步实现公益性资产发展"建管并重"，实现管理机制突破。对于重要的、规模较大的公益性资产委托中介机构进行资产评估，以实现资产形态突破；同时基层自治组织负有"办理本村的公共事务和公益事业"的职责，要担当起公益性资产监管责任，根据实际情况对村庄学校、养老院、道路、公共池塘、文体娱乐设施等公益性资产进行有效维护。集体经济组织可以从盈利收益中提取公益金用于集体公益性事业建设，拓展公益性资产数量与质量。集体成员也要通过其在集体经济组织和村民自治组织中享有的成员权来发挥对公益性财产运行的民主监督作用，使公益性资产真正发挥公益性、服务性作用。

第六，在政经分离与产权改革中，构建现代开放型农村社区公共治理单元。实施政经分离及产权改革后，集体经济组织逐步独立并按照市场化方式运行，具有经济组织成员权的村民拥有了股份权，其合法经济权益受到有效保护，社会认同感和凝聚力进一步加强。农村社会的封闭性将逐步被打破，成为开放性的社会公共空间，具有较强的容纳性与开放性，本地人、城市居民及外来人口都可以定居。根据社区人口密度及地域范围划定合适的社区自治单元，由社区居民共同参与产生社区自治机构，并制定相应的自治制度，保障居住在社区内的不同居民都具有平等参与社区治理的权利。同时，国家以新社区为平台，在综合考虑成本及服务范围基础上实现服务机构及人员下沉，为居民提供平等的公共管理及服务。由此，传统意义上政经合一、产权不清的混合社区，实现了功能分离，既有利于保障作为集体经济组织成员的经济合法权利及权益，又保障了个体的私人财产权利，同时也为外来人员的进入破除了制度束缚。[①] 政经分离与产权制度改革既能够解放生产力，调整生产关系，也能够为构建现代乡村公共治理机制奠定基础。

（二）城乡一体型治理模式

党的十九大提出乡村振兴战略，建立健全城乡融合发展体制机制和政策体系的战略部署。从历史发展趋势来看，中国现代化进程已经从城乡分治走向城乡融合的发展阶段，构建城乡一体型治理模式是农村社区治理创新的重要

---

① 李增元：《集体产权背景下的农村社区治理：困境及出路》，载《理论与改革》2014年第2期，第74页。

第六章 新时代中国农村社区治理发展趋势及重点

内容。

第一，实现城乡一体化公共治理制度。"城乡一体型治理模式是属于制度层面的城市化概念。其是要消除由制度因素造成的城乡差距，实现现代社会城乡公平的目标"①。从制度上消除城乡不平等是实现城乡融合的重要前提，通过构建城乡一体化的公共治理制度破除城乡二元户籍制度，为城乡融合发展创造条件，消除城乡流动障碍。要通过体制机制改革，扩大社会保障制度的覆盖面，保障城乡居民平等享受各项公共服务，不因身份及职业差距而受到制度排斥，共同分享发展成果。要建立开放型城乡社区民主治理制度，使居民能够自由平等参与到社区治理中来，平等享有各项民主政治权利及待遇，不因身份及户籍的差异而无法享受应得权益。同时，改革集体产权制度使社区更具开放性，外来居民的有机融入，股份制、合作制等多种形式的建设也促进城乡各种要素的流通。② 为生活于城乡社区的居民提供宽松的制度环境与条件，推动公共管理、公共服务等一体化，通过公共治理制度保障城乡居民的权利、权益与自由，促进城乡社会融合与一体发展。

第二，实现城乡一体化公共服务。21世纪以来，随着城乡基本公共服务均等化的深入推进，农村公共服务取得较大进展。但是随着现代化进程加快，广大农村居民公共服务需求内容不断扩展，需求层次日益提高，城乡之间的公共服务配置依旧不均衡，进城农民工还不能平等享受城镇公共卫生服务和医疗救助，不能较好享受城市廉价租房和经济适用房政策，进城农民工子女纳入流入地公立学校义务教育体系的比例偏低。在新时代，城乡基础设施建设需要进一步统筹强化，加快农田水利、农村饮水安全、农村公路、农村能源、农村信息网络等基础设施建设，尽快实现城乡全面覆盖、科学衔接的基础设施体系，促使村内生活质量的提升。城乡社会事业发展上，应为城乡居民提供更加均等化的教育、医疗卫生、社会保障等基本公共服务，如在农村医疗方面，"农村医疗卫生服务体系应按照'加强县、建设乡、巩固村'的原则，逐步完善以县（市）医院、中医院、妇幼保健院（所）为龙头、以乡镇卫生院为重点、

---

① 张强：《中国城乡一体化发展的研究与探索》，载《中国农村经济》2013年第1期，第19页。

② 李增元：《基础变革与融合治理：转变社会中的农村社区治理现代化》，载《当代世界与社会主义》2015年第2期，第169页。

以村卫生室为网底的农村三级卫生服务网络"①,强化农村卫生公共服务能力建设,提升医疗服务能力与医疗水平,提升农村重大公共卫生事件应急能力建设,深度推进城乡医疗卫生服务一体化,为城乡居民提供公平高效的医疗卫生服务。就业上,应建立市、县、乡三级就业服务网络,对城乡劳动者实行同等免费技能培训、加强推荐就业以提高就业水平,提高农村居民就业竞争能力,促进就业公平。教育上,应坚持资金、项目、优质师资向农村倾斜,基本实现城乡办学条件、师资力量和教育质量无差异,促进乡村中小学建设标准化,推动城乡学校之间师资力量均衡化,保障教育公平。总体来看,通过城乡基础设施与公共服务均衡化发展,实现城乡一体化公共服务,有利于推进城乡融合中的居民发展进步。

第三,实现城乡社区一体化治理。在新时代推进城乡社区一体化治理,"以城乡社区来整合基层社会管理资源,减轻基层自治组织的行政性工作负担,增强基层自治功能,健全社会管理格局、提高社会管理能力"②,已经成为时代发展要求。在实践中,需要充分发挥社区党组织在社区治理中的领导地位,发挥其总揽协调、统筹各方力量参与社区治理的作用,培育支持社会组织发展,引导各类主体积极参加城乡社区服务与治理,营造温馨、和谐、开放、包容的社区氛围,以党组织作为核心激发多元主体的积极性。如山东省诸城市不断推进城乡党组织联建,组织农村社区与城区街居、企业、市直建立联合党组织 228 个,大力发展社区经济组织成立经济联合社 928 个、行业协会 137 个、中介组织 977 个、专业合作社 940 个。③ 构建城乡社区一体化治理的体制机制,"以政府干预与协调为主导、以基层社区自治为基础、以非营利性社会组织为中介、动员公众广泛参与社会管理的互动过程"④。在破除城乡二元分治的基础上,城乡社区成为居民生活居住的开放性、包容性公共场所,平等参与城乡社区治理,并能平等享受各种公共权利及服务。

第四,实现城乡要素双向自由流动。城乡融合发展成为新时代推动乡村有效治理的重要条件,2019 年中央一号文件要求"优先满足'三农'发展要素

---

① 陈文胜、陆福兴、王文强:《城乡一体化进程中的社会管理创新研究》,载《政治学研究》2013 年第 2 期,第 56 页。
② 张明:《城乡一体化与社会管理体制改革——以江苏省苏州市为例》,载《苏州大学学报(哲学社会科学版)》2010 年第 6 期,第 3 页。
③ 《农村社区化托起诸城城乡社会管理"六大体系"》,载《农民日报》2011 年 9 月 23 日。
④ 李培林:《创新社会管理是我国改革的新任务》,载《人民日报》2011 年 2 月 18 日。

配置,坚决破除妨碍城乡要素自由流动、平等交换的体制机制壁垒,改变农村要素单向流出格局,推动资源要素向农村流动"。在城乡融合发展的趋势下,要实现人才、资本、技术等要素在城乡之间的自由流动,特别是鼓励资本、技术、人才下乡,推动乡村振兴发展。首先,促进人才要素的平等流动。在国家政策支持下,应重点培养更多知农爱农的新型人才下乡,建立县域内人才统筹培养使用制度,推动科研人员、工程师、规划师、建筑师、教师、医生等优秀人才下乡服务,推动乡贤能人回乡创业,并充分利用"三支一扶"、高校毕业生基层成长计划,吸引更多优秀青年人才服务基层,为城乡融合发展贡献自身力量。强化住房、教育、医疗等各种公共服务,利用乡村良好生态和文明乡风留住优秀人才,同时,通过职业培训、就业、就学、公共服务保障,提升村民的就业素质与就业能力。其次,促进资本要素的平等流动。不断优化乡村营商环境,加大资金投入力度,吸引资本、金融等下乡,与农村劳动力、土地等要素结合,发挥要素优化配置的最大效果。促使城乡社区治理水平进一步发展,为城乡社区人员的流动提供保障。再次,促进技术要素的平等流动。要大力推进技术下乡,通过政策优惠等方式鼓励市场主体、社会组织以技术支持等方式加入新农村建设,充分发挥科技、技术服务农业、农村、农民的作用,通过实现科技与农业、农村各种要素的结合推动农业现代化发展,催生各种农村新业态,促进乡村现代化发展进程。

(三) 农村全覆盖管理与精细化服务

进入新时代,社会主要矛盾已经转变为人民日益增长的美好生活需要和不平衡不充分的发展之间的矛盾。在现代化发展进程中,农民需求由生存型向发展型转变,需求层次与内容不断拓展与提高,原有的管理和服务机制存在着诸多弊端,实现对农村居民的全覆盖管理与服务成为新时代农村社区治理创新的重要内容。

第一,"乡镇综合服务中心—社区服务中心—村庄便民服务中心"为载体的全覆盖服务体系。"在新时代,乡镇政府是农村社区公共管理与服务的主导性力量。能够提高全面的管理与服务已经成为了乡镇政府存在的理由和价值所在"①,应以乡镇为中心、社区为节点、村庄为基础构建对社区居民全覆盖的

---

① 任鹏、娄成武:《论乡镇政府转型与农村公共服务多元供给的良性互构》,载《云南行政学院学报》2011年第6期,第118页。

管理服务体系。乡镇综合服务中心是面向乡村居民提供公共服务的关键载体，应将乡镇管理服务职能部门整合进入乡镇综合服务中心，发挥其综合服务职能。依托乡镇综合服务中心推动县级政府及管理服务部门下放与民生相关的权力，形成"前台综合受理，后台分类办理"的乡镇政府综合服务形态。在下放事权的同时下放财权，强化乡镇综合服务中心服务的财政保障，使乡镇政府综合服务中心成为服务农村的核心阵地，推动村民服务不出镇。社区服务中心是实现乡镇政府管理与服务下沉基层社会的重要载体和平台，利用社区服务中心加强与基层社会联系，提升管理服务效率。强化乡镇政府对社区服务中心建设，坚持"权随责走、费随事转"的原则，把乡镇惠农资金发放、公章监管、计划生育、社会救助、五保供养、老年证办理、宅基地初审等具体管理与咨询服务下放社区，使其成为对农村居民提供全面公共管理与服务的重要载体，推进全覆盖体系的创建进程。同时，将村庄管理与服务职能上提社区进行统筹规划，强化对广大农民管理与服务的覆盖面，社区服务中心能够直接办理的事项由社区直接办理，社区服务中心不能够办理的由社区服务中心到乡镇综合服务中心代办。另外，围绕社区服务中心搞好社区治安、医疗卫生、文教体育、养老托幼、便民利民以及日用品和农资供销、农产品经营、农村金融等服务配套设施，形成以服务中心为主体、专项服务设施为配套、各类涉农服务站点为补充的服务体系。同时，社区服务中心也是社区市场服务与社会服的载体，通过市场化积极吸引金融、邮电、通讯、商业、供销等进驻社区，建设供销便民超市、银行储蓄、通讯网点，为群众提供便捷服务。以社区为依托积极发挥社区群团组织的作用，组织热心服务、有一技之长的专业人员成立社区志愿者队伍，开展邻里互助、尊老敬老、爱心助残等志愿互助服务。村庄便民服务中心是服务群众的最前哨，起到联系村民、代办服务、利益诉求收集、政策传达、提供文体娱乐活动场所等作用。依托村级便民服务中心建立卫生室、警务室农家超市、供销综合服务社、邮政等便民服务点，打通服务群众的"最后一公里"。村庄便民服务站是深度融合政务办理与代办、商品流通、社会公共服务等功能，实现"服务一张网、事项全覆盖"。

第二，"网格化+信息化"的精细化管理与服务。在现代社会，"传统的行政手段进行管理与服务时降低了社区管理与服务的效能和效率，使社会管理的服务导向出现偏差，社区民众的合法权益保护不到位，弱势群体的生存和发展得不到全面保障"①。开放与流动也增加了管理与服务的难度,"网格化+信息化"的治理手段为实现管理与服务精细化奠定了基础,推动社区治理的现代化发展。网格化模式主要是将乡村行政性地划分为一个个"网格",形成"乡镇—社区—村组"三级网格化管理结构。② 各级网格配备专职或兼职网格员,网格长接受所在社区"两委"和上级网格管理人员的直接领导,建构起"横向到边、纵向到底、配套联动、疏而不漏"的三级联动管理与服务模式。实现管理与服务的精准化与精细化是网格化的突出特点,"网格化模式是将社会事实纳入管理范围,以网格为单位来锁定社会事实,通过网格中的服务人员直接链接服务对象,构建全面而无遗漏的社会管理与服务体系,使管理与服务触角延伸到社会的每一个角落。在具体实现中表现为在网格中网格长和网格中的服务人员能够及时获取社情民意信息,依据相关信息精准定位网格中的管理与服务事实,动态跟踪和响应管理与服务的变化与新需求,及时将这种管理与服务需求上传给村组、社区,使村组与社区快速发现并及时下达解决方案,也可以调度和协调网格内的资源,迅速实施及时、准确和有效的管理和服务"③,实现对居民的全方位管理与服务。新时代,农村社区的精细化管理与服务离不开信息技术支撑,应通过信息化网络平台下沉,"形成以县(区)为主干、乡镇为节点、农村社区为核心、村组为末梢、网格员为辅助,上下贯通、内外网互相衔接的信息网络平台,县级平台为主干指导平台,优质高效地协调基层'县(区)—乡—社区'三级平台,以乡镇为节点,对'社会末梢治理'进行着纵向指挥协调,农村社区为核心,通过物联网技术对社区的各种事务进行掌控与统筹,进行及时的上传下达,同时以网格员的手机终端为末梢对为社区民众提供全方位、全天候的服务"④。与此同时,构建完备的网络信息反馈系统,促使社区管理服务及时有效的汇报、整理社区内各种管理服务信息,并及时将信息进行汇总、分析,提高管理服务工作系统化水平与服务精准化水平,同时农村居民可以通过综合信息管理服务平台与服务板块进行信息交流,随时获取

---

① 李增元、刘泉林:《信息化治理:农村社区治理技术创新及其实现途径》,载《社会主义研究》2017年第6期,第98—105页。

② 田毅鹏:《城市社会管理网格化模式的定位及其未来》,载《学习与探索》2012年第2期,第3页。

③ 韩志明:《城市治理的清晰化及其限制——以网格化管理为中心的分析》,载《探索与争鸣》2017年第9期,第104页。

④ 李增元、刘泉林:《信息化治理:农村社区治理技术创新及其实现途径》,载《社会主义研究》2017年第6期,第103页。

管理与服务信息，还可以通过手机 QQ、微信等客户端进入政府与社区的包括 QQ 群、微信群、政务微博、政务公众号的"微政务"管理服务单元格之中，及时通过信息网络载体反映诉求、表达利益、实时监督，提升村民对参与社区治理的热情。"网格化+信息化"的精细化管理与服务是在党组织的有力领导下开展，为生活在农村社区的各类居民提供精准优质的服务。

第三，农村社区全体居民管理服务全覆盖。在现实中，广大农民有流动却难融入，有流动却难流出，仍然依附于传统乡村社区，流动中各种公民权利及合法利益无法得到有效保障，生存发展权利不足。① 在新时代，农村社区居民身份多样化，社区居民的生存、生活方式也逐渐走向现代化，要走出传统农村社区管理服务模式，实现对全体居民管理服务全覆盖势在必行，要保障居住在社区中的外来新居民在农村社区接受同样的管理方式，享受到与本地居民相同的服务。创新管理方式，为移民创建适宜生存与生活的空间，其中包括现实物理空间与身份认同空间，促使外来人口获得物理居住空间的同时，推进外来人口获取身份认同，进而推动外来流动人口得到群体认同，从而与本地原住人口融合发展。② 创建一体化管理服务机制，在劳动力资源流动过程中有效维护各类居民的权益，消除户籍、身份限制，打破农村社区封闭性，促进农村社区融合发展。同时，积极培育社区社会组织，多元推进农村社区内的人口融合发展与交流，增进居民之间联系，为外来居民融入社区活动提供多种途径，推进农村社区服务全覆盖、均等化，保证外来人口与原住居民享有相同的如教育、就业、医疗等服务。与此同时，新时期农村社区全覆盖治理服务体系要求全体居民积极参与，引导社区内居民都有机会参与农村社区治理的决策、管理、监督，以同等服务打破农村社区内各个群体之间的对立与隔阂，实现共建、共治、共享，提升农村社区凝聚力，以全覆盖管理服务推动形成开放、包容的现代农村社区。

（四）多样化服务需求满足及权益保障

在现代社会深入发展中，农民的需求层次不断提升和需求结构日趋复杂，

---

① 李增元：《农民"自由"及其当代实现途径》，载《马克思主义与现实》2014 年第 5 期，第 193 页。

② 李蔚、刘能：《外来流动人口的身份建构》，载《重庆社会科学》2015 年第 3 期，第 39 页。

第六章　新时代中国农村社区治理发展趋势及重点

对政府服务供给提出了较高要求。提供居民认可与满意的服务并保障居民合法权益是政府义不容辞的责任,"一个政府'如果对老者和病人不能照顾,不能为壮者提供工作,不能把年青人注入工业体系之中,听任无保障的阴影笼罩每个家庭,那就不是一个能够存在下去,或者应该存在下去的政府'"①。党的十九大报告指出要提高保障和改善民生水平,在就业、教育、社会保障、健康中国等方面取得新进展,满足多样化服务需求及权益保障成为农村社区建设的重要内容。

第一,提供就业技能培训等发展类服务,保障居民发展权。改革开放以来,国家不断通过体制调整、政策制定等来保障农民的经济权益,农民的经济自由与发展空间不断扩张。然而,当前广大农村居民仍然缺乏针对性的就业技能及专业知识,"如新型职业农民作为全面提升农民经济素养的重要服务内容之一,在当前仍然面对着诸如培育能力不足,培训实施主体单一,培训精准度不高,缺乏对培育效果的评估、考核、监督、反馈,培训效果的持续性差,对潜在的新型职业农民缺乏足够的重视和引导"②。新时代农村社区有效服务需要提高农民经济发展能力与技能,通过政策支持、财政购买,让更多的农业技术推广单位、涉农企业、涉农职业院校和农林示范基地深入乡镇、社区、村庄开展服务,围绕特色产业发展供给关键技术,制定培训标准、设置培训班和培训课程,给农村居民提供深造、进修、学习机会,进行包括机械、化学、工程、信息等领域的工程技能和知识的学习,掌握符合现代农业发展的新技术。与此同时,通过相关经济服务提升农民参与市场经济发展能力,在创业创新发展中保障相关权益。党的十九大报告明确提出,"要促进农村一二三产业融合发展,支持和鼓励农民就业创业,拓宽增收渠道增加农民的就业",需要政府、企业及社会组织做好相关的基础设施建设服务,提供政策及资金帮扶,为农村居民创新创业奠定坚定的物质基础,切实保障农村居民发展权。

第二,提供养老、医疗等保障类服务,保障老年群体、弱势群体基本生存权益。现代社会已经进入老龄化社会,需要真正做到老有所养、老有所依,保障农村老年群体的基本生存发展条件,成为新时代农村社区服务完善的重要内容。新时代农村老年群体、弱势群体的养老、医疗服务更为多样与全面,是传

---

① 参见孙立平:《重建社会:转型社会的秩序再造》,社会科学文献出版社2009年版,第46页。

② 崔红志:《新型职业农民培育的现状与思考》,载《农村经济》2017年第9期,第4页。

统家庭照顾为支撑，居家为基础、社区为依托、机构为补充"的多支柱、多功能服务体系。[①] 传统家庭照顾是中华农耕文明形成的传统美德，充分发挥子女对老人养老照顾作用，可以满足老年人的物质、精神及心理需求。居家服务是政府和社会力量为居家老年人提供的服务，包括生活照料、家政服务、康复护理和精神慰藉等。政府通过政策鼓励、资金支持、慈善服务、公益创投项目等，鼓励市场和社会力量参与居家养老、照顾等生活服务，引导专业社工更好地参与农村老年群体、弱势群体的关怀服务中。同时，发挥老年协会、妇女协会等在社区养老建设中的积极作用；通过融资等方式为没有能力进行居家养老的孤寡老人购买居家养老服务。以社区为依托的养老照顾，可以将集体闲置宅基地改造为社区老人活动中心，对老人进行日间照料。非社区集中养老人员，可以随时进入社区养老机构，利用社区养老设施，参与老年人活动。[②] 以机构为补充是政府发挥非盈利组织的优势，采用合适的政策工具（如"民办官助""官办民营"等优惠政策）鼓励并支持非盈利组织参与提供具有公共或准公共属性的老龄产品与服务。[③] 如通过公办民营、民办公助、公补民用等形式来实现政府与社会力量的养老合作，在开发满足不同老年群体不同养老需求的产品和服务时引进市场机制。政府要不断健全全民教育体系，完善和依托老年学校开展老年人教育，企业针对老年人教育需求进行特色教育服务，满足老人多样化需求。

第三，丰富文化娱乐享受类服务，满足居民精神文化需求。改革开放四十多年来，农民公共文化需求得到较大满足，但是仍然相对有限，存在文化消费投入增长缓慢、文化生活有被"边缘化"趋势，且农民对文化贫瘠的态度"冷漠化"，文化生活形式单一、内容单调，公性文化产品因"供需错位""名不符实"而补充效果有限的问题。[④] 新时代乡村振兴的实施是农村文化繁荣的重要机遇期，应以农村社区为平台整合各种公共文化资源，配备完善的文化活动室、图书馆、文化广场及电子信息设备等硬件设施，强化农民公共文化服务

[①] 穆光宗、张团：《我国人口老龄化的发展趋势及其战略应对》，载《华中师范大学学报（人文社会科学版）》2011年第5期，第32页。

[②] 刘智勇、贾先文：《传统与现代融合：农村养老社区化模式研究》，载《江淮论坛》2019年第3期，第76页。

[③] 邬沧萍、顾鉴塘、谢霭等：《发展老龄产业：应对人口老龄化的一项重要战略》，载《人口研究》2001年第2期，第5—62页。

[④] 江金启、郑风田、刘杰：《私性不足，公性错位：农村居民的精神文化消费现状及问题分析——基于河南省嵩县农村的调查》，载《农业经济问题》2010年第6期，第19—23页。

的载体支撑。公共文化参与既是衡量农村居民文化获得感、幸福感和文化权益保障程度的内在标尺，也是彰显农村公共文化服务体系建设成效的外在标志。[1] 各级政府部门或社区建设民办或公办文化活动平台，开展多种形式的群众特色文化活动。农村文化活动要贴近群众生产生活实际，要根据时代特点和群众需求，不断充实活动内涵，创新活动形式。积极引导农村居民根据自我兴趣组建各种文体娱乐组织，鼓励民间社会力量参与居民文化生活，政府可以通过财政补贴或政策激励，激发和鼓励农民自办文化活动，使农民群众成为农村文化建设的主体。另外，农村文化权力需要下沉基层社会，赋予基层政府决定农村文化产品供给数量、种类及公共文化资金的具体决策权力，县及以上政府部门做好文化产品供给质量和资金使用的监督和管理，更好实现对居民文化娱乐需求的精准服务。

(五) 治理体系与治理方法有效

改革开放以来，市场机制激活了社会发展的活力，拓宽了基层社会发展空间，推动农村基层原有治理体系逐步发生根本性转换。党的十九大将治理有效作为新时代农村治理现代化的总目标之一，同时也提出加强农村基层基础工作，健全自治、法治、德治相结合的乡村治理体系。治理体系与治理方法作为治理有效实现的核心组成，是推进新时代治理创新的重要内容与关键所在。

第一，科学协同的高效治理体系。随着经济社会快速发展，现代农村社区已经不同于传统的农村社区，呈现出性质的复合、功能的复合及价值的复合，意味着社区成为多元复合的有机系统。[2] 同时多元主体的出现、利益分配的多样以及公共服务需求的增多，为架构多元主体协同的基层治理体系提供了主体、利益因素支撑。首先，新时代科学协同治理的高效理体系是多种性质权力有效互动的社区治理体系。党组织为代表的政治权力是推动基层政治活动的主体力量，也是引领基层社会政治社会发展活动的核心力量，其他一切主体都在政治权力的领导下运行；各级政府代表行政权力，从事公共管理及公共活动，具体维护公共利益，执行政治权力意志，在基层治理中承担着提供公共秩序、

---

[1] 陈庚、崔宛：《乡村振兴中的农村居民公共文化参与：特征、影响及其优化——基于25省84个行政村的调查研究》，载《江汉论坛》2018年第11期，第153页。

[2] 李增元：《试论我国农村社区治理的历史演进与现代转向》，载《理论与改革》2016年第4期，第60页。

供给各种类型的公共产品的职能。社会主体是从事公益性的社会组织及居民，在社区治理中发挥着重要作用。除此之外，在市场经济发展中，从事市场经营的多种企业以市场供求供应方式，抑或以公益方式推动社区经济社会发展。构建协同治理体系，需要把这些力量重新整合到一个有机体系中，以适应现代社会发展要求。其次，科学协同的治理体系强调治理主体的多元、协同、协调。"国家与社会之间，需要重新建构起一种相互合作、相互协调和相互监督、相互制约的互动关系"①，是在政府主导情况下，充分发挥各种力量在社区治理中的价值与作用。在社会治理中，党是农村社区治理的最终宏观政策制定者，加强党的领导是推进农村社区治理体系与治理能力现代化的重要保障；政府是具体规划与指导者，也是各项任务的落实者，各种公共管理与服务需要政府及部门通过社区平台开展相应工作；农村社区治理不仅在于外部力量的推动，还必须构建起农村社区内部组织治理体系，政府对农村社区内部政治、经济、社会组织体系的构建中起到指导与规划的作用，各类组织体系以自身角色与功能以组织为载体积极投身农村社区建设；农村社区治理作为一个系统工程，离不开社会力量的协同参与，在参与的过程还必须形成政府对社会力量参与的监督管理制度；广大农民是社区管理的最终受益者，也是社区管理的主体，应在政府及社会组织的引导下，积极参与社区建设于管理。同时社区各类组织也以自身组织的力量吸纳社区居民参与组织，以组织的形式参与社区建设。企业为代表的市场主体，应根据市场供需关系、社区居民需求积极参与社区建设，满足居民多样化的需求。

第二，科学规范的职责分工体系。新时代有效的社区治理还需要形成科学规范的职责分工体系，具有明确的权力清单与事务清单。"党政军民学，东西南北中，党领导一切"，新时代的基层党组织是基层治理的领导力量，其职责主要体现为"把控政治方向、进行资源整合与统筹，调节利益关系，思想教育与带头示范职责"②。基层政府是行政权力代表，"其主要职责是对社区治理作出统筹规划、综合安排，最大限度地实现社区治理资源的优化配置，公平协

---

① 参见陈振明：《政治学——概念、理论和方法》，中国社会科学出版社 2004 年版，第 99 页。

② 王雪珍：《新时代社区精准治理的行动逻辑与路径选择》，载《湖湘论坛》2019 年第 4 期，第 99 页。

调多元主体之间的矛盾和冲突，而不能将自己看作社区建设的直接行动者"①；具体包括科学统筹规划职责、规则制度的设定与监督落实职责、基本公共服务与公共资源的提供职责、引导其他社区治理主体参与社区共治职责。② 社区自治组织、社会组织及居民作为社会权的代表，社区自治组织其职责是发现、挖掘社区居民需求并传递给党政部门作为决策与资源分配的参考，及时宣传法律法规、国家政策、社区自治规章制度、社区居民公约等规制和履行监督等职责、带领其他社区组织和居民进行管理与服务、为社区争取外部资源支持。社会组织具有公益属性和专业属性，其主要职责是通过公益与专业的方式，为社区公共服务、公共事务、公益服务进行服务。市场组织是社区个性化、多样化、多元化服务的提供者，应结合现代技术为社区养老、教育、娱乐等方面提供高效服务。最后，新时代协商治理体系在治理机制上强调参与主体以平等身份通过共同协商、探讨、合作及沟通解决问题，参与公共治理。这就需要形成党组织、政府、社会、市场、居民的协同互动，形成不同主体协同共治的规范机制和的稳定结构，有效促进居民与社会组织参与社区治理，实现社区治理从粗放被动响应向精准主动响应的转变。

第三，综合灵活的治理方法。任何时代的治理都需要相应的治理方法来保障治理的有效性，治理方法是集体行动得以组织，公共问题得以解决的重要工具。在新时代实现农村社区治理有效，需要推动治理方式从行政命令、政策指令等强制性工具向"法治、民主、德治、信息技术"治理方式转变。首先，法治方法。党的十八届四中全会指出，"法律是治国之重器，良法是善治之前提"，良法善治是治理国家，保障社会有效运行的前提。在农村社区治理中，"社区治理的主体类型、社区治理的体制机制、社区治理制度、社区治理内容、社区治理规则及秩序建立、社区治理主体的职能边界及功能所在，都需要有明确的法律规定"③。通过法治的方法来约束和制约国家权力，规范和保障农民群体的治理行为，形成民主管理、自治管理等价值追求的制度框架，能够

---

① 陈朋：《权责失衡的社区治理——基于上海市的实证分析》，载《国家行政学院学报》2015年第5期，第78页。
② 王雪珍：《新时代社区精准治理的行动逻辑与路径选择》，载《湘湖论坛》2019年第4期，第99页。
③ 参见李增元：《新型城镇化背景下的农村社区治理——基于农业型、非农型、工商型地区社区治理改革的比较分析》，社会科学文献出版社2017年版，第343页。

规范农村基层的治理结构和权力体制，实现善治目标。① 其次，民主方法。民主既是一种政治制度，也是一种治理方法，起着调节国家与社会、促进利益均衡及达成共识的作用。作为一种社会治理方式，民主解决的是公共事务中不同主体参与及利益表达问题、公共事务治理的规则与体制制度问题等。新时代农村社区必须真正运用民主方式进行治理，运用民主化的治理机制形成社区治理的动态、常态化、前置式管理、形成民主化的民众利益诉求表达机制、利益协调机制、公共参与机制、矛盾调解机制，以民主手段构架社区治理的制度性框架及治理规则，形成民主化的治理秩序。② 通过民主手段运用实现政府治理和社会自我调节、居民自治良性互动，满足各方利益需求，实现社区和谐。再次，信息技术方式。将信息技术作为社区治理方式，通过信息技术来采集居民信息数据、了解民众利益需求及偏好、掌握民众服务需要与反馈等，同时基于新时代居民利益、价值观念、文化的差异以及矛盾多发性，应通过信息技术来建立与完善社区舆论监督监控机制、社会纠纷排查机制、社会矛盾防控机制以及不同主体互动的网络平台。最后，德治方式。党的十九大报告提出要"健全自治、法治、德治相结合的乡村治理体系"，明确了德治是作为社区治理有效实现方式之一，要通过德治来增强社区的凝聚，缓和社区矛盾，建立以村民自治章程为代表的软性治理规则与规范体系，通过德治来维护与促进社区共治局面，实现社区和谐发展。

四、创新新时代中国农村社区治理的具体思路和做法

党的十八届三中全会提出"全面深化改革的总目标是完善和发展中国特色社会主义制度，推进国家治理体系和治理能力现代化"，党的十九届四中全会研究了坚持和完善中国特色社会主义制度、推进国家治理体系和治理能力现代化的若干重大问题，提出"坚持和完善共建共治共享的社会治理制度，保持社会稳定、维护国家安全"。而农村社区治理体系和治理能力的现代化是提升整个国家治理体系和治理能力现代化的关键一环，亦是推进乡村振兴战略、实现乡村社会有效治理的重要基础。党的二十大强调指出"畅通和规范群众

---

① 彭澎：《农村基层治理体系和治理能力现代化发展的价值理念与建构目标》，载《湖湘论坛》2015年第1期。

② 参见李增元：《新型城镇化背景下的农村社区治理——基于农业型、非农型、工商型地区社区治理改革的比较分析》，社会科学文献出版社2017年版，第346页。

诉求表达、利益协调、权益保障通道，完善网格化管理、精细化服务、信息化支撑的基层治理平台，健全城乡社区治理体系，及时把矛盾纠纷化解在基层、化解在萌芽状态。"总体来看，在新时代创新农村社区治理，实现农村社区治理现代化是一个系统性工程，应着重从建立党建引领的开放、包容型社区治理结构，构建自治法治德治"三治融合"的社区治理体系，创新"精准化、便民化、人性化"的社区综合服务体系，健全多元主体协同协商合作的社区治理机制，形成城乡社区一体化的社区治理法规制度，创新"智能化+网格化+法治化"的社区治理手段，打造复合型的社区治理人才队伍，强化农村社区治理的财政支撑等多个方面入手，充分释放新时代农村社区治理创新改革在提升农村基层社会治理体系和治理能力现代化中的功能效应。

（一）建立党建引领的开放、包容型社区治理结构

党的十九大报告指出，"党的基层组织是确保党的路线方针政策和决策部署贯彻落实的基础。要以提升组织力为重点，突出政治功能，把企业、农村、机关、学校、科研院所、街道社区、社会组织等基层党组织建设成为宣传党的主张、贯彻党的决定、领导基层治理、团结动员群众、推动改革发展的坚强战斗堡垒。"党的二十大报告指出"增强党组织政治功能和组织功能"在新时代加强农村社区治理创新必须坚持党建引领，充分明确党建在农村社区治理的核心地位，构建党建引领的开放、包容型社区治理结构是新时代创新农村社区治理的必然要求。

第一，建立"一核多元"的社区治理架构。创新农村社区治理关键在于建立社区党组织统筹领导，社区居委会、社区居民、社会组织等多方共同参与的"一核多元"的社区治理架构。"一核"是指基层党组织，发挥党组织的领导核心作用；"多元"包括社区内居委会、企事业单位、社区社会组织、社区居民等治理主体。"一核多元"的治理结构融合党对农村社区治理的领导、社会组织的服务和社区居民自治，实现党领导下各个农村社区治理主体的相互协调，推动社区治理的健康发展。首先，形成区域党组织治理架构，发挥党的领导核心作用。建设从乡镇党委一直辐射到社区党员的党组织体系，实现党组织在基层社区、村庄、企事业单位的全覆盖。明确乡镇党委在乡村社会的核心领导地位，强化乡镇党委对企事业单位党组织领导，引导企事业单位利用自身资源推动乡村建设。社区党支部在乡镇党委领导下对社区内行政村党支部、功能

组织党支部进行工作统筹,构建服务型党组织,引导党组织、党员为社区、组织、居民进行有效管理与精准服务。加强社区党组织与驻社区企事业单位党组织共建,优势互补集合多元力量投入乡村振兴建设。其次,形成党领导下乡镇政府指导下的多层次乡村自治架构,促进"多元"协调发展。在中国共产党的有力领导下,政府指导下在新社区、行政村、村组等各个层次分别构建科学、合理的多层次自治架构,在不同层次单元推进乡村自治活动。再次,协调好"一核"与"多元"之间的关系。将"一核"的领导贯穿融合到"多元"治理中。以"一核"作为领导核心为"多元"治理的主体进行明确的职责分工,依靠各个主体的党组织凝聚多元主体治理力量,促使社区内部治理工作有条不紊。增强"多元"对"一核"的向心力。在"多元"参与治理中保障各个治理主体平等、有效的参与社区治理,在处理重大事务时要有效利用信息沟通平台与党组织进行及时沟通,提高"一核"的筹划、协调能力,促进多元主体资源共享。在"多元"治理结构中,通过完善基层党组织对社区内各类主体的领导管理,建立起社区管理与服务的新机制,满足社区居民多样化需求,保障社区秩序平稳运转。总之,农村社区治理创新突出党组织的优势,保障在社区治理中党的领导地位,对农村社区治理进行嵌入式服务,同时倡导多元主体不断参与农村社区各领域治理,提升社区有效治理水平。

第二,形成新社区、行政村(网格)、村组等多层次治理单元。在新时代,农村社区不断走向开放与多元,并形成了社区、行政村(网格)、村组(自然村)等社会生活共同体及多层次治理单元,能够相互补充、多方协同,更好对社区居民提供精准管理服务。首先,构造以新社区生活共同体为基础的协调共治治理平台。农村新社区既是涵盖多个村庄的社会生活共同体,也是为生活在社区内居民提供基本公共管理服务的综合治理平台。要强化新社区综合服务中心建设,将政府承担的基本公共服务下沉到社区服务中心,推进社区层面服务的多样化、科学化与规范化,为社区原住民与外来居民提供均等化服务。加强新社区人才队伍建设,对社区、行政村、村组内的工作人员加强培训,提升基层治理人员的综合素质与能力。加大对社工专业人才的招聘力度,鼓励大学生下乡进村,合理利用优秀人才特长与技能推动新社区治理。为便于精细化管理,在综合考虑属地管理、服务方便、利益联系、认同归属等因素的基础上,将新社区合理划分为多个网格,将网格作为社区治理向乡村内部的延伸载体,做到人财物下沉网格,充分发挥网格综合治理载体作用。此外,依托社区平台,在政府支持下不断引导企事业单位、社会组织参与新社区治理。社区居委会要发挥好内部整合作用,利用自身特点吸引社区居民参与自治,不断引导外部社会力量积极参与新社区各方面治理,推进形成协同共治局面。其次,强化行政村层面治理。行政村是我国乡村基层基本管理单元,其结构与治理功能比较完整,是联系基层政府与村民及促进村民自治的有力载体。随着政经分离及农村集体产权制度改革的深入推进,行政村将转变为村庄社会生活共同体,应不断强化其自我治理能力建设。行政村层面要充分发挥党组织战斗堡垒作用,在党组织领导下不断挖掘村庄内优秀工作代表、乡贤代表、老党员等人才资源,引导其积极参与村庄内部综合治理。再次,推进村组(自然村)层面微治理。村民小组(自然村)具有明显的熟人社会或者半熟人社会的特征,规则与情理牢固地深入村民的生活中,且无法直接用外部强制的规则或法律进行彻底地改变,小组治理是熟人社会的内部的治理。[1] 村组(自然村)层面的治理是社区治理的重要基础,要扎根农村传统文化与习俗,借由熟人或血缘之间的关系、村内威望、村规民约等方式,发掘培育村组(网格自然村)范围内德高望重、具有威信的居民发挥积极作用。发挥村组干部与村民零距离接触的优势了解村民所思所想所盼,及时将村民意见收集反馈,利用地缘相近、利益相通的特点,激发村民参与治理的积极性,构筑多层次治理体系。

第三,明确不同治理主体的职责分工。在新时代,农村社区治理是一个有机整体,需要在党的有力领导下,形成以政府为主导的社区居民、社会组织、企事业单位等多元主体协同共治的开放、包容型农村社区治理体制。首先,明确政府指导及统筹规划功能。政府是农村社区管理的具体规划与指导者,也是各项任务的落实者,各种公共管理与服务需要政府及部门通过社区平台开展相应工作。农村社区治理不仅在于外部力量推动,还必须构建起农村社区内部组织治理体系,形成内部自组织治理机制。政府对农村社区内部政治、经济、社会组织体系的构建中起到指导与统筹规划作用,各类组织体系以自身角色与功能以组织为载体积极投身农村社区建设。在党的领导下,政府做到"权力下放、服务下沉、资金下发、人员下派",不断提高对社区的公共管理与服务供给能力。其次,发挥农村社区多层次自治功能。强化社区内多层次自治功能角色,明确自治权力边界及制度保障,组织民众开展形式多样、内容丰富的居民

---

[1] 李永萍、慈勤英:《村民小组:乡村治理的最小单元》,载《武汉大学学报(人文科学版)》2017年第5期,第73页。

自治活动，有序引导社区居民积极参与多层次的社区管理与服务，提高社区居民的参与感，维护社区居民合法权利，同时倡导农村社区居民积极履行应尽的社会义务。再次，发挥社区居民、社会力量共治责任。在政府赋权增能过程中，社区居民、社会力量、市场力量是农村社区治理中的重要力量，积极引导其参与农村社区治理能够有效减轻政府压力，完善多元共治体制，有效解决治理死角。积极引导社区全体居民共同参与制定治理规则，解决日常生产生活中的各种矛盾与问题，维护社区社会秩序，参与社区公共活动等，形成社区治理合力。不断推进社区民间组织建设，"建立农村可持续发展型社会组织，不仅对振兴乡村社会组织具有促进作用，而且对推动乡村生计、生态、民力、民生建设具有特殊的社会价值"[1]，应充分发挥社区社会组织在社区治理各领域中的作用。同时，充分发挥市场主体在满足社区居民多样化、个性化利益需求，推动社区各项事业发展中的作用。通过法律规范引导市场力量为社区居民提供多元化产品，满足居民多样化服务需求，引导市场主体追求经济利益的同时承担社会责任，推动社区社会福利事业发展。另外，充分发挥市场主体在推动农村社区集体经济发展，推动产业振兴，全面建设小康社会，促进农村居民增收中的作用。新时代的农村社区治理，需要鼓励多元主体共同参与，大力推进农村社区治理转型升级，形成明确分工机制，建设人人有责、人人尽责、人人享有的社区社会治理共同体。

(二) 构建自治法治德治"三治融合"的社区治理体系

党的十九大报告明确提出实施乡村振兴战略，健全自治、法治、德治相结合的乡村治理体系，党的二十大报告强调指出"健全城乡社区治理体系"。促进自治、德治、法治的互相结合的意义在于农村社区治理不能仅仅只依靠其中的某一方面，而要三治并举，处理好三治之间的协同关系，追求善治，以服务农村居民为宗旨，建立健全三治融合的治理体系，满足农村社区居民的美好生活需要。[2] 实现自治法治德治的深度融合是实现农村社区治理"善治"的重要保障。

---

[1] 谷中原：《乡村振兴背景下的农村持续发展型社会组织建设》，载《湖湘论坛》2020年第1期，第7页。

[2] 赵志虎、陈晓枫：《加强自治，鼓励多元主体参与 大力推进农村社区治理转型升级》，载《人民论坛》2019年第33期，第62页。

第一，健全自治为核心的多层次自治体系。自治是三治融合的核心，以自治为核心意味着坚持农民始终处于乡村治理中的主体地位，强化乡村社会自我治理能力，需要完善社区、行政村、村组（自然村）多层次自治体系。首先，新社区、行政村（网格）、村组等要不断破除封闭障碍，打破乡村社会的封闭性、排外性，构造适宜个体居住的社会环境，保障外来人口可以享受同等的服务，能够平等参与本地公共事务的决策、管理和监督。打破农村社区内群体之间的对立与隔阂，构建共建、共治、共享的自治理念，吸引更多优秀人才进入新社区、行政村、村组，创建包容、开放的自治格局。其次，在新社区、行政村、村组层面深入推动民主决策、民主管理、民主监督、民主协商制度，保证社区重大公共问题由居民依据法律规定进行决策。在新社区层面形成以党的领导为核心，农村社区居委会为主要载体，居民、社区社会组织等多元主体决策、管理模式，不断推进在新社区内多种主体对社区治理的关心，增强治理意识；在行政村层面，通过村民委员会为平台，带领多种类型民间组织、志愿者群体，不断引导村民参与各项自治活动。村组干部贴近居民、了解民意，引导居民主动参与管理与决策，形式民主权利，增强自治能力。同时引导村民对新社区、行政村、村组层次内的各项事务进行民主监督，强化自治效能。再次，吸收接纳社会组织及其他力量参与，使其参与不同层面的自治实践，通过多样化参与满足各个治理层级的居民需求。最后，加强居民参与不同层次自治广度与深度。居民参与的广度与深度直接关系到社区自治的效果与水平，应在社区、行政村、村组的治理单元内通过加强自治文化建设，提高居民参与意识，通过举办形式灵活、内容贴近居民生产、生活的公共活动提升居民兴趣，引导居民参与不同治理单元层面的自治，通过实践增强居民参与自治能力与水平。

第二，强化法治为保障的法治规范。"三治融合"中，法治是保障，农村社区居民自治都不能超越法治界限。首先，提升政府依法行政的水平。随着现代国家的法治化进程的加快，农村社区治理的法治化进程也要顺应国家要求。[①] 应明确乡镇政府的法定职责与法律界限，确立农村社区治理中的政府权力清单，推进农村社区治理依法开展，利用法律的强制性约束政府权力运行边界，防止权力滥用、乱用。培养政府工作人员法治意识与法治思维，乡镇干部要带头学法、懂法、用法、守法，形成基层政府良好的法治氛围。拓展居民、

---

① 王艺璇、秦前红、王宇波：《我国新型农村社区地位及法治化路径研究》，载《学习与实践》2015年第3期，第32页。

社会、媒体对政府行为的监督渠道与平台，真正推动乡镇政府"法定职责必须为，法无授权不可为"，加快推进农村社区法治化进程。其次，将法治精神贯穿农村社区自治实践全过程。基层自治组织要在法律允许范围内按照法定的程序行使自治权，保障农村社区自治在法律监督下进行。要在农村社区挖掘、培养一批具有乡村治理经验、掌握相关法律知识的人员扩充进入基层自治队伍，实现社区治理专业化。同时，在法律法规指引下制定科学、合理的村规民约，实现传统法与民间法有机结合，发挥自治规范接地气、贴民心等作用。农村社区经济社会组织要在法律规定范围内依法按照法定程序参与社区治理。不断调整社会组织在治理中发挥作用的效能与空间，为其有效参与、协同治理提供法律上保障，提高各类社会力量参与社区治理的法律规范性与科学性。最后，引导社区居民依法参与社区自治。推动社区依法自治必须强化社区居民的法治意识与依法自治水平。借助线上线下等多种形式，从乡村生活、乡村变化的实际情况出发，对与居民生产生活息息相关的法律法规进行大力宣传，拓展农村居民法律法规知识。在平常治理过程中，注意将法治思维与法律知识与基层治理工作相结合，强调法治是强制性的约束，是道德规范的一条底线。[①] 依托政府利用社会组织、企事业单位，以专业律师、司法人员、本土走出去的高校法律专业大学生、法律专业教师、退休律师等为主要成员的社区法律志愿服务组织，通过开展形式多样的法律公益服务活动、举办培训班、大讲堂等实现法律知识进社区，法治思维普及社区，切实提高农村居民法律知识水平，同时为解决农村各种矛盾问题，社区各领域有效治理提供法律服务支持。同时，通过加强人才建设、阵地建设，培养一批扎根本土，具有一定文化水平、懂法、守法、用法的社区治理人才队伍，强化基层法治能力与法治水平，进而推动乡村法治建设。

第三，强化德治为基础的道德准则。与法治不同，德治是利用道德准则约束人的行为，强化社会自律性。"三治融合"的德治建设既是对我国传统文化道德治理内涵的继承与发扬，同时又包含了新时代社会主义核心价值观内容。推进新三治融合治理体系中的"德治"建设，使乡村形成一套符合新时代发展诉求的关于道德的约束体系，借助文化感召力对行动者进行自我约束，从而

---

① 徐朝卫：《"三治"融合实现乡村善治》，载《人民论坛》2019年第16期，第71页。

为自治与法治的工作开展创造便利条件。① 首先，培育新时代道德观引领乡村社区治理。德治在社会发展过程中是适用范围最广的行为调节机制，一切对维护社会秩序采取的调控手段，最终都要依据到个体的道德认知与行为选择上。② 在农村社区生活中要注重新时代道德文化教育与熏陶，通过农村社区居民适宜接受的形式培育农村社区居民社会主义核心价值观，利用基层资源培训道德讲师，组建道德讲堂，积极号召社区居民通过阅读、学习提高素质，增加道德情操，引导其形成遵守道德的乡村文明风气。鼓励乡贤等优秀人才利用自身资源与道德修养大力宣扬社会主义核心价值观，同时努力发掘社区内不同领域的道德模范，通过举办"文明家庭""道德模范""社区好人"等评选表彰活动，积极树立居民道德模范典型，引领居民从身边发现道德魅力，并通过模范带领作用贴近居民现实生活，形成浓厚的乡村社会道德氛围。其次，将中国优秀传统文化中的道德伦理融入当代农村社区治理。推进"三治融合"中的"德治"建设，要注重传承、挖掘中国优秀传统文化。新时代乡村治理要不断发掘适应农村社区发展与治理需要的内涵精神人文关怀，并将优秀传统文化进行系统整理，与新时代精神相结合推动居民"孝道"、尊敬老人、爱护家人、诚实守信、勤劳勇敢、乐于助人、公平正义等精神的养成。倡导生活中"严公德，守私德"，用优秀传统文化不断规范社会行为，切实提高乡村社会道德水平。在实践中，可以通过宣传墙、挂横幅、喇叭宣传、线上传播等形式，促使优秀文化融入居民日常生活，转化为新时代农村道德建设内核。再次，加强新家风建设。对传统优秀家风进行有选择性继承，将特色优良家风进行发扬，并不断弘扬具有中华民族特色的优秀传统家风。利用传统家风的接地气、亲和力等特点，加强对民众的精神滋养，不断引导父母做好家庭榜样，以身作则、言传身教，从家庭细微处教育感化子女，形成优秀品质与行为。通过多元努力促进农村社区德治建设，最终为社区自治提供道德准则。

第四，构建"三治融合"内在机制。此乡村社区治理中的三治融合体系成为实现乡村振兴的重要依托，有利于推进乡村治理现代化进程，三治融合既要考量三治怎样结合的内在逻辑性，更要考量三治之间如何融的有效性。③ 首

---

① 王文彬：《自觉、规则与文化：构建"三治融合"的乡村治理体系》，载《社会主义研究》2019 年第 1 期，第 121 页。
② 何显明：《以自治、法治和德治的深度融合推进乡村治理体系创新》，载《治理研究》2018 年第 6 期，第 10 页。
③ 姜晓萍：《乡村治理的新思维》，载《治理研究》2018 年第 6 期，第 12 页。

先，实现"三治融合"需要形成"三治融合"理念。创新自治、法治、德治相结合的农村社区治理体系，必须强化基层干部、社区居民的"三治融合"理念，在党的核心领导下，在法律规定下，要突出自治在治理中的核心地位，增强法治观念，依法保证居民自治权，用德治支撑法治与自治的实践，强调三治缺一不可，互相融合。另外，要不断提高基层工作人员与农村社区居民的"三治融合"治理意识，形成一支坚强有力、富有科学治理理念的治理人才队伍，在实践中自觉将自治为核心、法治为保障、德治为基础的治理模式理念贯穿到实践中。同时要在农村基层通过灵活教育方式、宣传手段对"三治融合"理念进行大力宣传，使其融入到居民的日常生活，使三治融合理念深入人心、深入实践。其次，建立"三治融合"的制度规范。要利用制度规范保障自治为核心、法治为保障、德治为基础的治理机制，"将自治中的民主化思想和法治中的法制化思想以及德治中的公民化思想进行有效结合的尝试"①，有效促进乡村善治。根据农村社区实际情况，利用法律法规与村规民约，因地制宜建立"三治融合"协同保障制度，利用监督机制保障在农村社区治理工作中三治融合过程的规范性、合法性，促进多方主体参与推进"三治融合"治理进程，切实从各个方面提升治理能力，从而最终推动农村社区的三治协同融合进程。最后，强化"三治融合"的内在衔接。保证乡村治理有效，形成三治协同融合的机制是必由之路，是落实乡村振兴战略的一条重要路径，同时也是实现乡村发展的最终目标。②在依法自治中，引导德治，强化自治，充分利用我国的相关法律法规、自治条例、村规民约等不断促使居民转变思想，由"被治理者"转变为"治理者"。突出法治规范，积极引导社会、组织、市场等共同依法参与农村基层治理。同时，强调法治对自治、德治的规范性作用。加强农村社区法治化建设，促使法治的有序发展，推进农村基层善治进程。加强自治制度建设，不断提高居民与基层工作人员的法治思维，利用法律强制力保障村民当家作主权利。依法进行选举制度，用法治规范自治，同时用法治对基层社会内出现的违法违规行为进行约束与惩罚。突出德治对自治、法治的滋养。加强农村社区居民思想道德教育，利用德治对社区治理主体进行教育，利用中

---

① 李博：《"一体两翼式"治理下的"三治"融合——以秦巴山区汉阴县T村为例》，载《西北农林科技大学学报（社会科学版）》2020年第1期，第117页。
② 王文彬：《自觉、规则与文化：构建"三治融合"的乡村治理体系》，载《社会主义研究》2019年第1期，第118页。

国优秀传统文化道德,借助宣传舆论等方法不断引导农村社区居民形成正向价值取向。利用道德不断推进基层自治,并加强农村社区居民对法律的认识与熟悉形成文明自治及依德守法的社会风尚,不断提高道德软约束力,培育淳朴乡风、优良家风。进而提高农村社区的"善治"水平。

(三) 创新"精准化、便民化、人性化"的社区综合服务体系

在新时代,农村社区服务有效供给直接关系到人民美好生活需要的实现,在实施乡村振兴战略的新时期,构建"精准化、便民化、人性化"的社区综合服务体系,是实现以人民为中心的治理的必然要求。

第一,构建"需求"为导向的社区精准服务体系。新时代,实现以人民为中心的治理强调以满足人民的需求为国家和基层治理的根本目标,农村社区治理应以居民需求为导向实现社区服务精准化。社区服务精准化要求社区服务模式由过去"一刀切"、粗放型服务供给模式向集约化、精细化服务模式转变。首先,精准识别村民服务需求,合理规划服务内容。在服务需求征集方面,将自上而下的调查和自下而上的诉求表达相结合,即通过乡镇政府、社区两委调查走访和村民主动表达,并结合社区服务中心和社区信息化服务系统,多种方式获取村民服务需求信息,了解居民现实需求。在服务内容规划和安排方面,对社区居民的服务需求信息进行筛选、分析与整合,按照政府提供基本公共服务、社区便民服务以及志愿服务等进行分类分层,并按照服务需求的紧迫性、影响程度等确定服务内容供给先后顺序,"优先改善农民满意程度最低领域的公共服务质量,重点提升农民最看重领域的公共服务水平"[①],充分听取居民意见和建议,结合社区人力、物力、财力服务资源状况合理安排服务内容。及时更新社区服务需求信息库,合理安排服务内容清单。其次,实现农村社区服务资源的有效开发和高效整合。整合政府服务资源,乡镇政府应综合考虑农村社区实际现有服务资源占有情况、社区人口规模、政府财政能力等,加大农村社区服务投入力度,为社区争取更多优惠政策和资金支持。开发和整合社区服务资源,充分调动社区居民积极性,鼓励居民参与到社区各项服务活动中,新时代乡贤能人都具有自身独特的参与能力,在政策传达、纠纷调解、维护村民权益等方面发挥重要作用。将居民纳入到农村社区治理中,将其转化为

---

① 陈秋红:《乡村振兴背景下农村基本公共服务的改善:基于农民需求的视角》,载《改革》2019年第6期,第99页。

社区服务的人力资源进行开发和整合。另外，整合社会性质服务资源，一方面，以合同外包、特许经营等政府购买服务的方式与各类社会组织、企业进行合作，参与到农村社区公共服务的供给中。① 另一方面，支持和鼓励社会公益组织参与社区养老、医疗、教育、法律知识普及中来，填补政府供给空缺。再次，构建农村社区服务精准响应和反馈机制。围绕居民需求进行社区服务精准供给，搭建农村社区服务精准响应平台，将政府、社区自组织、企业、非盈利组织等服务供给方和村民个人、社区组织等需求方纳入到平台中，明确各服务供给主体的责任。政府不仅要制定相关政策、制度、规划，同时还要提供"财政补贴、整合资源、组织协调等"②。社区自组织作为社区便民服务的主要提供者，承担社区党务、治安、计生、妇联、社保等服务事项。企业在社区服务中则多数是以政府购买服务的形式为社区村民提供有偿性服务。非盈利组织主要包括社区内外的公益慈善类组织，在扶贫、助残、助老、教育等方面为弱势群体提供无偿性的志愿服务。各服务供给主体要各司其职，积极响应村民及社区组织的服务需求，实现供给与需求的精准对接。最后，逐步建立和完善村民需求表达和反馈机制。不断拓宽社区服务表达和反馈渠道，村民个体、社区各类组织团体等在接受服务供给方的服务之后，要对服务供给效果、质量以及改进措施进行表达和反馈，为及时优化和更新社区服务精准供给机制提供有效信息。

　　第二，构建"便民、利民"的便捷化服务体系。实现对社区居民服务全覆盖是新时代公共服务建设的重要内容，也是落实城乡基本公共服务均等化建设的重要举措。首先，完善社区服务中心建设，充分发挥其便民服务功能。下沉社区权力、人员、资源，合理配置社区服务中心服务窗口、服务人员，"需要做到功能齐全、布局合理、组合配置，避免因功能单一、布局分散而带来的重复投资和资源浪费"③，要防止社区服务中心功能泛化，按照社区居民实际需求，对社区秩序和安全维护、物业服务、计生服务、社会保障性服务等服务事项进行整合和细分，对居民日常接触较少的服务整合形成综合管理服务事

---

① 张贵群：《社区服务精准化的实践困境与实现机制》，载《探索》2018年第6期，第151页。
② 王凯、岳国喆：《智慧社区公共服务精准响应平台的理论逻辑、构建思路和运作机制》，载《电子政务》2019年第6期，第94页。
③ 陈伟东、孔娜娜：《社区分类管理：城乡比较与城乡统筹》，载《社会主义研究》2008年第2期，第69页。

项,而对居民日常所需的环境治理、秩序与安全维护、社会保障、养老服务等帮办代办便民服务事项进行精细分类管理。其次,充分发挥社区服务中心各功能室的积极作用,包括司法行政工作室、残疾人之家、妇儿活动之家、民事议事室、退役军人服务站、矛盾纠纷调解室、党员活动室、综合文化服务中心等等,为村民提供各类活动场所,并提供必要的设备、活动指导等,逐步构建便民、利民的便捷化服务体系。再次,完善社区智能化便民服务系统,不断推进智慧社区建设。在信息化时代,构建便民、利民的便捷化服务体系离不开信息化、智能化手段的应用。建立以社区居民需求为核心的综合服务平台。充分利用社区微信群,QQ群,社区大数据、人工智能、视频监控技术、云计算等新技术,建立统一高效的网络信息化服务供给云平台,将社区干部、党政机关下派人员、社区村民、村民自组织包含在内,精准对接供需信息,及时准确地公开与村民、村庄、农业发展相关的政策制度文件,做好政策制度的准确解读,帮助村民及时了解相关政策内容。通过便民服务系统加强社区村民与社区干部、政府相关部门人员的沟通交流,包括政策咨询、帮办代办各类服务事项等,都可以通过手机App、微信公众号、微信小程序等进行及时沟通,居民的服务需求问题能够快速反映给相关负责人员,负责人员要对社区居民的服务诉求和监督举报做到及时回应,切实维护社区居民的权利和利益。另外,积极倡导开展邻里互助服务和社区志愿者服务,培育社区非营利服务组织。积极引导社区中具备参与热情、具备一定服务能力和一定威信的居民组建邻里互助服务队和社区志愿服务队,帮助社区解决日常邻里纠纷、家庭矛盾、养老托幼、文明创建等等。积极培育社区非营利服务组织,政府应当进一步完善对非营利服务组织的性质、地位、服务宗旨、设立程序、运作机制等问题的相关制度法规,并通过合同外包的具体形式,根据非营利服务组织完成服务项目的数量和质量提供经费支持,引导其在专业性较强的心理健康服务、医疗服务、法律援助、金融服务等方面为居民提供更加便利的服务。

第三,构建"人文关怀"的人性化服务体系。农村社区服务是一个系统性体系,涉及内容比较多,差异比较大,强化人文关怀,最大程度满足不同身份居民的个性化、多样化需求,是新时代农村社区基本公共服务的必然使命。首先,加强社区社会生活共同体建设,满足农民群众多样化精神文化需求。随着物质文化水平的不断提高,"农村群众的精神文化需求已经趋向多元,他们在求富裕、保平安的同时,更希望对外部世界有所了解、人际之间的思想交流和情感沟通，对现实生活中的烦恼倾诉和意见表达都非常渴望"①。应充分了解社区居民所需所盼，尊重农村居民喜好，不断扩展各类精神文化服务活动，通过举办社区歌咏比赛、广场舞大赛、戏曲表演、全民健身活动、球类比拼、读书日等等，丰富社区居民精神文化生活，尽可能满足他们精神层面的服务需求。同时，在社区管理和服务中充分利用乡贤理事会、老年人协会、残疾人协会、文体协会等社区组织加强与村民、社区自组织团体的沟通交流，充分将各种社区自组织力量纳入基层服务参与渠道中，不断增强其服务水平。其次，拓展农村群体个性化服务内容，以服务增强社区居民认同感、凝聚力。应针对社区居民的个性化服务需求增强社区服务人员的服务能力，包括感知能力、沟通能力、分析能力以及知识创新能力，尊重个性化、差异化服务需求，包括"脱贫致富方面的需要，求职前的技能培训与就业指导方面的需要，还有打工后的维权需要"②等等，要充分体现人文关怀。应当引进专业化服务人才，拓展针对农村不同群体成员的个性化服务内容，包括信息咨询、工作介绍、教育培训、职业指导等就业创业服务、致富发展内容，还包括心理健康咨询、农民权益保护、法律援助、金融服务等等。再次，加强对弱势群体和社区外来人员的人文关怀服务。充分利用社区内外资源关怀残疾人、孤寡老人，留守儿童等弱势群体的物质和精神文化需求。在物质方面，可以从村集体经济收入分红中拿出一部分资金给予支持，并组织各种捐助活动，通过建立慈善超市等方式解决弱势群体的生活困难。在精神文化方面，社区要结合弱势群体的特殊需求，一方面加强弱势群体的思想教育，培养他们互助互爱的精神，另一方面要引导他们参与到社区文化、体育、公益活动中来，提升其责任感和使命感。也应当鼓励社区中具有一技之长的人员对弱势群体进行关爱帮助。重视对社区外来人员的人文关怀。随着社会流动加快，农村社区中出现了大量外来人员，既包括驻村企业带来的企业职工及其家属，还包括下乡创业的青年，在社区层面应该为他们提供一些必要服务，既包括基本的企业职工子女教育、社保、计生、养老等基本公共服务，还应当包括就业培训、创业优惠补贴等等，并鼓励他们积极参与社区服务和各种文体活动，使其成为社区中的一份子。最后，强化新时代职业农民培养服务。在现代化快速发展中，科技日新月异，农业发展方式及

---

① 项继权、王明为：《农村社区建设：发展态势与阶段特征》，载《青海社会科学》2015年第2期，第7页。

② 严仲连：《乡村治理视域下的农村社区服务》，载《学术界》2017年第1期，第97页。

经营方式也发生深刻变革，农村产业发展方式也呈现出多样化发展趋向，这些都对农村居民从业技能提出了较高要求。各级政府要加大财政与政策支持，充分发挥大中专院校、科研院所、政府职能部门、农业科技公司、市场主体等不同主体作用，通过培训、学习、辅导、现场指导、进修等多种方式，培养广大农村居民综合素质、生产技术、经营管理、专业技能、社会服务等方面能力，引导广大农村居民更新观念和思维方式，不断提升广大农村居民职业发展能力与综合素质，真正使其成长为具有较高综合素质与职业能力适应新时代发展要求的新型职业农民，在推动农业现代化发展中实现自身发展需求。

（四）健全多元主体协同协商合作的社区治理机制

"社区作为私人生活、公共生活的重叠领域，既需要私人产品与公共产品组合，又需要政治资源、经济资源、社会资源、文化资源的整合"①，农村社区事务层出不穷，治理成为一项复杂的综合性工程。现代社会发展是一个日益政治民主化、法制化的过程，"由社会中的多元主体，基于一定的集体行为规则，通过相互博弈、调适、共同合作等互动关系，形成合作参与性的公共事务管理制度或组织模式"，②是现代治理的基本走势。在新时代，推动农村社区现代化治理必须形成多元主体协同协商合作的治理机制。

第一，制定多元主体协同协商合作治理制度。制度是社会治理的重要基础，影响社会秩序的构建。制定多元主体协同协商合作治理制度，通过民主协商形式形成公共决策，体现民意，维护民众利益，使新社区真正成为当代国家治理基层社会的基础单元与抓手，民众自我有效治理的新场所，是实现社区治理有效性的重要基础。首先，构建能够容纳多元治理主体的协商包容性制度。通过制度创新赋权治理主体，可以拓展治理主体的参与边界，实现社区治理参与领域的广泛化。③现代农村社区治理主体不仅应当涵盖政府部门、社区委员会、村民议事会、社区居民、社区公益志愿组织、社区文体协会、志愿者协会、社区经济社会组织等主体，还应该将外来居民、经济社会组织、企事业单位等纳入进来。因此，应明确农村社区党组织、政府、社会力量及居民各自应

---

① 陈伟东：《论社区建设的中国道路》，载《学习与实践》2013年第2期，第46页。
② [美]莱斯特·萨拉蒙：《全球公民社会：非营利部门视界》，社会科学文献出版社2002年版，第4页。
③ 王东、王木森：《多元协同与多维吸纳：社区治理动力生成及其机制构建》，载《青海社会科学》2019年第3期，第131页。

承担的职能及其权限范围、责任与义务并制度化,在各主体责任义务制度化基础上再以制度形式为多元主体参与社区治理搭建有效平台,建立良好的沟通渠道,给予多元参与的合作型治理以制度保障。按照不同治理内容通过制度创新开展不同形式的协商民主活动,利用社区自治会议等平台促进政府决策科学化民主化,同时强调对协商合作型治理体系的监督和落实,包括开展社区事务评议会、居民评议会等多种方式实现社区协商共治,合作治理。其次,建构多主体合作协商治理的合理程序和多样化实现形式。构建一种社区全体居民参与的开放型协商合作治理体系,要求充分调动广大社区居民和社会组织按照村规民约和社区自治章程参与到社区合作治理当中,要注重以程序设计和技术规范支撑制度规范,重塑制度权威。[1] 通过规范参与程序规则,整合并盘活既有基层群众自治性协商合作制度资源推动社区民主在基层实践扎根。在合作共治的形式和载体方面突破传统的村民议事载体,寻找和探索更多新型的农村社区议事形式,包括议事恳谈会、社区联席会议、网络协商治理等形式,特别是通过网络媒介和沟通平台,依靠信息技术实现跨地域的民主议事协商活动,通过议事形式、规则、程序的更新和创新充分调动社区居民和各类社会组织的参与热情,在制度设计和治理实践中不断探索出一套相对完整的多元主体参与的协同协商合作型治理制度。当然,多元主体参与协同协商合作治理始终要坚持党的核心领导作用,并充分发挥政府主导作用,依靠社区、社会、市场及居民力量推动社区治理。同时,引导、规范并理顺参与主体之间平等合作关系,保障居住在社区的外来居民与本地居民享有同等的参与地位和参与权利,以制度形式明确社区内各类主体参与社区治理的内容和参与方式,使社区多元主体在规范化、制度化治理机制中形成共识、增强凝聚力。

第二,构建多元主体协同协商合作机制。当代农村社区治理需要在开放与流动的社会大背景下,积极引导不同利益主体通过平等协商、互助与合作,共同应对社区发展问题。社区治理主体多元化意味着各治理主体间利益格局的重组与演变,社区治理模式也由单一的行政管理模式向政府、社区组织、各种非政府组织及社区居民积极互动的多元协同治理模式转变。[2] 社区要围绕发展目

---

[1] 陈荣卓、刘亚楠:《中国社区协商治理的制度转型与创新发展——基于2013—2015年度"中国社区治理十大创新成果"的案例分析》,载《华中师范大学学报(人文社会科学版)》2020年第1期,第25页。

[2] 何亚群、曾维和、郑昌兴:《多元主体协同治理下的我国城市社区研究》,载《阅江学刊》2013年第6期,第94页。

标理顺参与各方之间关系,通过促进参与主体间的协调配合实现农村社区共建共治共享。首先,促进政府与社区居委会之间的协同。通过建立联建联动机制,形成联动工作模式,根据社区事务类型在政府和居委会之间进行职责划分,政府行政事务可由社区居委会协助执行,自治类事务则由社区居委会向社区居民提供,对于社区内的服务类事务则需要政府与社区居委会共同承担。一方面,政府要通过财政资金支持社区居委会开展各种自治工作,及为下派性行政事务付费;另一方面,政府与社区之间进行联动,对社区生活事宜进行联议、联管、联调、联处。政府通过社区服务中心实现人员下沉,职权下放,社区发挥自我治理功能,有效负责自治职权范围内事务。政府与社区居委会开展通力合作解决居民各种服务需求,维护居民合法权利,弥补公共服务能力,形成府与社区居委会优势互补、无缝联动的社区共治格局。其次,加强政府与社会组织协调配合。新时代的政府积极扶持社会组织分享社会治理权力,并且赋予制度资源,强化了社会组织服务功能。在这一过程当中,政府和社会组织的关系逐渐由行政吸纳演变为制度化的策略性合作关系。① 政府作为公共管理和服务者,在社区层面设置服务管理平台及组织机构,社区自组织依托社区平台形成社区自组织管理服务网络与政府有效对接,推动形成政府行政管理与群众自治的有效衔接。对于社会组织承担的社区服务政府可以采用合同购买的方式给予支持,同时对这些组织的服务收入在税收上予以优惠。② 也可以以项目申请的方式鼓励社区内外具有一定规模且承担着社区内重要管理服务功能的民间组织,重点围绕社区道路维修、河道整治、环境治理、邻里帮扶、社会救助、教育教学、乡风文明建设等与社区居民利益紧密相关的公共事务向地方政府申请项目资金,对审核通过的项目由地方政府进行资金补贴和政策支持。最后,加强政府与市场主体之间的合作。政府应通过代管、承包、租赁等多种形式引导市场主体进入社区公共管理和服务领域,加强与市场主体合作。各类市场经营单位能够为社区居民提供养老、文化、农业技术培训、生产生活用品等各方面服务,应积极拓展其社区服务空间与结构,使其成为政府与社会的有力助手。特别要注重发挥社会型企业作用,它们能够将企业运行与社会公益有机结

---

① 程坤鹏、徐家良:《从行政吸纳到策略性合作:新时代政府与社会组织关系的互动逻辑》,载《治理研究》2018年第6期,第76页。

② 董进才:《新型农村社区协同治理模式的构建》,载《经济与管理》2014年第6期,第36页。

合起来以其特有的路径在兼顾经济效益的同时解决农村社区教育、医疗、养老等诸多社会问题,最大限度激活农村社区发展活力,有效弥补政府治理能力的不足。总之,多元主体协同协商合作型治理机制是新时代农村社区治理改革的基本趋向,是实现社区治理现代化的重要途径,要突出强调政府、社会、居民及市场等多元主体的共同参与,并强调各主体在参与治理中要形成共识,在参与中互动,在互动中实现彼此利益,推动基层社区治理的和谐发展。

第三,形成乡镇—社区—行政村(自然村)多层次协同协商合作治理机制。新时代构建多元主体协同协商合作治理机制,必须适应农村治理现实特征,充分结合农村治理层次性差异特征,在乡镇、社区、行政村(自然村)等不同层面推进协商合作治理机制创新。首先,构建乡镇层面的协商协同合作治理机制。作为乡村治理的中枢,乡镇党委和政府无疑具有相当重要的作用,乡镇党委要在协同合作中发挥领导作用。乡镇政府须充分重视社会组织、市场力量、社区、村民各利益主体的利益需求,尤其要尊重广大农民群众的主体地位,依法保障他们的知情权、参与权、表达权、监督权,有效调动各方治理资源。乡镇人大作为我国最基层的国家权力机关,承担着社会经济文化事务管理、保障人民合法权益和当家作主权利的职责,通过优化民意表达整合机制来反映和代表农民意志,为国家与农民之间在制度层面架起桥梁,实现乡镇政府和农村社会之间的契合。① 民主党派与无党派人士要通过乡镇政协积极参与乡镇事务,为基层建设建言献策。社会组织、市场组织通过专业优势与市场运营优势贡献力量。村民议事与协商会成员代表也要参与乡镇协商协同合作体制与机制中,成员主要是村民议事与协商会成员代表组成,基层群众应不低于75%,这样既展现协商会成员的广泛代表性,又实现协商体制与机制广泛多层制度化发展。② 其次,构建社区层面协同协商合作治理机制。社区不仅涉及国家层面事务,还涉及社区内部社会事务,为此应通过权力清单的方式明确政府与社区自治组织权责边界,涉及国家层面的公共事务由政府承担,涉及社区自我治理事务下沉到社区,由社区自治组织来承担。驻社区内的企事业单位、民间社会组织作为社区成员,也有义务为社区的发展承担责任,参与协同治理。

---

① 庞超:《乡镇政府治理变革:参与式乡镇政府的构建》,载《西南交通大学学报(社会科学版)》2011年第3期,第102—103页。
② 赵秀玲:《协商民主与中国农村治理现代化》,载《清华大学学报(哲学社会科学版)》2016年第1期,第48页。

新时代农村社区承载着国家政治行政功能、社区自我治理功能、个体的社区交际及情感认同功能，社区各类功能的实现需要构建党委领导下的政府、社会、市场、居民协商协同合作型的治理体制与治理机制。应将社区打造为适合政府、社区、社区内各类组织、社区外各种社会组织、居民、企事业单位及其他力量共同参与的协同治理平台，构建弹性协同协商合作治理机制。最后，构建行政村（自然村）层面协同协商治理机制。协商民主作为一种增量民主的形式，嵌入到农村党组织领导下的村民自治机制之中，以党内协商、村民自治协商（村民会议、村民代表会议、村民议事会、村民理事会、村监会），提升农民利益诉求的组织化水平，拓展村组协商治理主体，丰富农村社区协商治理内容。① 在农村社区治理创新中，应通过构建行政村（自然村）协同协商合作治理体制与机制，使微观层面的重大事项直接由相关利益主体协商决定，共同参与治理。行政村（自然村）主要形成党员、村干部、网格长、民间组织、村民为主体的协同协商治理体制与治理机制。由一定数量农户组成社区内多个网格（自然村）单元，通过设立多个网格长，作为纵向到底的治理末梢与居民直接协商，讨论制定解决问题方案，并指导、协调网格内的民间组织、企业、单位共同参与治理。因地制宜灵活挖掘发挥非正式、民间协商方式作用，借助社区网格、小组等多种载体，充分发挥灵活协商的形式，推动农村社区有效治理。

（五）形成城乡社区一体化的社区治理法规制度

在新时代，"农村在社会结构、利益结构、人口构成和农村资源分配等诸多领域已经发生重大变革，出现传统的农村社区、融入城市的新社区和村庄整合的农村新社区等相互并存之格局"②，城乡融合发展成为时代发展的必然命题。城乡社区一体化治理是新时代城乡融合发展的重要基础，这就需要国家加强顶层设计，出台相应制度规范，为城乡一体化治理提供法律保障。

第一，制定城乡一体化户籍法律与管理制度。基于计划经济体制形成的二元户籍制度从法律层面固化了人的身份，居民的基本权利因户籍制度而存在较

---

① 张锋：《乡村振兴背景下农村社区协商治理机制研究》，载《上海行政学院学报》2019年第6期，第83页。
② 胡建：《城乡一体化背景下农村社区治理的现代转型》，载《西北大学学报（哲学社会科学版）》2019年第2期，第56页。

大差别，事实上造成了新的不平等。改革开放以来，虽然户籍制度一直处于调整之中，但未能取得根本性变革，户籍制度造成的城乡地位不平等依然根深蒂固，严重制约了城乡在资源享有、公共服务、发展权益等方面的均衡发展，不利于城乡社区治理一体化的实现。推动城乡社区治理一体化亟需制定城乡一体户籍法，建立城乡一体的户籍管理制度，推动城乡人口管理一体化。"实现户籍立法是关系民生的大事，是全面依法治国、推动国家治理体系和治理能力现代化的必然要求。"① 一直以来，各地为应对人口流动性加剧，纷纷采取户籍管理改革探索，但因缺乏统一的法律指引，导致不同地区户籍管理多重标准，不利于实现开放、流动社会中多元身份人员的统一管理。因此，制定符合城乡一体化发展要求的户籍法律，建立城乡一体化的人口登记制度势在必行。应从法律上明确户籍制度身份登记、身份证明、权利能力和责任能力等功能，实行统一的户籍制度来破除城乡在社会保障、教育等方面的不平等。在城乡各地区，"取消农业户口与非农业户口性质区分和由此衍生的蓝印户口等户口类型，统一登记为居民户口，体现户籍制度的人口登记管理功能"②。根据居住地登记原则，做好常住人口基本信息的登记并确保信息的完整性、准确性；针对城乡之间、城市之间、村庄之间的流动人口，迁入地应重点审查人员户籍，做好记录和登记工作，同时迁入迁出地要更新人员信息。剥离户籍附加的福利功能，采取分批、分领域的方法逐步减弱户籍与教育、医疗、交通、住房等领域的关联度。明确人口登记制度的管理性质以及作用条件，任何地区不得因户口性质不一致亦或户籍地不符而拒绝提供教育、医疗、卫生等方面服务。坚持人口为中心的管理模式，新时代户籍管理应实行动态人口管理，保障公民的迁徙自由，结合教育、社保、医疗、住房、计生等各部门所需的人口信息构建完备的信息系统，实现人口信息在各部门间的共享，并在此基础上完善居住证制度，促进人口的合理有序流动。

第二，确立城乡社区同等的法律及治理地位。城乡社区是国家治理的基本单元，是国家治理的基石所在，在国家治理中承担着同等的治理任务，只是面对地区及对象不同。进入新时代，在开放与流动中，城乡社会逐步走向一体与

---

① 吴旋、罗建文：《新中国成立 70 年来户籍制度变革的历史逻辑与未来展望》，载《宁夏社会科学》2019 年第 5 期，第 25 页。
② 宋洪远：《加快户籍制度改革 推动城乡一体化发展》，载《农业现代化研究》2016 年第 6 期，第 1024 页。

第六章　新时代中国农村社区治理发展趋势及重点

融合,逐步成为多元身份居民共同居住、生活的生活单元,表现出较强的社会性。在治理实际中,由于城市社区建设起步较早,且位于经济发展较好的城市地区,法律建设较为完备,且能够获取更多的财力、人力等资源;农村社区建设起步较晚,立法不够完备,在公共服务投入、人员配备、政策支持等各方面的获取远远不如城市社区,造成城乡社区治理不均衡,制约了城乡一体化进程。未来城乡社会将逐步走向一体化,在国家战略背景下,城乡社区继续依据不同的法律进行治理将难以适应经济社会发展的要求。"随着农业税的免除以及《城乡规划法》在全国的推行,构建城乡一体的基层社会组织和管理体制及其法律体系业已有必要提上议事日程。"[①] 在城乡社区治理改革中,国家应从法律层面取消原来城乡社区分治模式,制定城乡社区发展促进法,促进城乡社区统一协调发展。通过立法,强化农村社区法律地位,对城乡社区一视同仁,改变传统时期城乡社区治理不平等地位,从法律上保障城乡社区地位平等,逐步将农村的社区建设、工作人员配备、社区治理运转等各项成本纳入国家公共财政中,为日益走向一体的城乡基层社会实现有机融合奠定基础。

第三,健全完善城乡社区一体化公共服务制度。进入新时代,新社区所容纳的多样性人口以及复杂的利益关系,使社区承担的事务更加复杂,为更好实现"以人民为中心"的治理,需要建立城乡社区一体化公共服务制度。首先,对城乡社区二元的公共服务制度进行"合并",对已经"并轨"的制度进行有效整合,从城乡融合发展的角度构建一体化的公共服务制度规范。其次,完善城乡社区一体化的公共服务内容。通过社区公共服务分类,进一步完善城乡社区一体化的行政性服务内容,并明确承担主体及责任划分,统一提供医疗卫生、残疾人康复、居家养老、社区矫治、法律咨询、心理咨询、就业培训等方面的公共服务。完善社区自组织服务项目,鼓励城乡社区居民个人或以自组织的方式开展内容丰富的自我服务,提升自我治理能力。再次,构建城乡一体化利益需求表达及回应机制。国家在推行公共服务时,应通过线上线下多种方式,进一步拓宽城乡居民利益诉求表达渠道,精准获取居民多样化需求,并以法律形式将公共服务需求表达机制予以规范化、制度化。同时,明确各级政府、各个部门、各个机构的服务职能,强化责任主体意识,形成完善的利益诉求表达回应机制。继而,形成城乡社区一体化的公共服务机制。结合新时代城

---

① 许远旺:《当前农村社区的实验模式及其组织定位——对湖北农村社区建设试点的调查与思考》,载《社会主义研究》2008年第2期,第81页。

乡社区发展新特征，逐步完善多元主体参与的城乡社区公共服务供给机制。坚持政府直接下派人员、下沉职能等方式向城乡社区提供基本公共服务，政府向个人、社会或非营利性组织购买服务，行政许可市场准入机制以及鼓励社会、社区提供志愿性、公益性服务等多种服务供给方式，拓宽社区公共服务的供给渠道，满足城乡居民日益增长的美好生活需求。最后，建立政府基本公共服务绩效评价体系。各级政府是实现城乡社区基本公共服务均等化的核心主体，应通过建立政府基本公共服务绩效评价体系，将基本公共服务均等化指标纳入政府部门年度目标责任制考核，纳入领导班子和领导干部政绩考评体系，提升政府在提供基本公共服务方面的工作动力。

第四，建立城乡社区一体化社会保障制度。改革开放以来，我国逐渐改革城乡二元的社会保障制度并取得显著成效，但就目前来看还有诸多不完善之处。新时期社会保障体系建设的核心任务是从追求"普惠"转向"公平普惠"，这个公平就落脚在城乡统筹发展与社会保障体系城乡一体化上。① 首先，应加强对农村留守儿童的社会保障力度。解决留守儿童教育、医疗、安全、生活等问题，离不开国家、政府以及社会各界力量的支持。政府应进一步完善留守儿童教育、生活、安全、心理健康等方面支持计划、政策体系与财政保障，发挥社会力量对留守儿童的关爱帮扶机制。同时，充分发挥家庭、学校在保障留守儿童生存发展权利方面的作用，积极通过各方面的改革促进留守儿童家庭成员回归，再塑留守儿童的良好成长环境。其次，强化对城乡孤寡老人的社会保障。在社会发展进步中，我国也在不断出台针对孤寡老人的一系列保障政策与措施，但是在具体实施过程中，特别是针对农村孤寡老人的保障层次、救助机制仍然不完善。应进一步扩展农村孤寡老人保障内容，实现对孤寡老人的生活保障、情感关怀与医疗保险、养老保险等相链接，形成完整的保障链条。在强化政府公共服务职能的同时，以政策支持或资金帮扶吸引个人、企业投资福利事业，逐步扩展城乡福利事业，强化对城乡孤寡老人全方位服务。再次，强化农村病残人员等特殊群体的社会保障。目前，我国农村地区病残人员数量较大且病残程度不同，由此带来的家庭贫困成为民生领域重要问题，针对农村病残人员的救助、福利等保障项目还存在较大不足。新时期，应出台城乡统一的残疾人管理服务制度，加大对农村病残人员支持力度，一方面保证病残人员获

---

① 郑功成：《从城乡分割走向城乡一体化（下）：中国社会保障制度变革取向》，载《人民论坛》2014年第6期，第65页。

得最低生活保障政策落实；另一方面，通过"扶志"实现病残人员脱贫。针对病残人员提供医疗方面预防和康复服务，加大福利政策惠及力度和惠及范围，针对不同残障级别人员实行分类、分层次救助，同时对高残人员设立专项救助资金对口扶持，使其能够有尊严生活。

（六）创新"智能化+网格化+法治化"的社区治理手段

在现代社会发展进步中，农村社区治理的内外环境都发生了根本变化，农村社区治理内容也更加复杂，社会开放、流动都对社区治理提出了新挑战，社区治理手段需要创新与发展。总体上来看，农村社区治理应走向智能化、网格化、法治化。

第一，实现农村社区治理智能化。现代治理应该充分运用技术进步的力量，不断创新治理方式，形成'智慧治理''大数据治理''云治理'的新局面。[①] 信息技术向社会各个领域渗透，并成为推动社会治理的重要技术手段，新时代实现农村社区有效治理需要依托信息技术，推进农村社区治理智能化。首先，以互联网为依托实现农村社区办公硬软件提档升级。加强宽带基础设施建设，全面推进城乡光纤网络设施建设，对原有社区网络办公设备要进行改造，对管理系统、社区服务平台及监控设施、人脸识别系统等智能化升级，完善各种信息查询、缴纳等服务功能。建立内网外网相衔接的网络系统，外网部分依托互联网将分散的社区民众用互联网与社区服务中心连接起来，社区服务中心依此向民众公示管理信息、传达解读国家政策，民众依此向社区服务大厅反馈信息，表达意见诉求；内网部分依托已经建成的政务网络平台，实现社区各部门的无纸化办公。内外网通过网闸进行数据交换，形成统一平台，资源整合、集中共享、安全便利的信息网络模式。[②] 其次，建立农村社区管理服务智能化供给机制。新时代农村社区可以以县域为中心建立统一的信息服务平台，依托信息网络工程将县乡政府与社区有机联系起来，实现信息快速上传下达。在农村社区建立交通、养老服务、公共事业、基础设施、就业救助、公司企业等各方面的数据库和各类便民APP，通过农村社区管理服务内网与管理服务外

[①] 李文彬、陈晓运：《政府治理能力现代化的评估框架》，载《中国行政管理》2015年第5期，第23—28页。

[②] 李增元、刘泉林：《信息化治理：农村社区治理技术创新及其实现途径》，载《社会主义研究》2017年第6期，第103页。

网整合各种资源向公众提供家政、医疗、培训等便民服务。同时，建立健全居民人口信息管理制度，完善并建立社区全体居民人口基本信息、个人房屋信息以及户籍信息等基础数据库，实现信息跨部门流动、跨地区共享，实现农村社区各部门协同网上办公，以智能化手段提高农村社区办事效率。最后，建立社区与居民之间的智能化沟通纽带。在农村社区服务大厅各方面数据库建立完善基础上，运用信息技术将社区网络与居民用户通过手机、电脑等终端对接。农村社区居民通过各种网络端口实现公共服务线上办理，通过"掌上社区"软件或移动网络平台参与社区治理，实现"云上面对面"交流。通过智能化治理破除社区居民参与社区治理的空间障碍，保障社区全体居民能够有效参与社区各项事务，推动社区和谐发展。

第二，实现农村社区治理网格化。实现新时代农村社区有效治理，可以通过划定治理网格单元，实现人财物下沉，以网格化推动社区精细化管理服务。首先，合理划分社区网格并建立农村社区网格治理体制机制。应按照属地、整体、适用性、便捷性等原则，围绕人、地、物、区域、面积等基础性要素，将农村社区科学合理划分为若干治理网格，网格间相互衔接、纵向到底、横向到边、不留空白，以便将农村社区管理服务对基层社会实现全覆盖。依托网格下沉党组织，形成"农村社区党组织网格—大网格（行政村）—小网格（村小组或楼栋）"三级管理结构。网格长可以由网格居民直接选举产生，也可以通过人才招聘、下派、选拔等方式产生，网格员可由社区居民志愿者、小组组长、楼长等志愿担任。同步建立社区专业化服务队伍，形成以农村社区两委成员为核心、网格长为主体、专业化服务队伍为补充的网格化工作队伍，在社区党组织领导下形成不同层次网格成员共同构成的协同治理机制。其次，明确网格内各主体成员职责。社区党组织统筹负责整个网格化治理，在每个层级的网格内安排党员服务员，进行农村民生服务、农村社区居民矛盾处理、隐患排查等，充分发挥小网格的作用，推动大治理工作格局，引导农村社区各类基层自治组织及社区群团组织、志愿服务组织、企事业单位等在网格中发挥作用。社区自治组织主动搭建社区协商合作平台，发动社区居民积极参与社区治理，群策群力共同治理社区事务。不同层面的网格长负责网格内居民的日常生活管理服务、收集社情民意、上传下达，与居民建立定向联系，并通过网络系统及时将民众诉求反馈到上级部门。网格员在网格中要充当安全巡查员、矛盾纠纷化解员、政策宣传员及居民联络员、服务员的角色，在网格中横竖行动，进行每

第六章 新时代中国农村社区治理发展趋势及重点

日巡查工作、入户访问并按照就近原则帮助社区居民解决难题。另外,借助网格化微单元的优势,在网格内组建村民微社团,培育村民自组织能力和合作能力,通过开展集体行动参与到农村社区公共事务治理中,从而形成一种"微自治机制",将是网格化承载基层社会治理创新使命的新要求和新内涵。① 由此,逐步建构起横向到边、纵向到底、配套联动、疏而不漏的网格化管理机制,对农村社区居民进行精细化、专业化管理服务,提升社区治理的有效性。

第三,实现农村社区治理法治化。法治精神是社会治理的精神支撑,法治规则是社会治理的重要基石,法治秩序是社会治理的根本保障。② 在新时代,推动农村社区有效治理必须充分运用法治化手段。首先,完善农村社区治理法律规范体系。通过确立社区治理法治实施方案,对社区治理法治化的宗旨、目标、内容、要求等内容进行系统规定,理顺社区治理主体关系,明确各主体职责,建立农村社区治理法治保障机制。根据农村社区治理法治化总体规划,及时出台相关地方性法规、规章或其他规范性法律文件。通过统一立法的方式,赋予社区和社区内的社会组织相应的法律地位,"并对社区治理的宗旨、原则、主体、职责权限、法律关系、法律责任、监督机制、保障措施等内容予以明确,为社区治理法治化提供基本框架和遵循"③。将农村社区长期生活实践基础上总结出的社区居民共同生活习惯及公共利益及时上升为法律规范,避免农村社区治理无法可依或立法滞后。其次,完善农村社区治理法治监督体系。在外部监督方面,应当针对基层政府公共服务职能的性质和特点,在立法、行政和司法监督方面不断完善对基层政府公共服务职能监督。在内部监督方面,完善社区内部监督方式,通过设立社区治理法治监督机构推动社区法治监督常态化、规范化、体系化。同时设立社区民主监督平台,成立社区工作评议会,以社区居民满意度和社情民意知晓度为评议最终导向,对社区内各个治理主体的履职情况、决策执行情况、治理成效和反馈等进行评议监督。再次,强化社区居民法治思维。对社区居民进行普法宣传及法律知识培训,不断提高社区居民依法办事法治思维,及习惯于用法治方式解决社区治理过程中存在的各种问

---

① 孔娜娜:《网格中的微自治:城市基层社会治理的新机制》,载《社会主义研究》2015年第4期,第90页。
② 刘雪松、任虹超:《社会治理与社会治理法治化》,载《学习与探索》2015年第10期,第69—73页。
③ 夏芸芸:《城市社区治理法治体系建构研究》,载《学习与实践》2018年第12期,第78页。

题。定期邀请专业律师、专家等专业人员进社区进行法治指导，以法治方式化解社会矛盾与冲突，维护社区居民权利与利益。另外，坚持党对社区治理法治化的统领作用。党的十九大报告指出，"党政军民学，东西南北中，党是领导一切的。""推进社区治理法治化，必须始终把坚持党的领导放在首位，将党的领导贯穿于法治保障全过程"。要完善农村社区治理的党内法规，使党对社区的领导更有法律依据。同时，坚持党对农村社区内部村规民约的完善修改，使其真正体现社区居民意志，维护社区居民合法权利。社区的法治化建设不仅需要基层政府和工作人员的带头执行与遵守，更需要党组织带头遵守自治规约，形成良好带动作用。社区党组织应充分发挥政治优势、组织优势、理论优势与群众基础，将辖区内的各类治理主体凝聚起来，协调社区内各种资源，整合各类法治力量进社区，推动法治化治理逐步实现。

（七）打造复合型的社区治理人才队伍

人才是农村社区治理的重要基础，党的十九大报告明确提出，"提高社会治理社会化、法治化、智能化、专业化水平"，党的二十大报告提出"提升社会治理效能"。在新时代推动乡村振兴，创新农村社区治理，必须加强人才队伍建设，培养一批具有专业化、信息化、社会化能力及综合型特征的人才队伍，夯实社区治理的人才基础。

第一，打造农村社区治理专业化人才队伍。实现农村社区治理专业化，要求农村社区工作人员必须以专业化技术、专业化知识、专业化方式为社区居民提供专业化服务，以专业理念引领社区居民参与、以专业技能回应居民诉求，开展专业化治理。首先，加强基层干部队伍专业化建设。农村社区党组织的书记及社区居委会主任等社区干部及基层组织是农村社区工作中坚力量，是社区治理的战斗力基础，要拓展农村社区治理人才来源渠道、改善农村社区干部队伍结构。以人才引进、考试选拔、考核等方式引进专业人才，通过跨区域、跨行业选拔农村社区干部，从企事业单位、机关单位中选拔调派优秀年轻干部到村交流任职，形成一支政治觉悟高、有信念、讲奉献、有本领的农村基层干部队伍。强化对现有工作人员的培训，利用会议、远程教育、专题培训等网络平台，或采取外出学习、考察、挂职、跟班学习、基地培养等方式进行培训，使其掌握社区综合管理、经营运行、网络及新媒体运用、应急管理等基础能力，提高其应对农村社区治理的综合能力与驾驭水平。其次，提升社区工作人员专业化服务能力。实现社区工作人员的专业化服务是社区发展的必然趋势，也是新时代农村社区治理形势的迫切要求。这就要求要将社区工作者队伍纳入国家与地方人才发展规划，地方政府结合当地实际情况制定社区工作者队伍发展专项规划及管理办法，根据需要招聘具备专业知识的社区工作者，针对社区工作人员进行知识培训，通过讲座培训、实操训练、进修学习等多种途径强化社区工作者专业技能，使社区工作者具备专业技能，促进社区服务精细化。最后，充分发挥社区精英作用。充分挖掘包括农业职业经理人、农村工匠及经济大户、农牧业能人、养殖大户、农村文化能人、非遗传承人等具有一技之长的社区精英资源，搭建多种形式参与平台，积极引导鼓励其以有偿服务、志愿服务等方式参与社区建设，使其成为农村社区相关领域发展的示范者与引领者，发挥其在农村社区治理中的独特作用。

第二，打造农村社区治理信息化人才队伍。社区治理除了要具备专业社工知识和能力外的人才外，还需要具备信息化治理能力的人才队伍，这对于创新农村社区治理方式，未来实现社区治理智能化有重要意义。首先，不断提升本土社区工作人员的信息技术应用能力。切实提高社区工作人员的信息技术知识与运用能力，使其具备使用网络媒介进行信息收集、分析、加工与反馈能力，利用信息技术对民众关切进行及时关注、及时上情下达，切实维护社区居民权利和利益。积极增强政府相关部门与高校的沟通与合作，组织好涉农信息采编、分析和网络管理等方面的专业信息化培训。[①] 逐步提高社区工作人员利用信息技术进行危机监控和预警能力，通过信息分析和实时动态监测，监控农村社区中存在的各种风险点并及时介入和予以回应，不断增强农村社区工作人员对突发问题的应对和疏导能力，提升社区综合治理能力。其次，不断培育和吸纳一批信息化治理人才。相对于城市而言，农村社区信息化治理人才相对短缺，应当积极重视农村本土信息化治理人才的挖掘和培育，特别是针对返乡就业创业的大学生群体，给予一定政策和资金支持，切实增强农村社区信息化治理的人才储备。[②] 再次，引进一批专业信息化治理人才。在地方人才招聘中，应将下派社区工作人员的专业要求、学历背景纳入到人才招聘中长期计划，招聘一批具备专业信息技术的人才队伍，为未来走向智能化治理储备人才。同时

---

① 陈发鸿：《农村社区信息化建设问题研究》，载《河北学刊》2011年第4期，第230页。
② 朱士华：《以信息化打造农村社区治理新图景》，载《人民论坛》2018年第18期，第67页。

充分发挥大学生村官、选调生、三支一扶人员作用,通过出台吸引人的政策、待遇,改善农村生活居住环境条件等,鼓励更多优秀青年人才特别是信息化治理人才到乡村工作,通过创造良好的环境与条件使其"下得去、留得住、干得好",既发挥他们的专业技术优势,又发挥其带动示范作用,为农村社区治理长远发展储备人才。

第三,打造农村社区治理社会化人才队伍。社会化是农村社区治理的发展方向,是社会力量参与社会治理的重要方式,也是政府从管理向治理转变的根本表现。新时代实现社区治理社会化,需要政府改变大包大揽的做法,将其部分治理职能交由社会承担,形成政府与社会协同共治的局面。首先,重视社会工作者作用。在农村社区治理中应充分发挥社工力量,建立"社会工作组织孵化基地",助推社工机构和社工人才发展成长,"并将社会工作纳入政府目标管理和干部绩效考核体系,从成立登记、场地供应、资金补助等方面,细化扶持社工机构发展政策,调动社会力量兴办民办社工机构的积极性"[①]。通过购买服务、公益创投等方式形成激励机制,使社会工作者及社工组织能够发挥专业优势,有效参与社区治理。其次,充分发挥社会公益组织及志愿者的作用。充分动员社会公益组织协助建立村民小组自管会或楼栋单元邻长、自管会等多种社区自治组织,建立社区线上社会公益性组织专业服务群,根据社区居民需要,由社区统一安排社会公益性组织运用专业知识和经验,通过制定相关志愿服务规范和志愿者服务平台或服务渠道,引导志愿组织协助社区开展自我管理、自我服务。同时也要重视共青团、妇联以及人民调解、公共卫生、治安保卫等各类组织的作用,给予它们一定的权限和足够的生存发展空间,[②] 动员社区内外各种社会组织、公益组织、中介服务组织积极投身农村社区治理,提升其承担政府转移出来的社会治理功能的能力,夯实农村社区治理社会化基础。最后,不断培育、发展、壮大农村各种社会力量。社区治理社会化是一个多元要素协同、共生的过程,[③] 培育、发展、壮大农村社区社会力量,要推动政府放权赋权社会。通过职能转移、购买服务方式及招标投标方式让企业和社

---

① 杨君、徐选国、徐永祥:《迈向服务型社区治理:整体性治理与社会再组织化》,载《中国农业大学学报(社会科学版)》2015年第3期,第102页。
② 曹立前、尹吉东:《治理转型:从传统乡村到新型农村社区》,载《农村经济》2016年第11期,第32页。
③ 陈伟东、张继军:《社区治理社会化:多元要素协同、共生》,载《社会科学家》2016年第8期,第39页。

会来承担社区治理责任，扶持、引导社会工作者、社会机构介入等方式有针对性开展农村社区治理活动，支持社会工作者、社会机构等社会组织力量发展壮大，简化登记手续、完善注册办法、创新社会组织管理体制，通过逐渐增强社会组织参与社区治理活动的自主性，为社会组织更好的承接政府服务打下坚实的基础。同时，以居民需求为导向开发社工岗位，通过完善社会人才招聘培训制度，以高校为平台，定期邀请专家学者等开展社工培训，分类培养规范化、职业化、专业化的社会工作者、公益慈善从业者、志愿服务者等，通过培养多元化社会治理主体，推进社区治理社会化进程。

第四，打造农村社区治理综合型人才队伍。新时代农村社区治理需要的复合化治理人才是多种能力交织的综合型治理人才，是具有专业知识、适应社区治理场域实际需要、具备综合处理能力的复合型人才。在新时代乡村振兴战略背景下，培养夯实综合型人才队伍是实现农村社区治理现代化的必然途径。首先，完善社区人员知识结构，夯实综合型治理人才队伍基础。实现农村社区有效治理，满足农村社区居民多样化、多层次需求，对社区工作人员综合能力提出了较高要求。夯实农村社区治理综合型人才队伍，离不开高职院校、科研院所参与。高校院所要适应时代发展要求调整优化专业设置及设定新的培养目标，紧密结合新时代乡村振兴、农村现代化发展需要开设特色专业及课程，提高学生专业化能力的同时拓展专业覆盖范围，并设置相关大类专业和不同类型的小专业，实现农村经济发展、农村管理、信息技术及其他基础应用学科专业的交叉融合，引导学生树立服务意识、为民情怀，培养其扎根农村奉献的精神。另外，有针对性地开展职业农民专业培训，培育新时代新型职业农民，让他们不仅拥有农业职业技能还拥有农业知识等。其次，完善培养机制促进综合型治理人才建设。新时代无论是专业化人才培养还是综合型人才培养，都必须结合具体实践进行制度设计和实施。农村社区及基层政府应当完善农村社区人才激励机制，实现农村社区治理人力资源合理配置，通过有效的岗位轮换方式对社区治理人员和治理岗位进行调整，促使社区治理人员主动进行能力提升，积极转变自身学习和服务态度，或使社区工作者尽快融入新的管理服务环境中，实现角色转换。社区及基层政府必须关注社区人才成长条件与环境，同时建立复合化人才储备与补充系统，在农村社区治理格局发生变化时能够选拔出足够数量与质量的社区服务人员来填充农村社区治理新岗位。夯实农村社区治理复合化人才队伍，不仅需要政府的有效介入，还离不开各种组织的协助参与，合力为培养综合型人才队伍提供相关支撑。

(八) 强化农村社区治理的财政支撑

农村社区建设是一项全面、多层次的系统性工程，涉及事务较多，需要投入大量的人力、物力、财力，其中财力投入是实现社区有效治理的基石。在新时代，推动农村社区治理现代化发展，需要进一步强化财政基础，推进社区治理各项事业的顺利进行。

第一，加大上级政府对乡镇政府财政的转移支付力度并拓展基层政府税源。总体上来看，当前乡镇政府财政收入主要来源于上级转移支付和本级财政收入两个方面，增加上级政府对乡镇政府的转移支付资金并有效拓展基层政府财政收入渠道，是缓解农村社区治理财政不足的有力措施。首先，加大上级政府对乡镇政府转移支付力度。一般来说，上级政府对乡镇政府的财政转移支付主要体现为专项转移支付和一般性转移支付。一方面，上级政府应大力提高对乡镇政府专项转移支付力度。以在乡镇、农村社区层面实现特定的政策目标为依据，确定转移支付的标准、程序，重点对农村社区治理的薄弱环节进行转移支付，并要求乡镇政府严格按照规定用途使用。要增加对乡镇政府教育经费的财政转移支付，为保证基础教育、基础设施建设、提高教职工工资福利、培育农村社区治理后备人才等发展性支出提供保障；保证上级政府在农业生产方面的专项转移支付，加强对农业生产产业化和现代化的扶持；注重增强上级政府对乡镇社会保障事业转移支付，保障弱势群体的基本生活需求。另一方面，要加大上级政府对乡镇政府的一般性转移支付力度。按照国家最新提出的"土地出让收益用于农业农村比例达到50%以上"新要求，确保上级政府对土地出让收入的财政转移支付数额，制定相应转移支付比例，并由乡镇政府统筹规划使用。在转移支付过程中，地方政府则根据当地社区治理建设的需要进行自由支配，将资金直接作用于社区治理建设急缺资金的项目。其次，积极拓展基层政府税源。经济发展是基层政府财政收入增长的基础，缓解农村社区治理财力基础薄弱的根本出路在于大力发展经济，拓展基层政府税源。一要大力培植乡镇支柱型产业，使其成为乡镇政府主体税源。将第二产业作为主导性产业重点推进，积极培育和发展市场主体，为乡镇企业自主创新、自我发展提供更加公平、开放、宽松的财税环境，确保主导产业和主体税源稳定增长。二要大力发展乡镇第三产业，提升第三产业对乡镇税收的贡献。从各地实际情况和发展要求入手，大力发展服务业、旅游业等第三产业，打牢乡镇政府税收基础，为乡镇财政收入增添新活力。三要积极推动民营经济和合作社经济发展，使其成为乡镇经济增长和财政税收的新增长点。将民营经济作为地方财源建设和乡镇政府税收的战略性措施，为民营企业发展提供良好的硬件环境和投资软环境；积极倡导农村社区自主探索和开展农村合作社经济，在增加社区村民个体收入和集体收入的同时，开辟乡镇政府税收新渠道。除此以外，支持乡镇政府针对特殊税种建立征管机制，夯实财政基础。

第二，提高土地出让收入用于农村社区治理的比例。近几年，国家高度重视对社区治理的资金投入，2020年中共中央办公厅、国务院办公厅印发的《关于调整完善土地出让收入使用范围优先支持乡村振兴的意见》中提出"调整土地出让收益城乡分配格局，稳步提高土地出让收入用于农业农村比例"的重要决定。农村社区治理作为实现农业农村现代化的关键一环，应切实推动土地出让收入向农村社区治理倾斜，为农村社区建设提供有力资金支撑。首先，重点增加土地出让收入在农村社区公共服务供给上的投入。面对当前农村基层社会中出现的"财权集中在上，事责堆砌在下"的现状，"按照以事定支的原则，及时增加各层级政府履行新的事权所需要的财力，使事权与财力相匹配"①。通过土地出让收入支持农村社区道路和交通、供电和照明等基础性生产生活设施建设，对集体性农业生产设施进行更新和维护，满足社区村民基本的日常生产生活要求，增加土地出让收益在农村社区"基础教育、基础医疗卫生、公共就业服务、基本社会保障、基础设施、公共安全"②等方面的资金投放，建立完善社区内部各类服务性功能室并配备相应的设备仪器。另外，逐渐增加土地出让收益用于满足社区居民精神文化层面需求，加强精神文化设施建设，增设多样性的文体娱乐活动场所，并为社区实践活动提供经费支持。其次，加大土地出让收入支持农村社区组织运转的力度。农村社区组织以及社区工作者队伍是农村社区治理的前提基础，要依托社区组织这个载体和社区工作者这个媒介将社区居民同社区事务对接来，农村社区组织的良性运转对实现"治理有效"就显得极为重要。针对"村级组织运转和社区基本公共服务成本

---

① 周琬、杜正艾：《建立健全财权、财力与事权相匹配的机制》，载《行政论坛》2011年第5期，第40页。

② 郭小聪、代凯：《国内近五年基本公共服务均等化研究：综述与评估》，载《中国人民大学学报》2013年第1期，第146页。

急剧上升"① 的现实境况,将土地出让收益作为农村社区组织运转的保障性资金,纳入到社区组织运转经费中独立使用,强化社办公经费和社区干部报酬的财政支持力度。一方面,用于农村社区组织办公场所以及办公设施的置备和增补以及社区组织正常运转所必需的开支,另一方面,合理调配土地出让收入,对农村社区工作者薪资、报酬作出增补调整,重点增加土地出让收入为在职工作者缴纳"五险一金"福利保障方面的份额,维护好工作者切身利益,解决社区工作者的后顾之忧。除此以外,充分利用土地出让收益,建立农村社区应急处突专项经费,用于社区应急管理、维护稳定等方面。最后,建立土地出让收入支持农村社区治理的供应机制。土地属于公共性质的财产,土地出让收入是土地改进价值的重要实现形式,理应流向公共领域。② 对用于农业农村发展的土地出让收益进行对标对准分配,依照农村社区治理中的总体目标和具体层面的管理和服务事项,制定土地出让收入定向支持农村社区治理的比例清单,根据比例清单对各个事项进行专门供应,形成"集中管理、专款供给、对口支持"的供应机制。在实际操作中,由地方政府根据地方经济财政状况以及当年土地出让收益,确定用于农村社区治理的总资金,以财政拨款形式划拨到乡镇(街道)层面。以镇(街道)为平台将各个农村社区作为基点,综合考察各社区人口数量、经济发展状况、农村社区建设情况等因素,评估各农村社区治理的实际需要,对土地出让收入作出合理分配,根据农村社区范围内不同事项制定相应的供应标准和流程、支出方式,形成清晰的资金使用台账,并针对农村社区治理当中的特殊情况对土地出让收入"支社"资金进行调剂,提高农村农业财政资金使用效益。

第三,对上级政府支农资源进行集中使用并在乡镇建立资源统合平台。新时期,随着上级政府对支农资源投放力度的不断增大,"撒胡椒面"现象导致的支农资源浪费问题也日益凸显。当下,"通过优化渠道和搭建平台来激励地方政府合理使用财政支农资源"③ 对最大程度发挥支农资源在农村社区建设中的使用效益具有重要意义。首先,要合理归并资源并进行分类,汇流上级支农

---

① 赵兴泉、王景新:《村级组织运转和村级公益事业发展中的若干问题研究》,载《浙江社会科学》2009年第1期,第58页。
② 谭术魁、陈宇、张孜仪:《土地出让收入的公共性质及其实现》,载《管理世界》2012年第7期,第178页。
③ 张亦工、胡振虎:《农村基础设施建设与农民增收研究——一个农业财政资金整合的视角》,载《山东大学学报(哲学社会科学版)》2008年第2期,第90页。

第六章 新时代中国农村社区治理发展趋势及重点

资源。针对财政支农资源投放碎片化、分类不合理的状况,要实现支农资源的多渠汇流。一方面要对现有支农资源进行科学分类和合理归纳,将同一类资源适当合并,对同一类别资源进行统一汇总管理,根据社区生产生活服务的需要,将上级投放的各项支农资金按性质归并为农业生产类、生活服务类、教育发展类、居民保障类等多个类目。另一方面,要以推进农村社区具体项目或主导产业发展为切入点实现资源汇流整合。乡镇政府应结合各个社区的自然条件和经济发展状况,制定有效发展战略,根据发展规划,明确当地发展支农资金的重点投资项目和主导产业。通过具体项目和产业的推进,将不同渠道汇流而来的支农资源进行集中打捆使用,带动支农资源的有效汇流和科学整合,方便地方政府集中力量办大事。其次,搭建乡镇支农资源统合平台,实现集中管理、统一支付。上级政府应将农村社区治理项目的部分决定权、资金分配权下放给乡镇人民政府,在乡镇搭建起支农资源统合平台,借助统合平台对上级政府的支农资源进行集中管理、统一使用,为支农资源支持社区建设寻找有效着力点,发挥乡镇承上启下作用。乡镇在集中使用支农资源时要注意因地制宜,灵活分配,要根据各个社区的具体情况合理界定支农投资方向,将财政支农资源进行合理倾斜,实现社区间、项目间最优分配,以最大限度制定出符合当地农村社区发展实际的财政支农资源分配政策,避免资源投放过度分散化、碎片化、平均化,争取资源利用效率最大化。最后,要完善资源统合配套措施,建立资金监管机制。在乡镇构建资源统合平台直接管理使用支农资金,一定程度上可以规避资金多头管理带来的资金挪用和截留,但为有效保障农村社区财政资金安全和专款专用,还要进一步完善配套措施以建立有效的监督管理机制。乡镇政府要严格实行报账制度,农村社区要明确管理责任,用于社区建设的拨款资金要实现专款专人专管,鼓励社会群体广泛参与监督,进一步推动社区财政管理透明化,提高农村社区治理资金使用效益最大化。

参考文献

(一) 著作

[1] [德] 滕尼斯:《共同体与社会》,商务印书馆1995年版。

[2] [英] 格尔斯·阿:《人的现代化》,四川人民出版社1985年版。

[3] [美] 罗西瑙:《没有政府统治的治理》,剑桥大学出版社1995年版。

[4] [美] 埃莉诺·奥斯特罗姆:《公共事务的治理之道》,余逊达、陈旭东译,上海三联书店2000年版。

[5] [英] 齐格蒙特·鲍曼:《共同体》,江苏人民出版社2003年版。

[6] [美] 明恩溥:《中国乡村生活》,陈午晴、唐军译,中华书局2006年版。

[7] [美] 福罗拉:《农村社区资本与农村发展》,肖迎译,民族出版社2000年版。

[8] 徐顽强等:《农村社区化与农村基层社会治理创新》,科学出版社2020年版。

[9] 李勇华:《农村社区治理研究》,人民出版社2018年版。

[10] 金太军、张振波:《乡村社区治理路径研究:基于苏南、苏中、苏北的比较分析》,北京大学出版社2016年版。

[11] 徐勇:《乡村治理的中国根基与变迁》,中国社会科学出版社2019年版。

[12] 陈进华:《农村社区协商治理机制建设研究》,人民出版社2018年版。

[13] 罗中枢、王卓:《公民社会与农村社区治理》,社会科学文献出版社2000年版。

[14] 李增元:《村民自治到社区自治——农村基层民主治理的现代转型》,山东人民出版社2000年版。

[15] 王霄:《农村社区建设与管理》,中国社会出版社2000年版。

[16] 王振海:《农村社区制度化治理》,中国海洋大学出版社2000年版。

[17] 李增元：《新型城镇化背景下的农村社区治理——基于农业型、非农型、工商型地区社区治理改革的比较分析》，社会科学文献出版社 2017 年版。

[18] 曲颂：《农村社区管理模式的分析与评价》，中国农业科学技术出版社 2019 年版。

[19] 吴业苗：《农村社区化服务与治理》，社会科学文献出版社 2018 年版。

[20] 李俊：《中国农村社区建设：制度、功能和文化》，人民出版社 2016 年版。

[21] 黄雷：《中国新型农村社区治理研究》，经济管理出版社 2020 年版。

[22] 王振海：《新农村 新社区 新居民：新型农村社区建设与治理实践探索》，中国社会出版社 2016 年版。

（二） 期刊文献

[23] 李增元：《民族地区乡村治理体系创新探索及新时代重点内容》，载《湖北民族大学学报》2020 年第 6 期。

[24] 伊庆山：《新时代我国农村社区网格化服务管理创新研究——基于 S 省网格化政策实践调查》，载《兰州学刊》2020 年第 9 期。

[25] 李增元：《农村基层治理单元的历史变迁及当代选择》，载《华中师范大学学报》2018 年第 2 期。

[26] 张兴宇、季中扬：《新乡贤参与农村社区治理的路径和实践方式——基于社会关系网络的视角》，载《南京社会科学》2020 年第 8 期。

[27] 李增元、李家文：《城镇化中的"城乡一体型"农村新社区探析》，载《社会主义研究》2015 年第 2 期。

[28] 张锋：《农村社会组织参与农村社区治理的利益机制与制度建构》，载《学习与实践》2020 年第 8 期。

[29] 白启鹏：《大数据时代农村社区信息化治理方案及实现路径研究》，载《情报科学》2020 年第 7 期。

[30] 黄佳彦、熊春林、陶琼等：《村干部对农村社区治理信息化的满意度及其影响因素》，载《湖南农业大学学报》2020 年第 3 期。

[31] 冉光仙：《场域与边界：农村社区微治理的本土化逻辑》，载《甘肃社会科学》2020 年第 3 期。

[32] 李增元、尹延君：《现代化进程中的农村社区风险及其治理》，载《南京农业大学学报》2020 年第 2 期。

［33］文丰安：《我国农村社区治理的发展与启示：基于乡村振兴战略的视角》，载《湖北大学学报》2020年第2期。

［34］彭定萍：《再仪式化与农村社区治理的逻辑机制——基于浙江台州市L区"乡村十礼"的实践》，载《西北民族大学学报》2019年第4期。

［35］李增元、李艳营：《论改革开放以来农村社区治理的法治历程与新时代法治需要》，载《社会主义研究》2019年第3期。

［36］陈学金：《历史视野中的当代村规民约与农村社区治理》，载《原生态民族文化学刊》2019年第2期。

［37］李增元、李洪强：《封闭集体产权到开放集体产权：治理现代化中的农民自由及权利保障》，载《南京农业大学学报》2016年第2期。

［38］郑晓茹、陈如：《农村社区治理单元复合化与利益个体组织化的关联性》，载《甘肃社会科学》2019年第1期。

［39］胡建：《城乡一体化背景下农村社区治理的现代转型》，载《西北大学学报》2019年第2期。

［40］郭苏建、王鹏翔：《农村社区治理模式转型的探索与实践——基于对湖北省QL农村社区的调研》，载《社会科学研究》2018年第5期。

［41］李琳、郭占锋：《精准扶贫中农村社区治理能力提升研究》，载《西北农林科技大学学报》2018年第3期。

［42］刘金龙、黄小慧、邓宝善：《城市化过程中城郊农村社区治理结构变迁——基于广州A区的研究》，载《中国农村观察》2018年第3期。

［43］张雷：《构建基于社区治理理念的居民自治新体系》，载《政治学研究》2018年第1期。

［44］田毅鹏：《农村社区治理能力现代化的新取向》，载《政治学研究》2018年第1期。

［45］李增元、刘泉林：《信息化治理：农村社区治理技术创新及其实现途径》，载《社会主义研究》2017年第6期。

［46］李诗悦：《农村社区治理创新的现实困境与对策研究——基于湖南23个实验区的调查》，载《江西社会科学》2017年第10期。

［47］李冉、聂玉霞：《村庄合并后新型农村社区治理的行政化导向及其矫正》，载《中国行政管理》2017年第10期。

［48］胡炎平、姜庆志、谭海波：《治理现代化视野下的农村多元精英合作治理——以江门市农村联谊会为考察对象》，载《中国行政管理》2017年第8期。

［49］庞娟：《新型农村社区治理满意度的影响因素分析——以广西农村社区

为样本》，载《广西社会科学》2017年第4期。

［50］王国勇、赵丽萍：《民族贫困地区农村社区治理问题探析》，载《贵州社会科学》2017年第2期。

［51］李勇华、陈祥英：《身份多元化和新型农村社区治理困境及其化解路径》，载《学术界》2017年第1期。

［52］曹立前、尹吉东：《治理转型：从传统乡村到新型农村社区》，载《农村经济》2016年第11期。

［53］袁小平、潘明东：《农村社区建设中社会动员的现状、问题与对策——来自江西省9个村的实地调查》，载《南昌大学学报》2016年第5期。

［54］张朝华：《产业转移承接、农村社区治理绩效及其影响因素》，载《兰州学刊》2016年第10期。

［55］常明杰：《由碎片到整体：农村社区化治理的现实困境与路径构建》，载《农村经济》2016年第8期。

［56］陈荣卓、刘亚楠：《共建共享：十八大以来农村社区治理机制的优化路径》，载《社会主义研究》2016年第4期。

［57］杨中艳：《党领群治：十八大以来农村社区协商的经验成效与路径优化》，载《社会主义研究》2016年第4期。

［58］李增元、姚化伟：《农村社区协同治理体系建设：地方实践及经验启示》，载《社会主义研究》2016年第3期。

［59］王阳、叶敏：《"土客替代"与都市郊区农村社区治理——基于SH市郊区农村治理现状的考察》，载《南京农业大学学报》2015年第4期。

［60］王义保、李宁：《社会资本视角下新型农村社区治理秩序困境与能力创新》，载《思想战线》2016年第1期。

［61］丁宁宁、李国锋、袁王月：《新城镇化背景下农村社区治理模式变迁的制度选择——基于多案例研究视角》，载《农村经济》2015年第6期。

［62］李润国、姜庆志、李国锋：《治理现代化视野下的农村社区治理创新研究》，载《宏观经济研究》2015年第6期。

［63］杨亮承、鲁可荣：《城市化进程中城郊型农村社区治理困境与策略选择》，载《农村经济》2015年第6期。

［64］李增元：《当代中国农村社区建设的本土逻辑》，载《华中师范大学学报》2020年第6期。

［65］文雷、郭静怡：《乡村振兴战略背景下新型农村社区建设研究》，载《学习与探索》2019年第12期。

［66］陈荣卓、刘亚楠：《新时代农村社区矛盾纠纷有效治理机制建设研究》，载《理论月刊》2019年第11期。

［67］张帆：《共同体重建：新世纪中国乡村自治政策的演进与升级》，载《社会科学战线》2019年第11期。

［68］朱冬亮、朱婷婷：《乡村社区公共文化建设路径探析——以社区能力建设为视角》，载《厦门大学学报》2019年第3期。

［69］张美华：《民生托底的"发展型"农村社区建设探索》，载《中南民族大学学报》2018年第6期。

［70］李增元、周平平：《空间再造与资源配置：现代化进程中的农村新社区建设》，载《南京农业大学学报》2018年第5期。

［71］林聚任、刘佳、梁亮：《乡风文明与当前农村新型社区建设——以山东省"乡村文明行动"为例》，载《中国农业大学学报》2018年第3期。

［72］包先康：《农村社区微治理研究基本问题论纲》，载《北京社会科学》2018年第1期。

［73］闫文秀、李善峰：《新型农村社区共同体何以可能？——中国农村社区建设十年反思与展望（2006—2016）》，载《山东社会科学》2017年第12期。

［74］陈荣卓、刘亚楠：《农村集体产权改革与农村社区腐败治理机制建构》，载《华中农业大学学报》2017年第3期。

［75］颜慧娟：《民生法治：十八大以来农村社区治理创新的法治保障研究》，载《社会主义研究》2016年第4期。

［76］徐选国、杨絮：《农村社区发展、社会工作介入与整合性治理——兼论我国农村社会工作的范式转向》，载《华东理工大学学报》2016年第5期。

［77］张鸣鸣：《新型农村社区治理：现状、问题与对策》，载《农村经济》2016年第9期。

［78］闫臻：《嵌入社会资本的乡村社会治理运转：以陕南乡村社区为例》，载《南京农业大学学报》2015年第4期。

［79］李增元：《基础变革与融合治理：转变社会中的农村社区治理现代化》，载《当代世界与社会主义》2015年第2期。

［80］岳经纶、陈泳欣：《社会精英如何推动农村社区治理？——来自台湾桃米社区的经验》，载《南京社会科学》2016年第5期。

［81］王彦东、王维国：《农村社区治理的伦理路径》，载《道德与文明》2015年第3期。

［82］尹忠海：《充分发挥专业社会工作在补齐社区治理漏洞中的优势》，载

《社会工作》2020年第1期。

［83］龚莹、王燕、王雪舜等：《居民参与农村社区治理主动性行为的影响因素研究——基于雅安市465位农村社区居民的调查》，载《中国农业资源与区划》2019年第12期。

［84］戚晓明：《社区治理类型与乡村振兴下的农村社区环境治理》，载《南京工业大学学报》2019年第5期。

［85］郭亮：《扶植型秩序：农民集中居住后的社区治理——基于江苏P县、浙江J县的调研》，载《华中科技大学学报》2019年第5期。

［86］徐顽强、王文彬：《乡村振兴战略背景下农村空心化治理与社区建设融合研究》，载《农林经济管理学报》2019年第3期。

［87］张立伟：《我国农村社区协商治理的现状、困境及发展对策——基于全国7个农村社区治理实验区的分析》，载《行政论坛》2019年第3期。

［88］陈荣卓、翁俊芳：《深度贫困地区农村社区治理的逻辑策略与经验启示——以云南省怒江州为例》，载《中国矿业大学学报》2019年第2期。

［89］宋才发、戴声长：《民族地区农村基层社会治理的法治探讨》，载《广西民族大学学报》2019年第1期。

［90］费雪莱：《基于共享发展理念的农村社区治理伦理重构》，载《江汉论坛》2018年第11期。

［91］宋才发、黄捷：《运用法治思维推进民族地区农村社会治理》，载《黑龙江民族丛刊》2017年第6期。

［92］唐鸣、黄敏璇：《新型城镇化背景下农村社区协商实践创新的规范化与制度化研究——基于全国16个农村社区协商典型案例的分析》，载《中共中央党校学报》2017年第3期。

［93］杜鹏：《村级物业化治理：农村社区治理转型路径与反思》，载《学习与实践》2016年第10期。

［94］王伟：《农村社区治理中农村集体经济组织发展的若干问题》，载《学术界》2016年第9期。

［95］唐鸣、陈鹏：《政社互动：十八大以来农村社区社会组织的发展路径》，载《社会主义研究》2016年第4期。

［96］李增元：《试论我国农村社区治理的历史演进与现代转向》，载《理论与改革》2016年第4期。

［97］于水、丁文：《社会转型视域下农村社区治理路径选择——"第六届农村社会学圆桌论坛"观点综述》，载《西北农林科技大学学报》2016年第3期。

［98］张慧鹏：《农村社区治理中底层群体的主体性——基于珠三角粤村的个案分析》，载《天府新论》2016 年第 2 期。

［99］严奉宪、向绍阳：《农村社区治理机制对农业减灾公共品供给效果的影响研究》，载《华中农业大学学报》2015 年第 3 期。

［100］杨亮承、鲁可荣：《城郊型农村社区治理困境及体系创新研究——以浙江省金华市为例》，载《福建论坛》2015 年第 3 期。

［101］陈藻、冷天：《"人"的城镇化背景之下的农村新型社区治理研究——以成都市温江区为例》，载《经济体制改革》2015 年第 1 期。

［102］项继权、王明为：《农村社区建设：发展态势与阶段特征》，载《青海社会科学》2015 年第 2 期。

［103］任强、毛丹：《中国农村社区建设中的五种实践逻辑——基于对浙江省的政策与实践观察》，载《山东社会科学》2015 年第 9 期。

［104］袁方成、杨灿：《当前农村社区建设的地方模式及发展经验》，载《青海社会科学》2015 年第 2 期。

［105］袁小平、潘明东：《农村社区建设中的社会动员机制研究》，载《农村经济》2017 年第 4 期。

［106］马光川、林聚任：《从社会重构到社区培育：农村治理现代化的制度逻辑》，载《南通大学学报（社会科学版）》2015 年第 1 期。